WERT:

Wissen, Erleben, Reflexion, Transfer

Ein Konzept zur Stärkung
der professionellen Haltung von
pädagogischen Fach- und Lehrkräften

(Selbst-)kompetent bilden – Kinder nachhaltig stärken

Herausgegeben von
Julius Kuhl, Claudia Solzbacher
und Renate Zimmer

Schneider Verlag Hohengehren GmbH

Titelbild: Michaela Kruse-Heine, Osnabrück

Gedruckt auf umweltfreundlichem Papier (chlor- und säurefrei hergestellt).

Bibliografische Information der Deutschen Nationalbibliothek

Die Deutsche Nationalbibliothek verzeichnet diese Publikation in der Deutschen Nationalbibliografie; detaillierte bibliografische Daten sind im Internet über ›http://dnb.d-nb.de‹ abrufbar.

ISBN 978-3-8340-1692-8
Schneider Verlag Hohengehren, Wilhelmstr. 13, 73666 Baltmannsweiler
Homepage: www.paedagogik.de

Inhaltsverzeichnis

Julius Kuhl, Claudia Solzbacher & Renate Zimmer

Vorwort

Seinen Ausgangspunkt hatte dieses Buch in einem Projekt zur Förderung der Selbstkompetenz von Kindern. Gemeinsam mit ErzieherInnen und Lehrkräften wollten wir eine Fortbildung zu der Frage entwickeln, wie man die Selbstkompetenz von Kindern fördern könnte, um sie nachhaltig in ihrer Persönlichkeitsentwicklung zu stärken. Im Verlaufe der Fortbildungen wurde deutlich, dass die TeilnehmerInnen einen persönlichen Handlungsbedarf bei der Weiterentwicklung ihrer eigenen Selbstkompetenzen ausmachten. Sie fragten sich, inwieweit sie selbst über die Fähigkeiten verfügen, die sie den Kindern vermitteln sollen. So kam es dazu, dass die pädagogischen Fach- und Lehrkräfte verstärkt an ihren eigenen Selbstkompetenzen arbeiten wollten, wie bspw. der Frustrationstoleranz oder der Selbstmotivation, um auf diese Weise später auch den Kindern ein Vorbild sein zu können.

Diesem Wunsch wollten wir nachkommen. In der jahrelangen interdisziplinären Zusammenarbeit der psychologischen und der pädagogischen Abteilung der Forschungsstelle Begabungsförderung des Niedersächsischen Instituts für frühkindliche Bildung und Entwicklung (Leitung Julius Kuhl und Claudia Solzbacher) konnten wir einen spezifischen Blick auf Selbstkompetenz und ihre Bedeutung für (kindliche) Entwicklung und Lernen entwickeln und zusätzlich von Erkenntnissen aus der Forschungsstelle Bewegung und Psychomotorik (Leitung Renate Zimmer) profitieren. Gemeinsam haben wir herausgearbeitet, welche Bedeutung die Selbstkompetenz von Fach- und Lehrkräften für die Gestaltung des pädagogischen Alltags hat. So entstand eine Workshopreihe, die den wichtigsten Einsichten aus den benannten Grundlagen Rechnung trägt. Über mehrere Jahre haben wir diese mit pädagogischen Fachkräften, Lehrkräften, SozialpädagogInnen und Studierenden der ersten Phase erprobt und immer wieder verbessert.

Insgesamt, so wurde im Laufe der Workshops immer klarer, arbeiteten die TeilnehmerInnen damit auch an ihrer professionellen Haltung. Im Verlaufe unserer Begleitforschungen wurde deutlich, dass eine professionelle pädagogische Haltung maßgeblich auf gut entwickelten Selbstkompetenzen basiert und ein Rückgrat liefert, um sich in zum Teil widersprüchlichen Ansprüchen von Bildungspolitik und Gesellschaft im beruflichen Alltag zum Wohl des Kindes engagieren zu können.

Studien zeigen, dass pädagogische Fach- und Lehrkräfte grundsätzlich über ein hohes Maß an persönlichem Engagement, Wissen und Können verfügen. Belastungen, hohe Anforderungen und Stress beeinträchtigen jedoch die professionelle Handlungsfähigkeit, weil sie den Zugriff auf das umfassende persönliche Erfahrungs- und Wissensrepertoire (Selbstzugang) einschränken. Selbstkompetent zu sein bedeutet, auf die Fähigkeiten zurückgreifen zu können, die benötigt werden, um in sich verändernden und herausfordernden Situationen motiviert und aktiv gestaltend handeln zu können. Belastende Bedingungen mindern die Möglichkeiten eines zentralen Bereiches der pädagogischen Arbeit – nämlich die Möglichkeiten der Beziehungsgestaltung.

Durch die Auseinandersetzung mit den eigenen Selbstkompetenzen kann also ein wichtiger Beitrag zur Aufrechterhaltung der Handlungsfähigkeit und darüber hinaus auch der psychischen Gesundheit geleistet werden. In diesem Sinn handelt es sich bei den Workshopangeboten auch um präventiv ausgerichtete Maßnahmen, die auf der Individualebene von PädagogInnen ansetzen, um diese in ihrer Gesunderhaltung zu unterstützen.

Pädagogische Fach- und Lehrkräfte sind in der aktuellen Zeit durch unzählige Anforderungen stark belastet. Zudem stehen sie einer Flut von Fortbildungsangeboten gegenüber (Inklusion, Sprache, herausfordernde Kinder, etc.). Vor diesem Hintergrund besteht die Gefahr, dass sie eine mehr oder weniger fortbildungsresistente Haltung entwickeln. Unter den täglichen Belastungsbedingungen hat eine Fortbildung zur „eigenen Selbstkompetenzentwicklung“ möglicherweise keinen Vorrang vor der direkten Auseinandersetzung mit den akut drängenden Herausforderungen im Alltag (wie Inklusion oder Kinder aus Familien mit Fluchthintergrund).

Mit dem vorliegenden Buch möchten wir deutlich machen, dass es gerade die Arbeit an den eigenen Selbstkompetenzen ist, die dabei hilft die professionelle Handlungsfähigkeit der pädagogischen Fach- und Lehrkräfte aufrecht zu erhalten und sich die Offenheit und Neugierde zu bewahren, die notwendig ist um die aktuellen Herausforderungen meistern zu können. Die dafür notwendigen Dimensionen umfassen für uns vor allem das **W**issen über, das **E**rleben von und die **R**eflexion eigener Selbstkompetenz sowie die Möglichkeit des **T**ransfers des so Erlernten und Erlebten in die konkrete Praxis („WERT“). Dies sind folgerichtig auch die Säulen unserer Workshops, deren Entstehen und Inhalte ebenfalls in diesem Buch erläutert werden.

Zielgruppe des Buches sind neben interessierten WissenschaftlerInnen und PraktikerInnen besonders MultiplikatorInnen in Aus- und Fortbildung.

Dieser Herausgeberband ist als Monografie zu lesen, entstand er doch aus einem ForscherInnenverbund, die alle Teile gemeinsam erarbeitet haben: 13 projektbeteiligte AutorInnen haben aufeinander aufbauend und sich aufeinander beziehend die Grundlagen von Selbstkompetenz und d.h. letztlich von Haltung analysiert und die maßgeblichen Dimensionen und Eckpfeiler einer Selbstkompetenz fördernden Fortbildung aus ihren jeweiligen Perspektiven erörtert:

Julius Kuhl und Claudia Solzbacher stellen im Grundlagenteil die Grundzüge der Theorie der Selbstkompetenz vor, um im Anschluss die Bedeutung der Selbstkompetenz der pädagogischen Fach- und Lehrkräfte für die Selbstkompetenzförderung von Kindern zu beleuchten. Abschließend zeichnen sie Entstehung, Verortung und Konzeptionierung des Projekts nach.

Renate Zimmer, Peter Keßel und Stefan Schache beschreiben den Ansatz der Psychomotorik: ein Konzept, in dem das Erleben von Selbstkompetenz auf einer handlungsorientierten Ebene unterstützt und die Perspektive eröffnet wird, Selbstkompetenz auch körperlich zu verorten. Über den Körper und in Bewegung kann Selbstwirksamkeit erlebt, erfahren und bewusst gemacht werden. Die differenzierte Betrachtung sich unterscheidender Körperkonzepte und -vorstellungen ermöglicht es, der kognitiven Betrachtungsweise von Selbstkompetenz eine körperliche, bewegungsbezogene zur Seite zu stellen. Auf dieser Basis zeigt sich sinnhaft erlebte und reflektierte Bewegung auch für die pädagogischen Fachkräfte als ein wesentliches – authentisches – Werkzeug für die Auseinandersetzung mit der Selbstkompetenz, wie es in dem Projekt Anwendung fand.

Stefan Schache und Thomas Künne erläutern die Umsetzung im Projekt, wie auf die in einer Pilotstudie erhobenen Bedürfnisse der PraktikerInnen konkret reagiert wurde. Welche Angebote wurden warum geschaffen, die auch von den betroffenen AkteurInnen tatsächlich angenommen werden, ohne in Bevormundungen und Imperativen (Sei gelassen!) zu enden? Die Autoren stellen dafür die methodischen WERT-Bausteine (Wissen, Erleben, Reflektieren und Transfer) im Einzelnen vor und explizieren ihre theoretische Herleitung und Verschränkung, was das Spezifische dieser für das Projekt entwickelten Methodik herausarbeitet und damit nachvollziehbar macht.

Anna Maria Engel und Peter Keßel erläutern die Rahmung des Workshopangebotes und das Arbeitsverständnis in den Workshops zur Selbstkompetenzförderung. Dabei werden zentrale Aspekte, wie die Bedeutung der Reflexivität, welche angeregt wird durch Erlebenssituationen, die Bedeutung der Beziehung, aber auch der Freiwilligkeit als Voraussetzung für einen gelingenden Austausch praktisch erläutert und theoretisch eingebettet. Zudem wird aufgezeigt, wie Beliebigkeit durch die Festlegung von Bedürfnisfeldern eine Begrenzung erfährt und welche Rolle die Interdisziplinarität, die durch die

DozentInnenteams gelebt wird, für die Workshops spielt. Die genannten zentralen Aspekte spiegeln sich auch in den Bedürfnisfeldern wider, welche somit nicht nur die Inhalte, sondern überdies zentrale Bestandteile der Rahmung und somit der Gesamtkonzeption der Workshopreihe bilden.

Michaela Kruse-Heine, Peter Keßel, Anna Maria Engel, Inga Doll & Nathalie Pöpel stellen in ihrem Beitrag einzelne methodisch-didaktische Elemente und Vorgaben der Workshops innerhalb des Projektes konkret dar. Das Besondere an dieser „konkreten Methodik" ist die spezifisch auf Selbstkompetenz-Fortbildungen ausgerichtete Perspektive. Zentral ist, dass die eingesetzten Materialien ein hohes Maß an Beteiligung und Selbstreflexion der TeilnehmerInnen ermöglichen. Es werden nach der Anbindung an eine Bezugstheorie (PSI) die für diese Workshops angepassten Materialien vorgestellt bzw. einzelne bereits bekannte Materialien (wie z.B. Gedankenschatzbuch und Arbeitsblätter) in den Zusammenhang mit der WERT-Methodik gestellt und verdeutlicht, welche konkreten Effekte mit dem Einsatz des jeweiligen Materials angestrebt werden.

Peter Keßel, Anna Maria Engel, Michaela Kruse-Heine, Inga Doll & Fiona Martzy stellen daran anschließend exemplarisch für die Umsetzung in den Workshops das Bedürfnisfeld „Gelassenheit" mit all seinen im Rahmen verschiedener Workshops realisierten Inhalte vor. Dieses von den Lehrkräften immer wieder als herausfordernd genannte Feld wurde ausgewählt, weil es als ein sehr relevantes Thema der Selbstkompetenzfortbildung angesehen wird. Unter anderem gehen die AutorInnen folgenden Fragestellungen nach: Wie stehen Gelassenheit und Selbstkompetenz zueinander in Beziehung? Wie lässt sich Gelassenheit herstellen? Was sind individuelle Bedingungen und Strategien, um einen gelassenen Zustand herzustellen? Wie lassen sich diese in den Alltag integrieren?

Nathalie Pöpel stellt einige Ergebnisse, Perspektiven und Ausblicke der Evaluation der Workshops vor. Um die Effekte und den Nutzen der besuchten WERT-Fortbildung zu untersuchen, wurden zwischen 2013 und 2015 neun Fortbildungsdurchgänge evaluiert. Dabei zeigte sich, dass das Wissen um die Bedeutung von Selbstkompetenzen für das pädagogische Handeln bei den Teilnehmenden statistisch signifikant zugenommen hat. Die behandelten Themen aus den Bedürfnisfeldern sowie die WERT-Methodik sind somit auf hohes Interesse der Teilnehmenden gestoßen. Die Rückmeldungen der Teilnehmenden bieten wichtige Anhaltspunkte für die Weiterentwicklung des Ansatzes.

Peter Keßel, Michaela Kruse-Heine und Anna Maria Engel machen in ihrem Beitrag deutlich, inwieweit der WERT-Ansatz auch Impulse für die LehrerInnenausbildung bietet damit einen wichtigen Beitrag zur

Professionalisierung von Lehrkräften leisten kann. Zunehmend gewinnt die Erkenntnis an Bedeutung, dass für das schulische Lernen ein lernförderliches Klima, die Glaubwürdigkeit der Lehrkräfte und die Fähigkeit der Lehrerinnen, die SchülerInnen zum Nachdenken anzuregen und gemeinsam über das eigene Lernen nachzudenken, zentral sind. Basierend auf projektassoziierten Selbstkompetenz-Seminaren in der universitären LehrerInnenausbildung und der Erfahrung und dem Austausch mit Lehrkräften in den Workshops des Projekts werden Überlegungen dargelegt, dass bereits angehende Lehrkräfte in ihren Selbstkompetenz gestärkt werden müssen und welche besonderen Faktoren dabei Berücksichtigung finden sollten. In diesem Zusammenhang werden auch Überlegungen zur Einbettung der Thematik und Methodik in die zweite Ausbildungsphase und Weiterbildungen für LehrerInnen erörtert.

Meike Sauerhering und Birgit Behrensen geben einen Rückblick auf die Kontextualisierung des Projekts und erläutern die Pilotstudie in einer regionalen Bildungslandschaft, in der Belastungsmomente im beruflichen Alltag von ErzieherInnen und LehrerInnen erhoben wurden, um daraus Ansatzpunkte für die Konzeptionierung der sich daran anschließenden Workshops zu ziehen. Auf der Grundlage persönlicher Interviews im Sozialraum und eines quantitativ angelegten Fragebogens wurden Alltagsressourcen und -stressoren erhoben und konkrete Ressourcen als auch Belastungsmomente der PädagogInnen vor Ort erfasst.

Inga Doll und Michaela Kruse-Heine schildern im Anschluss, wie basierend auf den Erkenntnissen aus dieser Pilotstudie die vorgestellte Workshopreihe des Projekts passgenau entwickelt wurde. Dazu sollten in einem dialogischen Entwicklungsverfahren mit vor Ort tätigen AkteurInnen die Bedürfnisse und Ressourcen der pädagogischen Fachkräfte vertiefend betrachtet werden. Die Treffen der dialogischen Entwicklungsgruppe wurden anhand der WERT-Bausteine gestaltet. Die Darstellung der im Wissenschaftsteam entwickelten Methodik verdeutlicht unter anderem, wie grundsätzlich in den entwickelten Workshops interdisziplinär gearbeitet werden kann.

Unser Dank gilt den teilnehmenden PädagogInnen aus der Praxis, von deren kritischen Reflexionen die Entwicklung der Fortbildung sehr profitiert hat. Wir bedanken uns auch bei der Friedel & Gisela Bohnenkamp-Stiftung, die das Projekt über die gesamte Laufzeit von 3 Jahren begleitet hat. Ohne deren finanzielle und ideelle Unterstützung wäre die Realisierung des Projektes nicht möglich gewesen.

Osnabrück, im September 2016

Die HerausgeberInnen

Julius Kuhl   Claudia Solzbacher   Renate Zimmer

Julius Kuhl & Claudia Solzbacher

WERT: Wissen, Erleben, Reflexion, Transfer

Einführung in einen neuen Ansatz zur Persönlichkeitsbildung von pädagogischen Fach- und Lehrkräften

Ausgangspunkt des hier vorgestellten Konzepts ist die Annahme, dass Kinder und Jugendliche Selbstkompetenz benötigen, um Prozesse ihrer eigenen (Lern-) Entwicklung erfolgreich gestalten zu können. Die Berücksichtigung von Selbstkompetenzen ist in der Pädagogik allerdings dadurch erschwert, dass es eine kaum noch überschaubare Vielfalt von Kompetenzbegriffen gibt, die zu recht kritisiert werden, z.B. weil sie entweder zu global oder zu spezifisch sind oder sich in normativen Appellen erschöpfen („Sei gelassen!"). In einer solchen Situation ist es verständlich, dass man sich irgendwann dieses Begriffes ganz entledigt, womit dann allerdings auch die Gefahr besteht, das Kind mit dem Bade auszuschütten. Wir möchten mit diesem Buch einen Ansatz verfolgen, der das pädagogisch und psychologisch Wertvolle des Kompetenzbegriffs herausarbeitet, ohne auf globale, inflationäre oder normativ reduzierte Kompetenzkonzepte zurückgreifen zu müssen: Sinnvoll ist ein Kompetenzkonstrukt erst dann, wenn es konkrete, diagnostizierbare Kompetenzen beschreibt, deren Entwicklungs- und Förderbedingungen so detailliert ausgearbeitet sind, dass sie pädagogisch umsetzbar sind. Selbstkompetenz in diesem Sinne ist Teil der Persönlichkeitsentwicklung. Ihre Förderung nimmt somit entscheidenden Einfluss auf die gesamte Bildungsbiografie von Kindern und Jugendlichen. Sie entfalten ihre Begabungen, sind Herausforderungen gewachsen, lernen mit Fehlern umzugehen und auch mal Hindernisse zu überwinden. Die Stärkung ihrer Selbstkompetenz kann somit nachhaltige Grundlage für die Entwicklung ihrer fachspezifischen wie fächerübergreifenden Kompetenzen sein.

Soll die Selbstkompetenz von Kindern gefördert werden, müssen auch die pädagogischen Fach- und Lehrkräfte über Selbstkompetenzen verfügen und diese bewahren können. Das bedeutet allerdings nicht, dass Selbstkompetenzen von der Vermittlung von Unterrichtsinhalten abgelöst oder gar zum zentralen Unterrichtsgegenstand werden. PädagogInnen äußern heute oft gerade deshalb Unbehagen an dem inflationären Umgang mit dem Begriff der Selbstkompetenz, weil sie Beispiele vor Augen haben, in denen irgendwelche, z.T. ad hoc definierten formalen Selbstkompetenzen *auf Kosten* fachspezifischer Inhalte vermittelt werden sollen:

> „Es ist modisch geworden, die Methode des Unterrichtens wichtiger zu nehmen als die zu vermittelnden Inhalte. Früher fragte ein Lehrer, wenn er eine Deutschstunde für eine 8. Klasse plante: ‚Welcher Text ist für Schüler, die sich gerade in der Pubertät befinden, geeignet, um ihnen ein wenig Orientierung zu geben?‘ Heute fragt man: ‚Welche Kompetenzen sind im Kompetenzraster noch abzuarbeiten?‘ In der Pädagogikabteilung von Buchhandlungen stößt man zuhauf auf Titel wie ‚Methodentraining‘, ‚Lerntraining‘, ‚Abiturtraining‘, ‚Kompetenzen trainieren‘. Man fragt sich, ob man nicht aus Versehen in der Sportabteilung gelandet ist. Nach meiner Erfahrung verändert die Kompetenzorientierung die Sicht auf den zu planenden Unterricht. Die Stoffe, die schwierig zu erschließen sind, werden gerne „geopfert“, wenn sie sich nicht mit einer der gängigen Kompetenzen vermitteln lassen. Leider gehen dabei auch die Stoffe verloren, die bei den Schülern auf Begeisterung stoßen könnten. Schüler für den Lernstoff zu entflammen ist das Erfolgsrezept eines guten Unterrichts. Ein langweiliger Unterricht ist für Schüler oft das Schlimmste, was sie in der Schule erleben. Sie leiden darunter und fangen an, den Lehrer als ‚Schlafpille‘ zu hassen. Deshalb ist es bedauerlich, dass das formale Prinzip der Kompetenzorientierung dazu beiträgt, die Spannungsmomente im Unterricht, die durch den Lehrstoff gegeben sein könnten, abzutöten.“ (Rainer Werner, FAZ vom 14.01.2016, S. 6).

Aus der im vorliegenden Band dargestellten psychologisch informierten pädagogischen Sicht kann ein solcher Widerspruch zwischen fachspezifischen Unterrichtsinhalten und formalem Kompetenztraining durchaus aufgelöst werden. Die in diesem Einleitungskapitel skizzierten Ergebnisse psychologischer und neurobiologischer Forschung zeigen vor allem, dass Selbstkompetenzen *intuitiv* wirksam werden und auch am besten intuitiv vermittelt werden. Das bedeutet für die Unterrichtspraxis, dass sie in der Regel begleitend zu den jeweiligen fachspezifischen Inhalten vermittelt werden. Dass Selbstkompetenzen gewissermaßen beiläufig vermittelt werden, schließt natürlich nicht aus, dass in der Lehrer*ausbildung* durchaus explizit über die relevanten Verhaltensweisen zur Förderung von Selbstkompetenzen reflektiert wird, zumal das, was früheren Lehrergenerationen so selbstverständlich gewesen sein mag, dass es keiner Explikation bedurfte, nicht automatisch den heute in der Verantwortung stehenden PädagogInnen selbstverständlich sein muss, die sich einer Vielzahl neuer und zum Teil widersprüchlicher Anforderungen gegenüber sehen. Und selbstverständlich sollten auch LehrerInnen wissen, welche Möglichkeiten psychologisch ausgebildete Experten haben, um Kindern mit besonderem Entwicklungsbedarf im Bereich der Selbstkompetenzen ein gezieltes Training der für die Begabungsentfaltung relevanten Selbstkompetenzen zu vermitteln. In der interdisziplinären Zusammenarbeit der pädagogischen und der psychologischen Abteilung der Forschungsstelle Begabungsförderung des nifbe konnten wir einen spezifischen Blick auf Selbstkompetenz und ihre Bedeutung für (kindliche) Entwicklung und Lernen entwickeln und zusätzlich von Erkenntnissen aus der Psychomotorik und Bewegungswissenschaft profitieren. Gemeinsam haben wir zum anderen anschließend herausgearbeitet, welche Bedeutung die Selbstkompetenz von Fach- und Lehrkräften für die Gestaltung des pädagogischen Alltags hat. Beide Perspektiven gehen auch in unsere nachfolgenden Überlegungen mit ein.

Selbstkompetenz und Persönlichkeitsentwicklung (Theorie)

Dass Selbstkompetenz einen zentralen Bereich der Persönlichkeitsentwicklung ausmacht, ist heute unstrittig. Dennoch wird ihre Förderung bisweilen vernachlässigt oder nimmt lediglich eine randständige Bedeutung ein. Neben Planungs- und Konzentrationsfähigkeit gehören zur Selbstkompetenz die Fähigkeiten, sich selbst zu motivieren, mit Misserfolgen umzugehen sowie Widersprüche auszuhalten und zu integrieren. So geht es bei der Selbstkompetenz im Kern darum, mit den eigenen Gefühlen umgehen zu können.

Welche Bedeutung ihr beizumessen ist, zeigt die Einbettung des von uns so verstandenen Konzepts der Selbstkompetenz in den aktuellen Diskurs um Kompetenzen im Allgemeinen.

Von Kompetenz wird in den verschiedensten wissenschaftlichen Disziplinen gesprochen. Obwohl der Begriff innerhalb der Disziplinen durchaus nicht einheitlich verwendet wird, kann festgehalten werden, dass er oft zugleich die Prozesse wie das Ergebnis des Kompetenzerwerbs bezeichnet. Mit der Kompetenzorientierung wird der Blick auf die tatsächlich erreichte Leistung gerichtet (vgl. z.B. Klieme & Hartig, 2007). Es geht um die Vermittlung zwischen Wissen und Können, wie es in Verhalten und Leistung einer Person innerhalb eines konkreten Kontextes sichtbar wird. Bezieht sich Kompetenz auf Interaktionen zwischen verschiedenen Personen, geht es um einen wirkungsvollen Austausch mit dem sozialen Umfeld.

Beim Lernen müssen Wissensinhalte mit gesellschaftlich vermittelten Einstellungen, Werten und Motiven verknüpft werden (vgl. Klieme & Hartig, 2007). Lernen und Lerninhalte lassen sich nicht vom gesellschaftlichen Kontext ablösen. So ist es Aufgabe des Elternhauses, der Kita und der Schule, diesen Prozess im Idealfall reflektiert und aufeinander abgestimmt grundzulegen und voranzutreiben.

Die Verfasser der Expertise zu den nationalen Bildungsstandards betonen, dass viele unterschiedliche Kompetenzbegriffe nebeneinander stehen: von Persönlichkeitsmerkmalen bis zu erworbenem umfangreichem Wissen, von fächerübergreifenden Schlüsselqualifikationen bis zu fachbezogenen Fertigkeiten (vgl. ebd.). Insgesamt dienen Kompetenzmodelle dazu, Bildungs- und Erziehungsprozesse besser (oder manche würden sagen: erstmals) zu operationalisieren und strukturiert zu betrachten. Zudem werden Zusammenhänge und Abhängigkeiten zwischen den Kompetenzbereichen verdeutlicht (vgl. Solzbacher, 2014).

Eine wichtige Grundlage in der Debatte um Kompetenz im Allgemeinen und auch um Selbstkompetenz lieferte für die Pädagogik der Erziehungswissenschaftler Roth bereits 1971 mit seinem Handlungskompetenzmodell. Hier wird Kompetenz in die drei Dimensionen Selbst-, Sach- und Sozialkompetenz gegliedert. Zu fragen ist nun, ob Selbstkompetenz lediglich eine Kompetenz neben anderen ist, oder ob sie nicht eher deren Basis ist? Dieser Frage sind wir in unserem interdisziplinären Forschungsteam nachgegangen. Wir sind zu der Überzeugung gelangt, dass Selbstkompetenz als Basiskompetenz anzusehen ist. Und dass der Stellenwert, der ihr in der Forschung, der Bildungspolitik und vermutlich auch in der Praxis zuerkannt wird, nicht die Bedeutung widerspiegelt, die ihr für das Lernen von Kindern und Jugendlichen zukommen müsste.

Tatsächlich wird das (Lern-)Handeln des Einzelnen maßgeblich durch grundlegende Einstellungen, Werthaltungen und Motivationen beeinflusst, die für unser spezifisches Verständnis von Selbstkompetenz relevant sind. Wir wissen z.B., dass dem Selbstbild von Kindern und Jugendlichen und ihrem persönlich motivierten Leistungsstreben etc., eine größere Bedeutung für den Lernerfolg zukommt als ihrer Begabung oder Intelligenz. So sind bei Schulkindern Leistungsfreude und Anstrengungsbereitschaft für ihr Leistungsergebnis (z.B. Schulnoten) relevanter als ihre getestete Begabung (vgl. Kuhl et al., 2011). Mit der Scholastik-Studie (vgl. z.B. Helmke et al., 2003) wird ein Zusammenhang zwischen Selbstkonzept und Schulleistung nachgewiesen. Zum Beispiel wirkt sich ein positives Selbstkonzepte von Schülerinnen und Schülern auf ihre Schulleistungen aus, umgekehrt zeigen sich Wirkungen guter Schulleistungen auf das Selbstkonzept.

Auch Schneekloth & Pupeter (2010) stellen fest, dass der Grad des Vertrauens in die eigene Selbstwirksamkeit eine grundlegende individuelle Ressource ist, die es dem Kind ermöglicht, vorhandene Angebote zu nutzen und Chancen zur Verwirklichung auch umzusetzen. Spätestens in der Grundschule entwickeln Schülerinnen und Schüler ein positives oder auch negatives (Leistungs-)

Selbstkonzept, das sich nachhaltig auf die gesamte Bildungsbiografie auswirken kann (vgl. Grotz, 2005). Die Selbstwirksamkeitserwartung, also die Überzeugung, etwas (bewegen) zu können, ist eng mit der (Leistungs-)Motivation verbunden. Allerdings kann man nicht immer davon ausgehen, dass Konzepte und Überzeugungen, die sich auf eigene Kompetenzen beziehen, die eigentlichen Ursachen des Ausmaßes sind, in dem Begabung in Leistung umgesetzt wird. Sonst wären Motivations- und Leistungsdefizite ja immer leicht dadurch behebbar, dass man Lernenden positive Überzeugungen einredet (vgl. Kuhl, Schwer & Solzbacher, 2014a). Leider wird der Kompetenzbegriff häufig auf die subjektive Ebene reduziert, ohne die objektive Grundlage subjektiver Überzeugungen zu berücksichtigen. Dann besteht die Gefahr, dass der Begriff „Selbstkompetenzen" zu global oder inflationär verwendet wird, d.h. dass entweder nur ganz pauschal von einer alle Lebensbereiche durchdringenden Selbstwirksamkeitsüberzeugung geredet wird oder aber für jede noch so spezifische Tätigkeit eine neue Selbstwirksamkeitsüberzeugung postuliert wird. Um solchen Risiken zu entgehen, müssen Selbst*konzepte,* Wirksamkeitserwartungen und Kontrollüberzeugungen immer auch im Kontext der ihnen zugrundeliegenden *objektiven* Kompetenzen berücksichtigt werden. Die Untersuchung objektiver Kompetenzen ist auch deshalb wichtig, weil – wie im nächsten Abschnitt erläutert wird – Selbstkompetenzen überwiegend intuitiv (unbewusst) funktionieren und deshalb oft gar nicht auf der Ebene subjektiver (bewusster) Überzeugungen pädagogisch oder psychologisch erreichbar sind.

Ein Beispiel dafür, dass die Förderung von Selbstwirksamkeitsüberzeugungen in enger Verbindung mit der Förderung objektiver Kompetenzen verwirklicht werden kann, ist der in diesem Band ausführlich dargestellte psychomotorisch-motologische Ansatz von Renate Zimmer: Ziel ist es, Kinder zu ermutigen und besonders (oft durch ungünstige Sozialisationserfahrungen generierte) Unsicherheiten bei Kindern, die sich nichts mehr zutrauen, soweit in die Handlung (humanistisch gesehen in die Selbstaktualisierung und das Wachstum) zurückzubringen, dass sie merken, dass sie doch mehr können, als sie dachten. Dafür ist es oft auch notwendig, diese Leistungen der Kinder verbal zu begleiten. Damit aber die Entwicklung nicht auf der kognitiv-konzeptuellen Ebene stecken bleibt, sondern auch der oft ganz intuitiv funktionierende objektive Kompetenzanteil wachsen kann, müssen die Kinder ein propriozeptives Feedback – also die Rückmeldung aus dem Körper – erfahren, um auch implizit körperlich zu spüren, dass sie etwas leisten können bzw. geleistet haben (vgl. dazu auch Zimmer, Keßel & Schache, in diesem Band). Wenn die Entwicklung des kognitiven (verbalisierbaren) Selbstkonzepts Hand in Hand mit dem Wachsen objektiver Selbstkompetenzen fortschreitet, ist die Gefahr von Selbstunter- oder überschätzung gebannt. Dann können intuitiv abrufbare Selbstkompetenzen sogar noch verstärkt und stabilisiert werden, wenn sie sich in entsprechenden (realistischen) Selbstkonzepten widerspiegeln. So entwickelt sich ein Kind auch auf Basis von echten Selbstwirksamkeitserfahrungen schrittweise motorisch weiter, ohne dass der kognitiv reflektierten (und verbalisierbaren) Selbstwirksamkeitsüberzeugung die ganze Verursachungslast für ein Handlungsergebnis zugeschrieben werden muss. Vereinfacht formuliert: Man kann nicht jedem Menschen die Selbstwirksamkeit einreden und erwarten, dass er dann auch gleich mehr kann, aber die positive Überzeugung kann ihm dabei helfen, sich eher auf eine neue Herausforderung einzulassen.

Wichtige Grundlagen für die Selbstkompetenzentwicklung aus der PSI-Theorie

Das förderungswürdige Spektrum objektiver Fähigkeiten ist naturgemäß außerordentlich groß. Es reicht von den im vorigen Abschnitt erwähnten psychomotorischen Kompetenzen, über sprachliche Fähigkeiten, bis hin zu Fähigkeiten, die die Selbststeuerung betreffen, etwa die Fähigkeit, eigene Vorsätze umzusetzen (Handlungskompetenz), oder die Fähigkeit, aus Fehlern zu lernen und an leidvollen Erfahrungen zu wachsen, statt sie verdrängen zu müssen (Selbstwachstum). Solche Selbstkompetenzen sind auch deshalb von zentraler Bedeutung, weil sie mit der Entwicklung anderer Kompetenzbereiche wie motorische und sprachliche Kompetenzen eng verwoben ist. Die PSI-Theorie ist aus der Frage entstanden, welche Systemvoraussetzungen die genannten Fähigkeiten zur Selbststeuerung haben. Was braucht es z.B., um die eigenen Vorsätze umsetzen zu können? Zunächst einmal darf man sie nicht vergessen: Unerledigte Absichten müssen im (Intentions-)Gedächtnis aufrechterhalten werden, bis sie erledigt sind. Das Aufrechterhalten genügt aber nicht: Wie oft passiert es uns im Alltag, dass wir auf unseren guten Vorsätzen sitzen bleiben (Erich Kästner, 1950): „Es gibt nichts Gutes, außer man tut es.“. Wie lässt sich Prokrastination („Aufschieberitis“) vermeiden? Hier scheint es auf die Regulation von Emotionen anzukommen. Denn für das Aufrechterhalten von unerledigten Absichten braucht man andere Affekte als für ihre Ausführung. Um ins Handeln zu kommen, hilft positiver Affekt. Das merkt man schon daran, dass das Handeln (d.h. die Verhaltenssteuerung) bei Tätigkeiten, die Spaß machen, kein Problem ist: Man braucht dazu nicht einmal bewusste Kontrolle, man führt sie oft ganz spontan und intuitiv aus.

Mit dem Begriff „intuitive Verhaltenssteuerung“ ist ein System gemeint, das die kontextsensible Ausführung von Verhaltensroutinen, die wir abrufbar in unserem

Handlungsrepertoire haben, ohne (oder mit wenig) bewusster Kontrolle steuert. Beim Paartanz auf einer dicht gedrängten Tanzfläche oder bei vielen Sportarten (z.B. Tennis, Surfen), aber auch bei zahlreichen Alltagstätigkeiten (z.B. Geschirr spülen, die Wohnung aufräumen), berücksichtigt die intuitive Verhaltenssteuerung „kontextsensibel" sehr viele Merkmale und Veränderungen in der Umgebung und speist sie intuitiv in die Verhaltenssteuerung ein. Verhaltenssteuerung kann natürlich auch durch negative Affekte energetisiert werden (z.B. Lernen aus Angst vor der schlechten Note oder unter Zeitdruck), wobei allerdings die enorme Kontextsensibilität der intuitiven Verhaltenssteuerung verlorengeht, weil übermäßiger Stress kontextsensible Systeme umgeht (u.a. wohl deshalb, weil Vermeidungsverhalten sehr rasche und einfache „Fluchtreaktionen" erfordert). Auf die aufmerksamkeitsverengende Wirkung negativer Affekte kommen wir noch zu sprechen.

Absichten bildet man typischerweise, wenn die unmittelbare Ausführung nicht möglich oder nicht sinnvoll ist, z.B. wenn man auf eine gute Gelegenheit warten muss oder wenn es um eine unangenehme Tätigkeit geht, für die wir erst einmal die passende Motivation aufbringen müssen (z.B. eine Diät einhalten, schwierige Mathe-Aufgaben üben, Zimmer aufräumen etc.). Die Aufrechterhaltung eines solchen Vorsatzes ist also nicht mit gesteigerter Freude verbunden, sondern zunächst dämpft sie den positiven Affekt. Diese manchmal paradox erscheinende Handlungshemmung, die mit der Bildung eines Vorsatzes einhergeht, ist eigentlich sehr nützlich: Sie verhindert ein vorschnelles Handeln, z.B. wenn man noch nach einer optimalen Handlungsmöglichkeit suchen muss oder auf eine geeignete Ausführungsgelegenheit warten will. Um (unangenehme!) Vorsätze im geeigneten Moment umsetzen zu können, muss dann aber die Dämpfung des positiven Affekts wieder aufgehoben werden, sonst bleibt man auf seinen guten Vorsätzen sitzen und es droht Aufschieberitis. Wenn der Wechsel in den positiven Affekt nicht von außen kommt (z.B. dadurch dass der Vater oder eine Lehrerin einen Schüler ermutigt), dann muss er selbst herbeigeführt werden. Vorsätze umsetzen zu können, erfordert also einerseits, die Dämpfung positiven Affekts auszuhalten (Frustrationstoleranz hilft bei der Bildung und Aufrechterhaltung unangenehmer Vorsätze) und andererseits kommt es auch darauf an die Handlungshemmung im richtigen Moment wieder aufheben zu können (z.B. durch Selbstmotivierung). Wenn ein sehr fröhlicher Mensch ganz einseitig auf positiven Affekt festgelegt ist, wird er Schwierigkeiten mit Schwierigkeiten haben: Er kann Leichtes und Angenehmes ohne Weiteres ausführen (er hat keine Verhaltenshemmung), aber ihm fehlt die Fähigkeit, die Dämpfung positiven Affekts auszuhalten (Frustrationstoleranz), die nötig ist um Vorsätze im Intentionsgedächtnis aufrechtzuerhalten. Halten wir also fest: Das Zusammenspiel (Interaktion) zwischen Intentionsgedächtnis und intuitiver Verhaltenssteuerung braucht das Zusammenspiel von zwei affektregulatorischen Kompetenzen: Frustrationstoleranz und Selbstmotivierung.

Diese Zusammenhänge sind in der **1. Modulationsannahme** der PSI-Theorie zusammengefasst:

Die Dämpfung positiven Affekts aktiviert das Intentionsgedächtnis (und umgekehrt), während die Aufhebung dieser Dämpfung (d.h. die Heraufregulierung von positivem Affekt) die kontextsensible Umsetzung der gespeicherten Absichten erleichtert.

Wie lernt man nun aus Fehlern und wie können leidvolle Erfahrungen so bewältigt werden, dass man an ihnen wächst (Selbstwachstum)? Zunächst einmal kommt es darauf an, dass der Fehler bzw. die leidvolle Erfahrung zugelassen und nicht verdrängt wird. Man kann aus Erfahrungen nicht lernen, wenn man sie übergeht.

Der Fehler bzw. die leidvolle Erfahrung bildet in der Wahrnehmung die „Figur" im Fokus der Aufmerksamkeit, wodurch allerdings viele Merkmale des jeweiligen Erfahrungskontextes in den Hintergrund der Aufmerksamkeit geraten (Figur-Grund-Trennung). Das psychische System, das den Fehler (oder generell eine unangenehme Erfahrung) in den Fokus der Aufmerksamkeit rückt, statt ihn abzuwehren, nennen wir die „Objekterkennung". Gemäß der 2. Modulationsannahme der PSI-Theorie *intensiviert negativer Affekt diese Fokussierung auf eine Einzelheit*, was den Vorteil hat, dass negative Einzelerfahrungen (wie ein Fehlerrisiko oder die Gefahr, dass ein schmerzhaftes Erlebnis wieder passiert) in zukünftigen Situationen wiedererkannt wird: Dadurch dass die Objekterkennung die Gefahrenquelle aus dem Kontext herauslöst, kann sie sie zukünftig auch in anderen Kontexten wiedererkennen.

Mit dem Wiedererkennen ist es aber nicht getan. Wir haben aus einem Fehler bzw. einem schmerzhaften Erlebnis erst dann wirklich gelernt, wenn wir ihn (bzw. es) auch dann vermeiden können, wenn wir nicht explizit daran erinnert werden und ihn von selbst wiedererkennen. Hier geht es um die Kompetenz, einen Fehler vorauszusehen, d.h. sich „von selbst" rechtzeitig daran zu erinnern, *bevor* er auftritt. Sigmund Freud sprach von *Wiederholungszwang*, wenn seine Patienten immer wieder denselben Fehler machten (z.B. sich immer auf denselben Partnertyp einließen, auch wenn sie längst wussten, dass dieser Typus ihnen nicht gut tat). Einen Fehler wiederzuerkennen garantiert demnach noch nicht, dass man das Fehlerrisiko rechtzeitig voraussieht, um ihn vermeiden zu können. Wiederholungszwang gibt es auch im ganz normalen Alltag, nämlich immer dann, wenn wir nicht „von selbst" daran denken, dass wir etwas anders machen müssen (z.B. wegen einer Dauerbaustelle die gewohnte Strecke zum Arbeitsplatz vermeiden). Die Alltagssprache benennt hier im Grunde schon das System, das nötig ist, damit Fehler in Zukunft „von selbst" vermieden werden, also auch dann, wenn man nicht explizit an das Fehlerrisiko erinnert wird. Das „SELBST" überwacht aus dem Hintergrund des Bewusstseins die Umgebung und warnt ganz von „selbst", sobald irgendetwas mich persönlich (mich „selbst") angeht (Kuhl, 2011; Storch & Kuhl, 2012). Diese breite Form der Aufmerksamkeit ermöglicht sehr viel umsichtigeres Entscheiden und Handeln als der enge Fokus der bewussten Aufmerksamkeit, wie er mit der Objekterkennung verbunden ist. Die breite Aufmerksamkeit des SELBST, die auf alles achtet, was von persönlichem Interesse ist, d.h. was für meine Werte, Bedürfnisse, Ziele eine positive oder negative Bedeutung haben könnte, nennen wir *Wachsamkeit*. Dieser Begriff hat mit dem heute populären Begriff der Achtsamkeit zwar die Ausweitung der Aufmerksamkeit gemeinsam. Allerdings hat die Achtsamkeit keine persönlichen „Relevanzfilter", sondern ist darauf ausgerichtet, Wahrnehmungen, Gedanken und Gefühle gerade nicht zu bewerten, sondern gewissermaßen „vorbeiziehen" zu lassen.

Wachsamkeit ist ein wichtiges, aber nicht das einzige Funktionsmerkmal des SELBST. Dieses System ist ein nicht bewusstseinspflichtiges Erfahrungsnetzwerk, das nicht nur auf Fehlerrisiken aufmerksam macht, sondern auch Gefühle nachhaltig, kontextsensibel und umsichtig, also ohne Unterdrückung irgendwelcher unangenehmer Anteile wahrnehmen und regulieren kann. Weil es enorm viele Informationen gleichzeitig verarbeiten kann, ist das SELBST in der Lage, im Entscheiden und Handeln sehr viele *persönlich* relevante Bedingungen, eigene und fremde Gefühle, Bedürfnisse, Werte, Handlungsmöglichkeiten gleichzeitig zu berücksichtigen. Da dieses System auch die Identität der Person vermittelt, wird es das „SELBST" genannt. Die Funktionsweise und die hirnbiologischen Grundlagen des SELBST lassen sich heute sehr detailliert aufzeigen (Kuhl, 2011; Kuhl, Quirin & Koole, 2015).

Wenn Fehlererfahrungen ins SELBST integriert werden, sind sie in dem Netzwerk von Handlungsmöglichkeiten in jeweils passenden Kontexten verbunden, sodass in Situationen, die ein Fehlerrisiko, eine Gefahr oder die Erinnerung an eine leidvolle Erfahrung bergen, je nach Kontext automatisch (unbewusst) ein Verhalten generiert wird, das die Fehlervermeidung ermöglicht, ohne dass man überhaupt bewusst an das Fehlerrisiko denken muss. Da das SELBST sehr ausgedehnte Verbindungen mit dem autonomen Nervensystem, in dem sich Emotionen entfalten, eingeht, kann es Emotionen und Bedürfnisse nicht nur berücksichtigen, sondern auch regulieren (Kuhl, 2011).

Wie erwähnt beruht die kognitive Verarbeitung des SELBST ähnlich wie die intuitive Verhaltenssteuerung auf einer gleichzeitigen Berücksichtigung vieler Informationen („Parallelverarbeitung“). Dies geschieht allerdings auf einer sehr viel höheren Integrationsebene als es der intuitiven Verhaltenssteuerung gelingt: Im SELBST-System werden Erfahrungen über eigene Fähigkeiten in den unterschiedlichsten Situationen und Aufgabenbereichen, über eigene Bedürfnisse und Werte und über viele die eigene Identität ausmachenden Merkmale integriert. Das bedeutet: Wer ein gutes SELBST-System entwickelt hat und auch über einen guten Zugang zum SELBST verfügt (implizite Selbstwahrnehmung), wird sich (und andere) nicht überfordern, weil das Erfahrungsnetzwerk des SELBST zahllose Erfahrungen über die Fähigkeiten der eigenen oder anderer Personen gespeichert hat. Ein gut entwickeltes SELBST kann bei komplexen Entscheidungen „an alles denken, ohne an alles denken zu müssen“. Das SELBST berücksichtigt ja alles persönlich Relevante weitgehend unbewusst. Es kann die Ausführung unangenehmer Vorsätze emotional positiv unterstützen, weil das SELBST eine ausgedehnte Direktverbindung mit den Emotionen und Körperwahrnehmungen hat. Es kann schmerzhafte Erfahrungen nachhaltig und ohne Abwehrmanöver, d.h. selbstkonfrontativ, z.B. dadurch bewältigen, dass eine leidvolle Erfahrung durch die Integration ins SELBST mit vielen positiven Erfahrungen in Kontakt kommt, die die schmerzlichen Seiten *relativieren*. Allerdings ist der Selbstzugang ab einer individuell unterschiedlichen Intensität von negativem Affekt (Stress) gehemmt, weil dieser ja – wie erwähnt – eine Verengung der Aufmerksamkeit auf einen Fehler oder ein schmerzhaftes Erlebnis bewirkt (Näheres: Kuhl, 2011; Kuhl, Quirin & Koole, 2015).

Die **2. Modulationsannahme** der PSI-Theorie fasst zusammen, wie die für das Selbstwachstum wichtige Interaktion zwischen Objekterkennung und dem SELBST durch den Wechsel zwischen dem Aushalten von negativem Affekt und seiner Herabregulierung vermittelt wird.

Negativer Affekt (Angst, Schmerz, Stress) hemmt den Selbstzugang und intensiviert die Verengung der Aufmerksamkeit auf schmerzrelevante Einzelheiten (Objekterkennung), während die nicht defensive („selbstkonfrontative“) Herabregulierung von negativem Affekt den Kontakt solcher Einzelerfahrungen mit dem SELBST ermöglichen (d.h. den Selbstzugang intensivieren) und damit akkommodatives Selbstwachstum ermöglichen.

Wir nennen das Selbstwachstum, das aus dem dialektischen Wechsel zwischen dem Zulassen von negativen Erfahrungen (Objekterkennung) und ihrer durch die Herabregulierung von negativem Affekt ermöglichten Integration in das ausgedehnte Erfahrungsnetzwerk des SELBST entsteht, *akkommodatives*

Selbstwachstum, weil es auf einer Anpassung (Akkommodation) und Revision bestehender SELBST-Strukturen beruht: Wenn ein fremdes, eigentlich unerwünschtes oder sogar schmerzhaftes Erlebnis ins SELBST integriert wird, verändert es dessen Erfahrungsnetzwerk statt die Wahrnehmung mit dem bestehenden Schema zu „assimilieren". Das wäre der Fall, wenn z.B. leidvolle Erfahrungen geleugnet oder schöngeredet werden, was allerdings zuweilen durchaus hilfreich sein kann, solange man in einer (Stress-)Situation ist, die keine selbstkonfrontative Bewältigung ermöglicht, ohne dass es zu einer emotionalen Überforderung der Person kommt.

Zusammenfassend lässt sich sagen, dass emotionsregulierende Fähigkeiten wie Selbstmotivierung und Selbstberuhigung gerade deshalb von ganz besonderer Bedeutung sind, weil sie die Selbststeuerung der Kooperation derjenigen psychischen Systeme unterstützen, die für die Entfaltung aller Selbstkompetenzen von großer Bedeutung sind. Selbstmotivierung ermöglicht es, Ziele und zielrelevante Handlungsabsichten in die Tat umzusetzen (Kooperation von Intentionsgedächtnis und intuitiver Verhaltenssteuerung) und Selbstberuhigung unterstützt das Lernen aus Fehlern und eine Form des Selbstwachstums, die sogar aus schmerzhaften Erfahrungen neue Lösungen generiert. Damit gewinnt die Frage, wie die Entwicklung und Förderung von Basiskompetenzen wie Selbstmotivierung und Selbstberuhigung im Einzelnen aussieht. Bevor wir darauf eingehen, soll zunächst die Relevanz der hier skizzierten psychologischen Grundlagen der Selbstkompetenz für den Begriff der Haltung erörtert werden, der in der Pädagogik eine bemerkenswerte Entwicklungsgeschichte hat.

Problemaufriss: Eine professionelle pädagogische Haltung bedarf der Selbstkompetenzen von pädagogischen Fachkräften und Lehrkräften

Zur Bewältigung von pädagogischen Herausforderungen, die durch das Thema „Inklusion" und aktuell auch durch den Zustrom von Flüchtlingen entstehen, wird oft die Bedeutung einer „richtigen" professionellen Haltung hervorgehoben. So wird in zahlreichen Veröffentlichungen an die Notwendigkeit einer „richtigen" Haltung der an Erziehung und Bildung beteiligten AkteurInnen appelliert. Schließlich sei eine professionelle Haltung eine Schlüsseldimension, die jegliches pädagogisch-professionelles Denken und Handeln beeinflusse. Was denken aber pädagogische Fachkräfte und LehrerInnen, wenn sie in diesem Zusammenhang Aufforderungen hören, wie: „Siehe Heterogenität als Chance an!", „Denke und handle inklusiv!", „Denke ressourcenorientiert und nicht defizitorientiert!".

Was ist denn, wenn PädagogInnen größte Zweifel an der ein oder anderen gerade aktuellen Reform haben? Machen wir es am Beispiel „Heterogenität als Chance begreifen" deutlich: Diese Aufforderung zöge doch auch einen wesentlich ressourcenorientierteren Umgang mit Kindern nach sich und vor allem ein deutlich individualisiertes Leistungsfeedback. Aber das stellt Vieles auf den Kopf, was bisher als Lehrer-Aufgabe angesehen wurde. Schließlich haben gerade Lehrkräfte jahrelang ausgelesen und Noten gegeben, um Kinder in bestimmte Schulformen einzutüten. Das wurde auch bisher im Hinblick auf das Schulsystem so erwartet. Jetzt werden plötzlich neue Normen vorgegeben. Kurz: Kann man seine Haltung verändern, nur weil man dazu aufgefordert wird oder weil es plötzlich neue Anforderungen an PädagogInnen gibt? Sicher nicht. Das erscheint so paradox und schwer umsetzbar, wie die Aufforderung „Sei spontan!" an eine Person, die gewöhnt ist, ihre eigenen Impulse den ihr übertragenen Aufgaben und Anforderungen unterzuordnen.

Was könnte nun aber hinter der viel zitierten „richtigen" pädagogischen Haltung von LehrerInnen stecken? Bei genauerer Betrachtung erweist sich der Begriff Haltung ähnlich wie der bereits erwähnte Kompetenzbergriff als nicht eindeutig definiert, kaum durchschaubar und somit auch anfällig für unterschiedliche ideologische Interpretationen und Inhalte. Wie wir bereits zu dem sehr unterschiedlich, oft nur diffus umschriebenen Kompetenzbegriff erläutert haben, wird auch beim Haltungsbegriff meist sehr einseitig auf Überzeugungen, Einstellungen und subjektive Erwartungen rekurriert, ohne die für den jeweiligen pädagogischen Kontext relevanten *objektiven* Kompetenzen näher zu bestimmen, die einer professionellen Haltung zugrunde liegen. Es wird bei Recherchen zu diesem Thema schnell klar: Eine bestimmte Haltung wird seit über 200 Jahren gefordert oder sogar regelrecht verordnet (vgl. Fiegert & Solzbacher, 2014), aber nirgends wurde bisher definiert, was genau diese Haltung ausmacht. Ein Blick in die Historie von Schule, d.h. auf die geschichtliche Entwicklung des Unterrichtens, Lehrens, Lernens und Erziehens, zeigt, dass diese Aufgaben schon immer mit der grundsätzlichen Frage verbunden wurden, welchen Einfluss der Lehrer auf die Qualität ihrer Bewältigung hat. Wissenschaftlich geht es hierbei darum, die Funktion und Wirkung des Lehrers – d.h. seiner Persönlichkeit – in schulischen Kontexten und insbesondere für den Erfolg von Lehr-, Lern- und Erziehungsprozessen zu erforschen, was als eine sehr alte und umstrittene Fragestellung von immer noch oder gerade wieder aktueller wissenschaftlicher Bedeutung angesehen werden kann.

Die Studie des neuseeländischen Bildungsforschers John Hattie (2009) belegt die Bedeutung von Haltung. Hattie hatte mittels Meta-Analysen einen Versuch unternommen, zu klären, welche Faktoren das schulische Lernen am stärksten beeinflussen und kam zu dem Ergebnis, dass der Einfluss des Lehrers im

Vergleich zu anderen Faktoren (wie schulische Organisationsformen oder Lehrpläne) mit am größten ist (vgl. ebd., S. 238f.). Seine umfangreichen Metaanalysen zeigen auch die Bedeutung emotionaler Qualitäten des Lehrers, die er z.B. zur Gestaltung der Lehrer-Schüler-Beziehung (ebd., S. 118f.) braucht und insbesondere für Feedback an Schülerinnen und Schüler (ebd., S. 173ff.).

Die Ergebnisse aus Hatties Meta-Analysen verweisen darauf, dass ein Umdenken auch in der Lehreraus- und -weiterbildung notwendig ist. Schließlich sehen schon die Standards für die Lehrerbildung (KMK, 2004) neben dem Erwerb der Kernkompetenzen Erziehen, Unterrichten, Beurteilen und Innovieren auch den Erwerb einer „richtigen" – d.h. einer professionellen Lehrerhaltung für den Professionalisierungsprozess der Lehrkräfte vor. Dies gilt gleichermaßen für die Ausbildung von pädagogischem Fachpersonal in der Elementarpädagogik. So wird in den Expertisen zur Ausbildung von elementarpädagogischen Fachkräften auf die Bedeutung einer pädagogischen Haltung als handlungsleitende Orientierung verwiesen (z.B. Nentwig-Gesemann et al., 2012) – ohne diese jedoch inhaltlich näher zu fassen.

Nähert man sich solchen fundamentalen pädagogischen Fragen von erziehungswissenschaftlicher Seite, dann stellt man fest, dass sie allein mit pädagogischen Befunden und Theorien nicht zu beantworten sind. Deshalb haben wir sie mit persönlichkeits- und motivationspsychologischen Forschungsergebnissen zusammengeführt, um das Konzept „professionelle pädagogische Haltung" einerseits aus erziehungswissenschaftlicher Sicht genauer zu charakterisieren und zugleich einige psychologische Funktionsprinzipien von „Haltung" herauszuarbeiten (Kuhl et al., 2014a). Auf diesem Weg haben wir uns gemeinsam an einer prozessanalytischen Definition (Kuhl, Schwer & Solzbacher, 2014b) von Haltung versucht, mit dem Ziel, „Haltung" einer Operationalisierbarkeit und Lehrbarkeit zuzuführen.

Haltung und Selbstkompetenzen: Bedeutungen des Begriffes „professionelle pädagogische Haltung" in pädagogischen Diskursen

Wie ist nun die Vorstellung zu bewerten, dass es sich bei einer Haltung um Glaubenssätze oder Menschenbilder handelt, die man ein Leben lang hat und die in pädagogisch herausfordernden Situationen etwa Stütze oder Halt geben können? Und was ist von der Idee zu halten, dass mit dem Begriff „Haltung" Menschenbilder, also grundlegende Vorstellungen vom Wesen des Menschen mitgedacht werden, die gerade in Bildungsprozessen das Handeln maßgeblich bestimmen. Was immer die Analyse des Begriffs „Haltung" ergeben wird: Sie wird in ganz konkrete praktische Fragen münden: Wie können wir eine Haltung erwerben? Bezieht sich Haltung überhaupt auf bewusste Überzeugungen oder kann es sein, dass sie weitgehend auf unbewussten Prozessen beruht, die gar nicht so leicht zu beeinflussen wären?

Bereits die ersten Schritte zur Analyse des Haltungsbegriffs liefern eine Reihe ganz unterschiedlicher Denkmöglichkeiten: Umfasst oder beinhaltet Haltung sozusagen als übergeordneter Begriff andere Begriffe, wie subjektive Theorien, ethische Postulate, Handlungsintentionen und -ziele, die pädagogische Fachkräfte und LehrerInnen in ihrem beruflichen Handeln mental repräsentieren und bei ihrer Umsetzung zum Ausdruck bringen? Beispiele aus der Pädagogik wären die Kindzentrierung und die Lehrer-Schüler-Beziehung (z.B. Nohls pädagogischer Bezug: Nohl, 1933). Wenn es um solche Ansprüche an das pädagogische Handeln ginge: Müssten wir uns dann diese Grundlagen nicht viel bewusster machen, wenn sie doch unser ganzes Handeln bestimmen sollen?

Oder handelt es sich bei der Rede von der „richtigen" Haltung gar um eine Forderung, die in Diskursen um das Gelingen oder noch mehr in Fällen von Misserfolgen pädagogischen Handelns Beobachtern der pädagogischen Praxis wie etwa Eltern, Kollegen und Politikern dazu dienen kann, den Fachkräften Schuld zuzuweisen: Denn, wenn das Kind versagt, kann es ja auch an der falschen Haltung der Pädagogen liegen (vgl. Schwer & Solzbacher, 2015a; Kuhl et al., 2014c)? Auch mit solcher Art von Annahmen und Voreingenommenheit sehen sich Erzieherinnen und Erzieher sowie LehrerInnen konfrontiert, wenn eine – bestimmte? – pädagogische Haltung eingefordert wird.

Beide Bedeutungen des Haltungsbegriffs, die Erwartung inhaltlicher Überzeugungen guter Pädagogen wie die Basis für Schuldzuweisungen an die Adresse „schlechter" Pädagogen, sind zu subjektiv, zu pauschal und normativ, um eine brauchbare Grundlage pädagogischen Handelns abgeben zu können. Wie könnte also eine für die Praxis taugliche Begriffsbestimmung aussehen? Könnte es sein, dass mit „Haltung" echte, erlernbare Kompetenzen gemeint sind, die Pädagogen so etwas wie ein „professionelles Rückgrat" (vgl. Schwer & Solzbacher, 2015a; Kuhl et al., 2014a) geben, das sich nicht allein auf eine Einstellung, Überzeugung oder normative Forderung an pädagogisches Verhalten reduzieren lässt (ebd.). Es steht ja außer Frage, dass PädagogInnen gewisse Kompetenzen benötigen, um sich in einem pluralistischen Staat zwischen den teilweise widersprüchlichen Anforderungen von Bildungspolitik emanzipieren zu können, d.h. zum Beispiel, dass sie eigene Entscheidungen treffen und mit den Konsequenzen leben können. Könnte es sein, dass der Haltungsbegriff solche Kompetenzen impliziert?

Die Fähigkeit, eigene Entscheidungen im Denken und Handeln (selbst-) verantwortlich treffen zu können, ist vermutlich gerade in der mitunter ideologisch aufgeladenen Inklusionsdebatte von Bedeutung, in der „politically correctness" manchmal den professionellen Blick auf das Kind zu dominieren droht. Welche Fähigkeiten oder Kompetenzen müssten PädagogInnen haben, um professionell, authentisch, selbst- und verantwortungsbewusst und kontextsensibel aktiv entscheiden und handeln zu können (vgl. Schwer & Solzbacher, 2015; Kuhl et al., 2014a)? Und wie machen sich solche Fähigkeiten subjektiv bemerkbar?

Eine professionelle Haltung zeigt sich – vereinfacht gesagt – einerseits in den Vorstellungen und Zielen und andererseits in dem „Bauchgefühl", mit dem wir PädagogInnen den diversen und ständig steigenden Anforderungen oder auch den Qualitätskriterien inklusiver Begabungsförderung bzw. den Qualitätskriterien inklusiver individueller Förderung gegenübertreten (Kuhl et al., 2014b).

Machen wir dies deutlich am Beispiel Inklusion. Diese wird nicht selten unkritisch bejaht und ihre Umsetzung als leicht angenommen, man müsse nur den richtig Blick auf das Kind haben und Inklusion nur wirklich „wollen". Aber manchmal haben einige PädagogInnen vielleicht das Gefühl, es wäre manchmal besser, Kinder in spezielle heilpädagogische Einrichtungen oder Förderschulen zu geben. Wenn man sich als Pädagoge oder Pädagogin solche Gedanken macht, dann stimmt zuweilen das, was verordnet ist, mit dem eigenen Gefühl nicht überein. Das kann gerade dann vorkommen, wenn man sich zusätzlich verschiedenen und teilweise konträren Interessen und Bedürfnissen von Personen gegenüber sieht wie der gemeinsamen Förderung von Kindern mit unterschiedlichsten Behinderungen, Hochbegabungen oder anderen Auffälligkeiten (vgl. Solzbacher & Schwer, 2015). In solchen Situationen haben PädagogInnen mitunter den Eindruck, mit sog. „selbstfremden" Glaubenssätzen, Anforderungen und Zielen überrannt und von der als „richtig" propagierten Haltung überrumpelt zu werden.

Passen das Gefühl und die professionellen Wissensbestände zusammen und scheinen sich gegenseitig zu ergänzen und zu bestätigen, kann man von einer selbstkongruenten oder authentischen Haltung sprechen.

Harmonisieren die verbalisierbaren Gedanken oder Ziele einer Person jedoch nicht mit ihrem Bauchgefühl, sprechen wir von einer Abkopplung der Affekte und Emotionen: Die eigenen Gefühle unterstützen dann u.U. nicht das, was uns als Handlungsdirektiven, Prinzipien und Überzeugungen verbal vermittelt wird. Gerade von LehrerInnen werden die in einigen beruflichen Kontexten verbalisierbaren Ziele vielleicht eher als „verordnet" empfunden. Auch in vielen anderen beruflichen oder privaten Situationen können sich solche Diskrepanzen einstellen. Jeder hat also in der Regel schon gelernt, mit solchen „Haltungsdingen“ umzugehen (vgl. auch Solzbacher & Schwer, 2015; Kuhl et al., 2014a).

Gerade Situationen, in denen man sozusagen „uneins mit sich selbst“ ist, halten jedoch sehr viel Potenzial für die persönliche und damit auch für die professionelle Entwicklung bereit. Allerdings wird dieses Potenzial nur gut nutzen können, wer diese Inkongruenzen wahrnehmen kann und will. Anderenfalls läuft man Gefahr, dauerhaft „gegen sich selbst“ zu arbeiten. Das mag in Ausnahmesituationen hinnehmbar sein. Auf Dauer jedoch ist es wichtig, auf eigene Emotionen zu achten, weil solche gedanklichen und emotionalen Inkongruenzen uns darauf hinweisen, dass unser „innerer Kompass“ gerade nicht gut funktioniert. Kommt auf diese Weise der Zugang zu uns selbst abhanden, ist die Authentizität unserer Haltung und unsere Professionalität gefährdet! Ohne Selbstzugang leiden alle Selbstkompetenzen, also auch die zentralen Fähigkeiten zur Selbstberuhigung und Selbstmotivation, was wiederum zur Folge hat, dass die Burn-Out-Gefahr wächst.

Wie verändert sich Haltung? Ist es überhaupt möglich, sich eine „andere“, „richtige“ Haltung „zuzulegen“? Was genau zeichnet jene „richtige“ Haltung aus, die geeignet ist, vorgegebenen Anforderungen und Qualitätskriterien professionell gerecht zu werden? Unsere Forschungen haben bestätigt: Man kann weder sich selbst noch anderen PädagogInnen einfach die „richtige“, etwa eine umfassend inklusionsbejahende Haltung, verordnen und erwarten, dass es dann mit Inklusion und einer breiten individuellen Förderung schon von selbst klappen wird. Auch können wir niemanden die „richtige“ Haltung absprechen, ohne uns den Vorwurf der Voreingenommenheit einzuhandeln.

PädagogInnen empfinden sich zu Recht als professionell. Auf welcher objektiven Kompetenz- oder Funktionsgrundlage fußt Professionalität? Wir sind – um es vorweg zu nehmen – zutiefst davon überzeugt, dass vor allem ein „integrationsstarkes SELBST“ von PädagogInnen für eine stabile und verlässliche pädagogische Haltung angesichts von Reformanforderungen hilfreich ist, die nicht selten mit einer eher rudimentären Theorie und einer nicht evaluierten Praxis daherkommen. Dieses starke SELBST ermöglicht es uns, in den unterschiedlichsten Kontexten auf die für die konkrete Situation jeweils adäquaten Erfahrungen zurückgreifen können. Gut ausgebildete Selbstkompetenzen von PädagogInnen sind hierfür die Grundlage. Mit Hilfe eines reflexions- und integrationsstarken SELBST können sie – intuitiv und vielleicht auch oder gerade deswegen professionell – entscheiden, was für das Kind das Beste jenseits des gerade angesagten Zeitgeistes ist (vgl. dazu Solzbacher & Schwer, 2015).

Zwischenfazit: Haltung als „innerer Kompass" – Selbstkompetenz als Voraussetzung für erfolgreiches Handeln

Vor dem Hintergrund der PSI-Theorie als wissenschaftlicher Grundlage entwicklungs- und handlungsregulierender Kompetenzen bleibt festzuhalten, dass sich eine „professionelle pädagogische Haltung" durch eine Art „inneren Kompass" auszeichnet, der viele verschiedene objektiv messbare (Selbst-)Kompetenzen unterstützt und vor allem auch ein „integrationsstarkes SELBST". Damit können wir verdeutlichen, warum gerade die Weiterentwicklung der Selbstkompetenzen einer Person die Entwicklung einer professionellen Haltung unterstützt. Von diesen Selbstkompetenzen einer Person hängt es ab, wie gut sie eigene Absichten bilden und umsetzen kann, ob es ihr gelingt, sich selbst zu motivieren, wenn sie das für angezeigt hält, und sich in ärgerlichen oder stressigen Situationen selbst zu beruhigen, wenn ihr das sinnvoll erscheint. Man kann im Großen und Ganzen sagen, dass es gerade von den Selbstkompetenzen einer Person abhängt, welchen Weg der Selbstentwicklung sie bewusst oder nicht bewusst geht, d.h. für PädagogInnen auch, wie sich ihr Professionalisierungsprozess in der Praxis vollzieht. Selbstkompetenzen bestimmen auch die Möglichkeiten und Grenzen einer Person, eigene Werte und Ziele selbstkongruent zu definieren und als wertvoll erachtete, bestimmte pädagogische Ziele, Handlungen oder auch Verhaltensweisen umzusetzen.

Zusammenfassend gesagt: Selbstkompetenzen sind lebenslang erlernbar, sie charakterisieren die Persönlichkeit eines Menschen (vgl. Kuhl et al. 2014a; 2014b). Von den Selbstkompetenzen hängt es ab, ob jemand seine Haltung authentisch und selbstkongruent zu leben und die eigene Haltung auch in Handlungen umzusetzen vermag. Ziel von (Lehrer-)Fortbildungen muss also die möglichst gute Selbstkompetenzförderung von Fach- und Lehrkräften sein, um sie darin zu unterstützen, ihre Haltung authentisch zu leben und in Handlungspraxis umsetzen zu können. Es hängt von einer ganzen Reihe von Bedingungen ab, welche Selbstkompetenzen eine Person in ihrem beruflichen Alltag tatsächlich zum Einsatz bringen kann. Auch mit Blick auf die PSI-basierten Möglichkeiten zur empirischen Erfassung und Messung von Selbstkompetenzen sind Prognosen hinsichtlich der Frage, durch welchen Typus von Haltung bzw. durch welche besondere Konfiguration von Persönlichkeitsmerkmalen und Selbstkompetenzen sich eine Person langfristig auszeichnen wird, kaum möglich (Schwer & Solzbacher, 2014). Damit ist es zu Beginn einer beruflichen Laufbahn nach wie vor schwierig zu prognostizieren, ob eine Person als Pädagogin oder Pädagoge auf lange Sicht erfolgreich sein wird oder nicht (ebd.). Daher betrachten wir Bestrebungen, Persönlichkeitstests oder Tests im Kontext von

Zugangsvoraussetzungen für pädagogische Studiengänge oder Fach(hoch)schulausbildungen anzuvisieren, mit Skepsis (ebd.). Fraglich ist, ob es jemals gelingen wird, Instrumente zu entwickeln, die Aussagen über die zukünftige Eignung einer Person als Pädagogin oder Pädagogen erlauben: Ein solches Vorgehen würde allerdings immer mit dem Risiko verbunden sein, die menschlichen Möglichkeiten, zu lernen und sich selbst zu entwickeln, zu unterschätzen. Vorsicht erscheint nicht zuletzt deshalb angebracht, weil die tatsächlichen Selbstkompetenzen einer Person erst in ihrer kontextbezogenen Anwendung unter realen Praxisbedingungen zu Tage treten und wachsen können (ebd.). Zugleich kann gerade deshalb eine auf Selbstkompetenzen ausgerichtete umfassende Diagnostik durchaus den Prozess der *Entwicklung und Förderung* haltungsrelevanter Selbstkompetenzen unterstützen (Kuhl & Henseler, 2004).

Deutlich wurde bei der Explikation unseres Verständnisses von Haltung, dass nicht allein die auf Kognitionen zielenden theoretischen Inhalte, sondern auch die mit ihnen verknüpften Stimmungen bzw. Emotionen, die kontextsensibel und über Konditionierungsprozesse zur Aktivierung der entsprechenden Selbstkompetenzen führen, entscheidend dafür sind, wie gut die einer Haltung zugrunde liegenden Selbstkompetenzen im Alltag angewendet und weiter entwickelt werden können.

Für eine weitere Annäherung an die professionelle pädagogische Haltung gilt es festzuhalten, dass Emotionen und Stimmungen in neuen Situationen zunächst als Erstreaktionen auftreten. Die emotionale Erstreaktion, also ob jemand spontan dazu neigt, auf Situationen z.B. vorsichtig bis ängstlich, impulsiv oder mit Vorfreude zuzugehen, wird von genetischen Faktoren und früheren Erfahrungen bestimmt. Im Verlaufe der (Berufs-)Biografie sind jedoch emotionsregulierende Selbstkompetenzen erlernbar, die ermöglichen, selbst stabile Erstreaktionen jederzeit selbstbestimmt und den jeweiligen situativen Anforderungen entsprechend zu regulieren. Das bedeutet, dass jemand mit einer ängstlichen Disposition durchaus lernen kann, die daraus resultierende sensible Erstreaktion immer dann zurückzunehmen (z.B. durch Selbstberuhigung), wenn die Situation das erfordert. Eine solche kontextangemessene, selbst gewollte Veränderung einer emotionalen Reaktion wird *Zweitreaktion* genannt. Diese Kompetenz kann erlernt werden, ohne dass die ängstliche Grunddisposition verändert werden muss.

Die Vorstellung, Erstreaktionen zu regulieren, weckt nicht selten und nicht nur bei PädagogInnen die Vorstellung, dass bestimmte emotionale Erstreaktionen wie Ärger oder Antipathie nicht zu einer professionellen Haltung passen und zu vermeiden sind. Die psychologische Forschung bestätigt hier allerdings eine alte Lebensweisheit: Wer seine Erstreaktionen unterdrückt, wird sie nicht wirklich los, sondern verliert im Gegenteil sogar die Kontrolle über sie. Deshalb gehört zur professionellen Haltung nicht die Unterdrückung, sondern die Regulation von Emotionen. Auch unliebsame oder ungünstig erscheinende Erstreaktionen werden als wichtige Signale registriert, und ihre Grundlagen reflektiert (z.B.: „Warum reagiere ich auf dieses Kind in dieser Situation mit dieser Emotion?") Dann kann die emotionale Erstreaktion, ohne sie zu leugnen, so verändert werden, dass sie in die nach eingehender Selbstreflexion für sinnvoller gehaltene Zweitreaktion mündet. Dieser Regulationsprozess setzt die Fähigkeit voraus, gleichzeitig auch gegensätzliche Zustände aufrechtzuerhalten statt zu meinen, sich für eines der widerstreitenden Gefühle entscheiden zu müssen. So können der Ärger über ein randalierendes Kind und zugleich das Mitgefühl mit diesem Kind durchaus zugelassen werden. Das Aufrechterhalten gegensätzlicher Gefühle und Überzeugungen innerhalb oder zwischen Personen ist eine Voraussetzung dafür, dass ein integrationsstarkes SELBST eine Lösung (z.B. eine passende Reaktion oder eine Veränderung der Situation) finden kann, die beiden widerstreitenden Komponenten gerecht wird. Bewusste Unterdrückung unliebsamer Gefühle hilft hier auch deshalb nicht, weil Emotionen durch bewusstes Denken nicht wirklich regulierbar sind, wie die Vergeblichkeit von Selbst- oder Fremdinstruktionen wie „Ich muss mich jetzt freuen" oder „Höre doch auf, Angst zu haben" illustrieren.

Wie erlernt das SELBST eine emotionale Zweitreaktion, z.B. die Fähigkeit, sich trotz einer spontanen Angstreaktion selbst zu beruhigen oder sich „selbst" zu motivieren, obwohl man die Lust verliert? Die Antwort ist PädagogInnen im Grunde geläufig: Kinder wie auch Erwachsene lernen sich selbst zu ermutigen, wenn sie in dem betreffenden Kontext Ermutigung erlebt haben. Sie lernen Selbstberuhigung, wenn sie in ängstigenden oder leidvollen Situation Beruhigung oder Trost erfahren haben. Ganz allgemein entwickelt sich die Selbstregulation als Verinnerlichung erfahrener Fremdregulation. Die psychologische Analyse macht aber auf eine Zusatzbedingung aufmerksam: Die Ermutigung oder der Trost, den eine Bezugsperson gibt, kann bei der betroffenen Person in dem Augenblick noch so erfolgreich wirken: Wenn sie nicht ins deren SELBST integriert wird, kann sie in späteren Situationen auch nicht „von selbst", also ohne fremde Ermutigung bzw. Beruhigung eingesetzt werden. Dann bliebe die Person immer von der emotionalen Unterstützung durch andere Personen abhängig. Wie aber können PädagogInnen dafür sorgen, dass die Emotionsregulation eines Kindes irgendwann selbstständig (von selbst) funktioniert. Ermutigung, Beruhigung und viele andere pädagogische Maßnahmen können nur dann zu Selbstkompetenzen werden, wenn sie ins SELBST des Kindes integriert werden. Grundsätzlich gilt: Eine Erfahrung kann nur in ein System integriert werden, wenn dieses System aktiviert ist, während die Erfahrung gemacht wird. Ermutigung, Beruhigung o.a. kann nur ins SELBST integriert werden, wenn das SELBST eines Kindes in den betreffenden Situationen aktiviert ist. Woran merken PädagogInnen, dass das SELBST eines Kindes aktiviert ist? Die Antwort ist ganz einfach: Das SELBST ist aktiviert, wenn eine Person „sich" angesprochen und verstanden fühlt. Im Alltag sagen wir dann: Die Person öffnet sich (d.h. ihr SELBST). Wie wir im Folgenden noch näher ausführen werden, sind hier die psychologischen Ursachen für die in der Pädagogik wie in der Psychologie enorme Bedeutung der Beziehungsqualität begründet: Eine Person öffnet „sich" (d.h. ihr SELBST) umso eher, je mehr sie sich in einer verständnisvollen und akzeptierenden Beziehung erlebt.

Es kommt also bei der Entwicklung der Zweitreaktion nicht darauf an, wie oft ein gutes Gefühl in der Entwicklungsgeschichte eines Menschen hergestellt wurde (die Häufigkeit eines positiven bzw. negativen Gefühls beeinflusst eher die Erstreaktion). Stattdessen kommt es auf die Responsivität der Bezugsperson an, also z.B. darauf an, ob ein ungutes Gefühl durch ein verstehendes, liebevolles Gegenüber gegenreguliert wurde. Das Erlernen der selbstständigen Emotionsregulation (als bei Bedarf einsetzbare Zweitreaktion) ermöglicht sogar, eine scheinbar „unpassende" Erstreaktion, wie Ärger, Lustlosigkeit oder Angst, in eine Ressource zu verwandeln. Die durch eine ängstliche Erstreaktion erworbene Erfahrung kann ins SELBST integriert werden, wenn die Erstreaktion durch Selbstberuhigung abgemildert und gleichzeitig auch in ihrer Berechtigung gewürdigt wurde. So wird verhindert, dass der Zugang zum SELBST durch übermäßige Angst gehemmt wird. Dass sogar sonst krankmachende „Erstreaktionen" zu Ressourcen für die Gesundheit werden können, zeigen inzwischen Befunde aus der (epi-)genetischen Forschung: Kinder mit einer genetischen Vulnerabilität z.B. für aggressive, depressive oder hyperaktive Symptome entwickeln die entsprechenden Symptome mit *geringerer* Häufigkeit als Kinder ohne diese Vulnerabilität, wenn sie unter liebevollen, entwicklungsfördernden Bedingungen aufwachsen (Belsky & Pluess, 2009).

Aus der Sicht der PSI-Theorie sind solche paradoxen Befunde mit der Auswirkung der emotionalen Dialektik erklärbar: Kann eine Erstreaktion, ohne sie zu leugnen oder zu unterdrücken, durch eigene Emotionsregulation bei Bedarf verändert werden, befördert die Erstreaktion die Interaktion zwischen den beiden Systemen, die für die Integration neuer, unbekannter oder sogar schmerzhafter Erlebnisse kommunizieren müssen: auf der einen Seite die Objekterkennung, die das schmerzliche oder ängstigende Erlebnis aufgrund der sensiblen Erstreaktion zulässt statt es zu verdrängen, und andererseits das SELBST, das durch die Herabregulierung der ängstlichen Erstreaktion aktiviert wird.

Dies legt die für die Pädagogik bedeutsame Schlussfolgerung nahe, dass Haltung, die auf Zweitreaktionen beruht, durchaus veränderbar sowie erlern- und lehrbar ist, ohne dass individuelle Unterschiede in den Erstreaktionen verändert werden müssen. Dann kann eine Haltung, die in relevanten Selbstkompetenzen wie Selbstmotivierung und Stressregulation verankert ist, sogar ein Motor für die weitere Selbstentwicklung sein, weil sie im Zusammenspiel mit der Erstreaktion persönliches Wachstum ermöglicht (Kuhl et al., 2014a, 2014b). Ein solcher mit der Zweitreaktion verknüpfter Haltungsbegriff gewährleistet Respekt gegenüber einem Alltagsbegriff von „Persönlichkeit", der eher die emotionalen und kognitiven Erstreaktionen meint. Dies gilt auch für deskriptive Strukturmodelle, die die Persönlichkeit eines Menschen mit wenigen (heute meist fünf) Dimensionen wie Extraversion, Neurotizismus und Gewissenhaftigkeit beschreiben: Selbst wenn sich solche Dispositionen über die Lebensspanne gar nicht ändern, können sie durch Zweitreaktionen situativ reguliert werden.

Wenn es allerdings nicht gelingt, Überzeugungen, Ziele und wissenschaftliche Erkenntnis an die zu ihrer integrativen Umsetzung geeigneten Emotionen und an notwendige (Selbst-)Kompetenzen anzubinden, verbleibt „Haltung" im Deklamatorischen und Normativen. Sie kann dann nicht mit integrativer Kompetenz verbunden werden und ist auch nicht selbstkongruent aufrecht zu erhalten. Nicht zuletzt deshalb müssen im Prozess zur Entwicklung eines schulischen Leitbildes sehr sorgsam die Überzeugungen der Kolleginnen und Kollegen vom Lernen und Lehren zur Sprache kommen. Erst wenn im Austausch hier Gemeinsamkeit entsteht, wird das Leitbild seine Funktion erfüllen können, ihre Aktivitäten in Schule und Unterricht anzuleiten.

Zusammenfassend ist festzuhalten, dass eine professionelle pädagogische Haltung auf objektivierbaren Selbstkompetenzen beruht: Selbstausdruck, ganzheitliches Fühlen, Zusammenhänge erkennen und Überblick bewahren, Kongruenzen betonen und wachsam sein gegenüber von innen und von außen kommenden Erwartungen und Impulsen, die mit dem SELBST nicht kongruent sind. (Selbst-)Integration von Gegensätzen und schwierigen Erfahrungen und die für ein integrationsstarkes Selbstwachstum notwendige Emotionsregulation.

Alle diese Funktionen sind das Resultat einer gesunden Selbstentwicklung, die der Person einen „inneren Kompass" (Kuhl et al., 2014b) für kohärentes, standhaftes und gleichzeitig kontextsensibles Entscheiden und Handeln vermittelt. Durch geeignete Vermittlungsmethoden, Übungen oder Trainings zur Aktivierung von Selbstkompetenzen ist eine integrationsstarke professionelle Haltung zumindest in Teilen lehr- und erlernbar.

Konsequenzen für die Aus- und Fortbildung in der Pädagogik

In der pädagogischen Landschaft gibt es bereits einige Trainingsprogramme und Interventionskonzepte, die die Entwicklung umfassender Selbstkompetenz fördern helfen: Die Lehramtsstudierenden der Universität Kassel nehmen z.B. an einem Persönlichkeitsscreening teil (Bosse, 2013) und absolvieren Trainings für psychosoziale Basiskompetenzen. In einem Forschungsprojekt werden dazu begleitend motivationale und personale Voraussetzungen für den Umgang mit berufsrelevanten Anforderungen, wie Emotionsregulation, Empathiefähigkeit, Teamorientierung, Lernorientierung und Selbstreflexion überprüft. Das Landesinstitut für Lehrerbildung und Schulentwicklung in Hamburg bietet ebenfalls seit längerem berufsphasenspezifische Trainings an: Die LehramtsanwärterInnen erhalten ein verpflichtendes Persönlichkeitstraining durch Trainerinnen und Trainer, die nicht gleichzeitig auch die Unterrichtsstunden und den Ausbildungsstand beurteilen. In der sich anschließenden Berufseingangsphase (1.-3. Jahr) ist die Teilnahme an Gruppen kollegialer Beratung verpflichtend. In der Potsdamer Lehrerstudie von Schaarschmidt und Kollegen untersuchte man mit Hilfe des AVEM, einem Test für Arbeitsbezogene Verhaltens- und Erlebensmuster (Schaarschmidt & Fischer, 2008), die Selbstkompetenzen von LehrerInnen in diesem Bereich (Schaarschmidt & Kieschke, 2007). Es zeigten sich z.T. einige ungünstige Bewältigungsstrategien. Die einen schützen sich vor den vielen neuen Anforderungen mit vermindertem Engagement. Die anderen überfordern sich extrem und sind damit Burnout gefährdet. Eine weitere Gruppe erlebt bereits Burnout (ebd.). Auf Grund mangelnder Widerstandskraft sind diese Lehrkräfte nicht mehr in der Lage, sich in ihrem Beruf ausreichend zu engagieren. Psychosoziale Begleiterscheinungen sind Begleitsymptome. Nur 17% der teilnehmenden LehrerInnen haben gemäß diesen Untersuchungen eine gesundheitsfördernde Einstellung gegenüber ihrer Arbeit. Schaarschmidt & Kieschke haben daraufhin bereits 2007 ein umfassendes Unterstützungskonzept für Lehrkräfte und Leitungspersonen entwickelt (Schaarschmidt & Fischer, 2013).

Bauer berichtet im Zusammenhang mit der Freiburger Schulstudie von ähnlichen Erfahrungen (Bauer, 2004). Er fordert als Konsequenz jedoch eher die Entwicklung der Beziehungskompetenz. Auch dieser Autor hat ein Unterstützungsangebot entwickelt („Lehrercoaching“; Bauer, Unterbrink & Zimmermann, 2007).

„Trainingsprogramme" für PädagogInnen im Konzert unserer Fortbildung „(Selbst-)kompetent bilden – Kinder nachhaltig stärken: Prozessentwicklung zur Selbstkompetenzförderung von PädagogInnen"

Die Sensibilität für die Problemlagen ist also durchaus vorhanden. Wir haben aus unseren Forschungen eine Fortbildungsreihe entwickelt und erprobt, um der Professionalisierung von PädagogInnen Rechnung zu tragen. Unser Ziel war es, den Zusammenhang der Selbstkompetenzen von PädagogInnen mit der Entwicklung der Selbstkompetenzen bei Kindern und Jugendlichen zu betonen und auf eine nachhaltige Basis zu stellen. In dieser Fortbildungsreihe wird versucht, verschiedene Ansätze miteinander zu kombinieren und die Selbstkompetenzentwicklung von pädagogischen Fach- und Lehrkräften in Aus- und Weiterbildung zu fördern. So entstand auf der Grundlage des bisher Dargestellten ein Konzept individueller Zugänge zur Stärkung der Selbstkompetenzen anhand der vier „WERT"-Bausteine:

- „Wissen" (über wichtige beruflich relevante Selbstkompetenzen),
- „Erleben" (Einsatz psychomotorischer Methoden als Zugang zur Selbstkompetenz über unmittelbare Erfahrung),
- „Reflektieren" (Feedbackgespräche und Coaching) und
- Transfer (Bezug herstellen zu persönlichen Erfahrungen und zum Berufsalltag; Umsetzung von Gelerntem in das professionelle pädagogische Handeln).

In der Fortbildungsentwicklung geht es darum, individuell angepasste Wege zu finden, um in schwierigen Situationen auf eigene Selbstkompetenzen zugreifen zu können. So braucht es beispielsweise in angespannten Situationen für einen empathischen Umgang mit Kindern die Selbstkompetenz „Selbstzugang", mit der dazugehörigen Selbstwahrnehmung, Selbsteinfühlung und Selbstverbindung. Denn nur wer „im Kontakt mit sich selbst" ist, ist in der Lage, Empathie zu zeigen und sich selbst auszudrücken. Die Entwicklung dieser Kompetenzen erfolgt in der Praxis unter anderem durch Körperwahrnehmungsübungen, (Selbst-) Reflexionsbögen, Fallbesprechungen und Wissensinputs – und deren Wechselwirkungen. Übertragen auf die Aus- und Fortbildung von Lehrkräften geht es auch um eine veränderte Hochschuldidaktik, die mehr auf authentisches Erleben und auf Selbsterfahrungen sowie auf bewusst aufbereitete Praxis setzt.

Diese Fortbildungsreihe trägt den wichtigsten Einsichten aus unseren oben beschriebenen Forschungen Rechnung.

1. Erkenntnis: Auch das SELBST von PädagogInnen muss gestärkt werden

Wir haben uns wiederholt die Frage gestellt, wie die Selbstkompetenzen, die zu einer authentischen Haltung führen, unterstützt bzw. aufrecht erhalten werden können. U.a. auf der Basis der Ausführungen zur PSI-Theorie kann geschlussfolgert werden, dass einerseits lang andauernder Stress die Authentizität von Haltung gefährdet, da das SELBST abgeschaltet wird, wenn negative Emotionen eine kritische Grenze dauerhaft überschreiten (vgl.: zweite Modulationsannahme der PSI-Theorie, Kuhl et al., 2014a). Daraus wären heute bereits einige Konsequenzen für notwendige (Arbeits-)Bedingungen in pädagogischen Einrichtungen ableitbar. Allerdings sind hierzu im Hinblick auf die individuellen Verarbeitungsweisen von PädagogInnen und ihrem langfristigen individuellen Umgang mit stressigen Situationen noch deutlich genauere Grundlagenuntersuchungen speziell für die unterschiedlichen pädagogischen Arbeitsfelder erforderlich.

Andererseits ist hier zu bedenken, dass und warum die in der Geschichte der Pädagogik sehr häufigen Appelle an eine "richtige Haltung" sowie normative Empfehlungen nicht zu einer automatischen Haltungsänderung führen. Vorsicht ist bei Methoden geboten, die eine einseitige Aktivierung derjenigen psychischen Funktionen und Selbstkompetenzen vorantreiben sollen, die von anderen gefordert werden und die eine Voraussetzung für die Umsetzung normativer Vorgaben bilden. Diese Art einseitiger Fokussierung kann dazu führen, dass Pädagogen, aber auch Eltern, ihr SELBST mit selbstfremden Vorgaben „überrumpeln“, was einer Selbstinfiltration gleich käme (d.h. einer Verwechslung eigener und fremder Erwartungen vgl. dazu Baumann & Kuhl, 2003). Vielmehr muss es bei der Entwicklung von Methoden zur Selbstkompetenzförderung zunächst um die Frage gehen, wie das SELBST von Pädagogen funktionstüchtig werden kann: Es soll erkennen bzw. fühlen können, ob (a) normative Vorgaben mit dem eigenen SELBST kongruent sind, ob (b) große Belastungen Druck erzeugen und damit innere Freiheit rauben oder ob (c) die Vorgaben für den Einzelnen allein umsetzbar sind oder durch eigenständige Modifikationen selbstkongruent bzw. umsetzbar gemacht werden können. Mangelnde Selbstkompatibilität könnte bei einigen Anforderungen in Bezug auf die Inklusion zutreffen und ein Grund dafür sein, warum Inklusion in der Praxis manchmal nicht gut funktioniert.

Zielführend ist deshalb unseres Erachtens bei der Methodenentwicklung zur Selbstkompetenzförderung die Frage, wie PädagogInnen so gestärkt werden können, dass sie die Ergebnisse ihrer persönlichen Selbstkongruenzprüfungen auch authentisch in ihrem beruflichen Umfeld kommunizieren können, d.h. dass sie ihre authentische Haltung auch selbstkongruent umsetzen können. Ein solcher

Persönlichkeitsentwicklungsprozess in der Fach- und Lehrkräfteausbildung muss deshalb verstärkt angestoßen werden.

Des Weiteren müsste es darum gehen, PädagogInnen die kognitive und emotionale Dialektik sowie die ihr zugrundeliegenden psychologischen Funktionsprinzipien verständlich zu machen, und zwar sowohl in Bezug auf die eigene Persönlichkeitsentwicklung als auch die der SchülerInnen: In beiden Personengruppen geht es darum, den Beteiligten mögliche Wege und Methoden zur Selbstentwicklung aufzuzeigen.

2. Erkenntnis: Die *Beziehungsfähigkeit* von PädagogInnen muss gestärkt werden, weil der kindliche Erwerb von Selbstkompetenzen in Beziehungen erfolgt

In aktuellen Diskursen kommt dem Beziehungsbegriff eine bedeutendere Rolle zu als noch vor wenigen Jahren. Dort tauchte der Begriff eher im Umfeld von Debatten auf, die u.a. Respekt, Konfliktbewältigung, Disziplin und damit zusammenhängend auch Erziehungsstil oder Führungsstil thematisierten. Innerhalb dieser Debatten wurde zumeist von der Lehrer-Schüler-Rolle oder von pädagogischer Interaktion gesprochen. Dies sind eher formalisierte Begriffe, die verdeutlichen, dass eine gewisse Distanz in der Beschreibung der Lehrer-Schüler-Beziehung mitschwingt.

Bereits in den Anfängen der geisteswissenschaftlichen Pädagogik – etwa mit Litt und Nohl – oder auch in der Reformpädagogik wird eine ganz andere Bedeutung der Lehrer-Schüler-Beziehung hervorgehoben, die nicht auf Distanzierung und Reduktion auf die Lehrer-Rolle ausgelegt ist. Miller entwirft gar eine ganze Beziehungsdidaktik und macht so deutlich, dass Lehren und Lernen eingebettet in zwischenmenschliche Beziehungen in den Mittelpunkt didaktischen Handelns und Reflektierens gehört (vgl. Miller, 2011; Giesecke, 1999; siehe hierzu auch Solzbacher, Behrensen, Sauerhering & Warnecke, 2011). Die konstruktivistischen PädagogInnen gehen mit der Kommunikationswissenschaft (vor allem mit Watzlawick, 1967) von der Erkenntnis aus, dass Unterricht sich nicht nur auf der Sachebene, sondern immer – mit dieser verbunden – auf der Beziehungsebene abspielt, wobei die Beziehungsebene die Sachebene dominiert. Mit Blick auf diese Traditionen wird deutlich, dass Unterricht zunächst eine zwischenmenschliche und erst dann eine institutionelle bzw. professionelle Bedeutung hat.

Dass ErzieherInnen und Lehrkräfte sich der Bedeutung von Beziehung grundsätzlich bewusst sind – besonders im Kontext von Lernmotivation – wird an verschiedenen Stellen unserer empirischen Befragungen von ErzieherInnen und LehrerInnen manifest. Aus unseren Befragungen von Grundschullehrpersonen geht beispielsweise hervor, dass diese Berufsgruppe aus ihren Alltagserfahrungen im Umgang mit Kindern weiß, dass sie sich den Bindungsbedürfnissen von Grundschulkindern nicht entziehen kann und dies auch nicht will, wie das folgende Zitat einer Lehrerin verdeutlicht: „In der ersten Zeit ist das auf jeden Fall so, dass die Kinder eine Bezugsperson auch in der Schule brauchen. Die Kinder sind am Anfang – das fällt immer wieder auf – sehr personenbezogen. Sie hängen an einem...“ (Solzbacher et.al., 2012, 158). Den meisten PädagogInnen in Kindertagesstätten und Grundschulen ist bewusst, dass sich in einer vertrauensvollen Beziehung zu Kindern auch in vielen Situationen die Bereitschaft und die Motivation der Kinder ergeben, sich auf sie einzustellen und von ihnen zu lernen.

Wir haben Daten aus einer unserer empirischen Studien (Solzbacher et.al., 2014) zur individuellen Förderung in Schulen weiter sekundäranalytisch ausgewertet und hinsichtlich der Bedeutung der Beziehungsgestaltung im schulischen Kontext sowie dem Zusammenhang zwischen individueller Förderung und der Verbesserung der Lern- und Leistungsmotivation von Schülern und Schülerinnen bearbeitet. Diese Ergebnisse haben wir vor dem Hintergrund des Theoriewissens und unserer Forschungen zum Thema Selbstkompetenz diskutiert. Dabei sind bei den Lehrerbefragungen durchaus unterschiedliche Beziehungsmuster virulent, die auch unterschiedliche Förderansätze nach sich ziehen. Zudem stießen wir immer wieder im schulischen Kontext auf Probleme der Beziehungssensibilität (Solzbacher & Schwer, 2013a; 2013b).

Die Bedeutung von Beziehung für das Lernen wird durch Erkenntnisse der Hirnforschung untermauert: Hirnforscher haben nachweisen können, dass sichere emotionale Beziehungen eine wesentliche Voraussetzung für eine optimale Entwicklung des Gehirns sind. Störungen der Beziehungsqualität stellen nur schwer zu bewältigende Belastungen dar und wirken destabilisierend auf bereits entstandene neuronale Verschaltungen (Grund ist u.a. die Ausschüttung von Stresshormonen). Angsterfahrung, zu hoher Druck etc. sind demnach kontraproduktiv für das Lernen (vgl. Kuhl & Solzbacher, 2012; Kuhl & Hüther, 2007).

Umgekehrt wissen wir, dass sich die Fähigkeit, sich selbst zu beruhigen oder zu motivieren durch Verinnerlichung beruhigender bzw. ermutigender Erfahrungen entwickelt, die in der Kindheit durch die prompte und auf die Bedürfnisse des Kindes abgestimmte Reaktion von Bezugspersonen erzeugt werden (vgl. Vygotski, 1978). Je weiter sich das Kind entwickelt, desto mehr ist es in der Lage – auch ohne Einwirken der Bezugsperson – sich selbst zu beruhigen und zu motivieren. Diese Verinnerlichung und „Selbstaneignung“ von erfahrener Ermutigung bzw.

Beruhigung ist aber neuropsychologisch nur möglich, wenn das SELBST in den betreffenden Situationen aktiviert ist, sich für die Erfahrung öffnet. Kinder (wie Erwachsene) öffnen sich, wenn sie sich in einer akzeptierenden Beziehung sehen und wertgeschätzt fühlen. Hier liegt wohl der wichtigste Grund dafür, dass es auf die für den jeweiligen (Schul-)Kontext angemessene Qualität der Beziehung ankommt.

Selbstkompetenzförderung von Kindern und Jugendlichen gelingt demnach vornehmlich auf der Basis gelungener pädagogischer Beziehungen. Dafür muss die Beziehungsfähigkeit von PädagogInnen gestärkt werden. Diese hängt maßgeblich von ihren Selbstkompetenzen ab. Gelungene Professionelle pädagogische Beziehungen sind durch Wertschätzung und Authentizität geprägt: Wenn das Kind ein authentisches Interesse an sich spürt, kann es sich in seiner Individualität angenommen fühlen und sich (d.h. sein SELBST) öffnen. Achtung, Respekt, Wärme, Rücksichtnahme sowie empathisches Verhalten sind die wichtigsten Merkmale gelungener pädagogischer Beziehungen (vgl. Kuhl et al., 2011; Solzbacher & Schwer, 2013a, 2013b), die umso wahrscheinlicher werden, je selbstkompetenter die PädagogInnen sind. Wenn Beziehungskompetenz aus einem an vielen Erfahrungen gereiften SELBST schöpft, weiß der Handelnde spontan, ohne dies bewusst analysieren zu müssen, welches im jeweiligen Kontext eine vernünftige Handlungsoption ist. Professionalität zeichnet sich durch die Verbindung von Wissen und SELBST-Kompetenzen aus, d.h. Beobachtungen müssen reflektiert und in Fördermaßnahmen überführt werden. Gelungen ist die Beziehung dann, wenn sie beziehungssensibel ist, das bedeutet, dass PädagogInnen, die bei den Kindern anstehenden Entwicklungsbedürfnisse und -aufgaben wahrnehmen und Handlungen daraus ableiten können, um die Entwicklung der Kinder und Jugendlichen sowie die Beziehungsqualität zwischen allen Beteiligten positiv zu beeinflussen (vgl. Graf, 2012).

Zusammenfassend lässt sich sagen: Aus der PSI-Theorie leitet sich ab, dass das SELBST einer Person dann aktiviert ist, wenn eine Person sich angenommen und verstanden fühlt. Andernfalls schaltet es sich ab und die von anderen gespendeten ermutigenden oder tröstenden Gefühle (wie auch sonstige pädagogische Angebote) können dann nicht in das breite Erfahrungsnetzwerk des SELBST (Extensionsgedächtnis) integriert werden. Motivation und Beruhigung kommen dann später auch nicht „von selbst“, sobald sie gebraucht werden: Die Person kann dann fast nur Dinge tun, die aus sich heraus unmittelbar Spaß machen und kann aus Fehlern und anderen schmerzhaften Erfahrungen kaum lernen, weil sie die Konfrontation mit schmerzhaften Gefühlen nicht aushalten kann.

3. Erkenntnis: Ein „integrationsstarkes SELBST" wird im Kontext diverser Dilemmata gebildet

Mit Hilfe der PSI-Theorie kann man sich so den Veränderungsmöglichkeiten und der Lehrbarkeit von Haltungen annähern, was besonders vor dem Hintergrund der aktuellen Herausforderungen und Dilemmata, mit denen sich Lehrer auseinandersetzen müssen, wichtig erscheint. Durch die Einbeziehung der PSI-Theorie wird z.B. auch erklärbar, wann es nicht (gut) möglich ist, eigene Einstellungen und Überzeugungen in Verhalten und Handeln umzusetzen und warum das so ist.

Damit ergeben sich einige Chancen und Risiken für eine mentale Beweglichkeit, die wir in Anlehnung an die PSI-Theorie „emotionale und kognitive Dialektik" nennen, und die für eine professionelle Haltung wichtig ist. Diese sog. „mentale Beweglichkeit" macht Haltung nicht nur authentisch und stabil, sondern auch kontextsensibel. Dafür benötigen Menschen – wie erwähnt – neben diversen Reflexionen über das Feld und über sich selbst eben auch diese „mentale „Beweglichkeit". Denn wir alle kennen die Gefahr, uns zu frühzeitig auf eine bestimmte mentale Herangehensweise festzulegen, z.B. wenn man glaubt: „Das (z.B. Inklusion oder individuelle Förderung) funktioniert nie im Leben...", wie manche notorischen Kritiker meinen, die deshalb oft auch nicht bereit sind, nach Lösungen und Realisierungsmöglichkeiten zu suchen. Eine andere Variante von Festlegung wäre die moralisch gut gemeinte Vorannahme: „Wir müssen alle Kinder inkludieren und gleich behandeln – das ist nicht ganz leicht, aber man muss es doch nur wollen...", wie einige Menschen mit allzeit positivem Blick und einem zu naiven Optimismus vielleicht meinen und die dann eben auf eine andere Art sich selbst daran hindern, Neues hinzuzulernen (vgl. Schwer & Solzbacher, 2015). Es gibt auch noch die Selbstzufriedenen oder die ausschließlich kühlen Denker ohne intuitiven Zugang (zu diesen verschiedenen Typen vgl. Storch & Kuhl, 2012). Solche und andere mentale und emotionale Festlegungen beschränken uns in unserem Fühlen, Denken, Handeln und im Verhalten und damit in unserer Haltung.

Bleiben wir bei diesem Beispiel: Inklusion und individuelle Förderung bergen, so wie sie jetzt vor allem in der Umstellungsphase noch konzipiert sind, zudem noch ungelöste systembedingte Dilemmata. Die von uns befragten Lehrkräfte können diese auch genau benennen. Solche schulbezogenen Dilemmata sind z.B.: Auf der einen Seite habe ich Bildungsstandards und auf der anderen Seite soll ich individualisieren (Solzbacher et al., 2012). Wie passt das denn zusammen? Oder: Das ganze System ist auf Auslese ausgerichtet und nun soll ich aber Kinder an ihrer Individualnorm messen (ebd.)? Wie hat das einzelne Kind sich verbessert? Passen da denn noch Noten und Zeugnisse oder müsste ich nicht individuelle

Lernentwicklungsberichte schreiben, die auch eine explizitere Motivationsfunktion haben sollen etc.? Für den Bereich der Kindertageseinrichtungen lässt sich hier als Beispiel für mögliche Dilemmasituationen der Umgang mit der Einführung und Umsetzung von Bildungs- und Orientierungsplänen nennen. Beispielsweise konnten Viernickel & Nentwig-Gesemann (2013) in ihrer Untersuchung herausarbeiten, dass es drei typische Ausprägungen (wertekernbasiert, umsetzungsorientiert und distanziert) für den Umgang mit den Bildungsprogrammen gibt (vgl. ebd.). Für eine stabile und verlässliche pädagogische Haltung ist deshalb – wie betont – vor allem ein „integrationsstarkes SELBST" nötig, mit dessen Hilfe die PädagogInnen täglich im Einzelfall neu entscheiden können, was denn jetzt gerade in diesem mitunter widersprüchlichen System das Beste für das jeweilige Kind ist.

Der *Stärkung* des SELBST kommt daher eine besondere Bedeutung zu: Es ermöglicht Selbstzugang sowie die Fähigkeit, Lösungen zu finden, die Widersprüchliches integrieren, was Voraussetzung für die Authentizität von Haltung ist. Da im vorliegenden Kontext die vielfältigen psychologischen Angebote, die Entwicklung und Stärkung von Selbstkompetenzen zu fördern, nicht im Einzelnen ausgeführt werden können, verweisen wir auf ausführliche Darstellungen der Übungs- und Trainingsmöglichkeiten (Storch & Kuhl, 2012). Pädagogische Interventionsbeispiele werden in diesem Band dargestellt.

FAZIT: Ein integrationsstarkes SELBST bleibt im stressigen Alltag beziehungssensibel und motiviert

Vielfältige Ansprüche an pädagogische Fach- und Lehrkräfte, die oft unter hohem Zeitdruck zu erledigen sind, wie die Einführung von Reformen (z.B. aktuell die Inklusion) sowie eine hohe Erwartungshaltung von Eltern, verunsichern und können bei pädagogischen Fach- und Lehrkräften zu Stress und Überforderung führen. Für PädagogInnen gilt das Gleiche wie für Kinder: Emotionale Belastungen erschweren den Selbstzugang, der Voraussetzung für die Fremdwahrnehmung ist, und schränken somit beziehungssensibles Handeln im pädagogischen Setting ein. PädagogInnen müssen psychisch sehr stabil sein, um in der alltäglichen Gemengelage beziehungsfähig zu bleiben und ressourcenorientiert und wertschätzend auf Kinder blicken zu können. Um noch einmal auf die PSI-Theorie Bezug zu nehmen: Eine der folgenschwersten Auswirkungen gestörter Interaktionen ist die „Abschaltung" des SELBST in Beziehungen – das gilt eben auch für PädagogInnen: Wenn die Interaktion nicht mehr so erlebt wird, dass einer der Interaktionspartner (oder beide) sich als Person wahrgenommen fühlt, dann wird das SELBST abgeschaltet, respektive gehemmt. Die Entwicklung von

Selbstkomptenzen und deren Verknüpfung mit Lernen und letztlich auch Arbeiten ist dann nur schwer möglich (vgl. Kuhl & Solzbacher, 2012).

Um den vielfältigen Herausforderungen und Belastungen im Berufsalltag in den verschiedenen Berufsfeldern begegnen zu können und mit ihnen produktiv umgehen zu können, müssen auch PädagogInnen auf ihre Selbstkompetenzen zurückgreifen können. Diese helfen ihnen, sich den Zugriff auf die eigenen Wissens- und Erfahrungsbestände zu erhalten. Ihnen stehen dabei dann sowohl Handlungsalternativen als auch Reflexionsvermögen weiterhin zur Verfügung.

„Selbstkompetenzen, wie beispielsweise Selbstwahrnehmung, Selbstmotivierung, Selbstberuhigung und emotionaler Selbstausdruck können Beeinträchtigungen im Berufsalltag entgegenwirken und Fachkräfte vor den negativen Auswirkungen von Stress und Belastungen schützen (vgl. auch Martens & Kuhl, 2004).“ (Doll, Kruse-Heine, Künne & Schache, 2014, S.111).

Auch PädagogInnen benötigen in ihrem Arbeitsumfeld eine Kultur der Anerkennung und Wertschätzung, um mit Stress und Belastungen umgehen zu können. Dies muss im Rahmen von Organisationsentwicklung, Qualitätsmanagement, Schulentwicklung und Schulleiterhandeln mitbedacht und organisiert werden. Es müssen Zeiträume für die Beziehungsgestaltung ebenso vorgesehen sein, wie Zeitfenster für die Auswahl und Anwendung passender Methoden und der Teilnahme an entsprechenden Fortbildungen (vgl. Solzbacher et al., 2014). Kollegiale Zusammenarbeit kann ebenfalls als ein solches Unterstützungsmoment betrachtet werden und deshalb braucht auch diese eine verlässliche (Gremien-)Struktur. Die vorhandenen Handlungsspielräume müssen erweitert werden. Es existiert also sowohl in dieser Hinsicht, als auch im Hinblick auf die Aus- und Weiterbildung erheblicher bildungspolitischer Handlungsbedarf.

Dass dies nicht allein mit den herkömmlichen Vermittlungsstrategien gelingen kann, liegt für uns auf der Hand. Wir haben deshalb über weitere Methoden und didaktische Ansätze zur Selbstkompetenzförderung nachgedacht: Das Erlernen einer emotions- und kognitionsgestützten Dialektik muss stärker als bisher Gegenstand von Aus- und Fortbildungen sein. Denn man benötigt für eine professionelle Haltung – wie betont – eine solche emotionale und kognitive Dialektik, die es ermöglicht, mit Blick auf das Wohl des Kindes und auf das eigene Wohlergehen situationsadäquat zu wechseln: zwischen Rationalität und Fühlen, Problemlösen und Kontextsensibilität, zwischen Reflexion und Routine oder auch zwischen Ressourcen- und Defizitorientierung, Beziehungs- und Sachorientierung, Differenzierung und Homogenisierung (vgl. Schwer & Solzbacher, 2015a). Kindeswohl und Lernerfolg aber auch die eigene Gesundheit und langfristiger beruflicher Erfolg hängen von diesem dialektischen Wechsel zwischen und der Integration von scheinbar widersprüchlichen (Selbst-)Kompetenzen der pädagogischen Fach- und Lehrkräfte ab. Ein zentrales Ziel unserer Fortbildung kann somit darin gesehen werden, PädagogInnen dahingehend zu stärken, dass es ihnen auch in belastenden Situationen gelingt, ihr Handeln professionell zu reflektieren und Flexibilität im Handeln zu wahren. Zu diesem Zweck haben wir Fortbildungsmodule passgenau im Dialog mit den AkteurInnen vor Ort entwickelt, gestaltet und evaluiert. Es geht dabei um den Aufbau und die Stärkung persönlicher Fähigkeiten der PädagogInnen – wie in den folgenden Beiträgen noch näher beschrieben wird.

Literatur

Bauer, J. (2004). Die Freiburger Schulstudie. *SchulVerwaltung. Baden Württemberg, 13* (12), 259-264.

Bauer, J., Unterbrink, T. & Zimmermann, L. (2007). *Gesundheitsprophylaxe für Lehrkräfte, Manual für Lehrer-Coachinggruppen nach dem Freiburger Modell. Handlungsanleitungen zur Erhaltung und Förderung der Gesundheit von Lehrerinnen und Lehrern.* Dresden: Selbstverlag der Universität Dresden.

Baumann, N. & Kuhl, J. (2003). Self-infiltration: Confusing assigned tasks as self-selected in memory. *Personality and Social Psychology Bulletin, 29*, 487-497.

Belsky, J. & Pluess, M. (2009). Beyond diathesis stress: differential susceptibility to environmental influences. *Psychological bulletin, 135* (6), 885.

Bosse, D. (2013). Kompetenzabklärung zu Beginn des Lehramtsstudiums am Beispiel des Kasseler Projekts "Psychosoziale Basiskompetenzen für den Lehrerberuf". In G. Hessler, M. Oechsle & I. Scharlau (Hrsg.), *Studium und Beruf: Studienstrategien – Praxiskonzepte – Professionsverständnis. Perspektiven von Studierenden und Lehrenden nach der Bologna-Reform* (S. 253-266). Bielefeld: transcript.

Doll, I., Kruse-Heine, M., Künne, T. & Schache, S. (2014). .„(Selbst-) kompetent bilden – Kinder nachhaltig stärken“ Prozessentwicklung zur Selbstkompetenzförderung von Pädagoginnen und Pädagogen. In I. Hunger & R. Zimmer (Hrsg.), *Inklusion bewegt. Herausforderung für frühkindliche Bildung* (S. 111-115). Schorndorf: Hofman.

Fiegert, M. & Solzbacher, C. (2014). „Bescheidenheit und Festigkeit des Charakters...“. Das Konstrukt Lehrerhaltung aus historisch-systematischer Perspektive. In C. Schwer & C. Solzbacher (Hrsg.), *Professionelle pädagogische Haltung. Historische, theoretische und empirische Zugänge zu einem viel strapazierten Begriff* (S. 17-45). Bad Heilbrunn: Klinkhardt.

Giesecke, H. (1999). *Die pädagogische Beziehung. Pädagogische Professionalität und die Emanzipation des Kindes.* Weinheim: Juventa.

Graf, U. (2012). „Du kannst etwas. Ich möchte es mit dir herausfinden". Überlegungen zu einer ressourcenorientierten und beziehungssensiblen pädagogischen Diagnostik. In C. Solzbacher, S. Müller-Using & I. Doll (Hrsg.), *Ressourcen stärken! Individuelle Förderung als Herausforderung für die Grundschule* (S. 123-137). Köln: Carl Link.

Grotz, T. (2005). *Die Bewältigung des Übergangs vom Kindergarten zur Grundschule: zur Bedeutung kindbezogener, familienbezogener und institutionsbezogener Schutz-und Risikofaktoren im Übergangsprozess.* Hamburg: Dr. Kovač.

Hattie, J. (2009). *Visible Learning. A synthesis of over 800 meta-analyses relating to achievement.* London: Routledge.

Helmke, A., Schrader, F.-W., Vo, T.A.T., Le, D.P. & Tran, T.B.T. (2003). Selbstkonzept und schulische Leistungen im Kulturvergleich: Ergebnisse der Grundschulstudie SCHOLASTIK in München und Hanoi. In W. Schneider & M. Knopf (Hrsg.), *Entwicklung, Lehren und Lernen: Zum Gedenken an Franz Emanuel Weinert* (S. 187-206). Göttingen: Hogrefe.

Kästner, E. (1950). *Kurz und bündig. Epigramme.* Köln: Kiepenheuer.

Klieme, E. & Hartig, J. (2007). Kompetenzkonzepte in den Sozialwissenschaften und im erziehungswissenschaftlichen Diskurs. *Zeitschrift für Erziehungswissenschaft*, Sonderheft, Bd. 8, 11-29.

Kuhl, J. (2011). Wie funktioniert das Selbst? *Psychologie-Unterricht, 44*, 23-27.

Kuhl, J. & Henseler, W. (2004). Systemdiagnostik: Assessment und Förderung persönlicher Kompetenzen. In J. Wegge & K.-H. Schmidt (Hrsg.), *Förderung von Arbeitsmotivation und Gesundheit in Organisationen* (S. 125-142). Göttingen: Hogrefe.

Kuhl, J. & Hüther, G. (2007). Das Selbst, das Gehirn und der freie Wille: Kann man Selbststeuerung auch ohne Willensfreiheit trainieren? *Pädagogik, 59* (11), 36-41.

Kuhl, J., Quirin, M. & Koole, S.L. (2015). Being someone: The integrated self as a neuropsychological system. *Social and Personality Psychology Compass*, *9* (3), 115-132.

Kuhl, J., Müller-Using, S., Solzbacher, C. & Warnecke, W.(Hrsg.). (2011). *Bildung braucht Beziehung. Selbstkompetenz stärken – Begabung entfalten.* Freiburg: Herder.

Kuhl, J., Schwer, C. & Solzbacher, C. (2014a). Professionelle pädagogische Haltung: Persönlichkeitspsychologische Grundlagen. In C. Schwer & C. Solzbacher (Hrsg.), *Professionelle pädagogische Haltung. Historische, theoretische und empirische Zugänge zu einem viel strapazierten Begriff* (S. 79-106). Bad Heilbrunn: Klinkhardt.

Kuhl, J., Schwer, C. & Solzbacher, C. (2014b). Professionelle pädagogische Haltung: Versuch einer Definition des Begriffs und ausgewählte Konsequenzen für Haltung. In C. Schwer & C. Solzbacher (Hrsg.), *Professionelle pädagogische Haltung. Historische, theoretische und empirische Zugänge zu einem viel strapazierten Begriff* (S. 107-120). Bad Heilbrunn: Klinkhardt.

Kuhl, J.; Schwer, C. & Solzbacher, C. (2014c). Die Bedeutung von Selbstkompetenzen für eine professionelle pädagogische Haltung. In C. Solzbacher, M. Lotze & M. Sauerhering (Hrsg.), *SELBST-LERNEN-KÖNNEN: Selbstkompetenzförderung in Theorie und Praxis* (S. 225-238). Baltmannsweiler: Schneider Hohengehren.

Kuhl, J. & Solzbacher, C. (2012). Selbstkompetenzförderung durch Beziehungsarbeit. In C. Solzbacher, S. Müller-Using & I. Doll (Hrsg.), *Ressourcen stärken! Individuelle Förderung als Herausforderung für die Grundschule* (S. 277-295). Köln: Carl Link.

Martens, J.U. & Kuhl, J. (2004). *Die Kunst der Selbstmotivierung.* Stuttgart: Kohlhammer.

Miller, R. (2011). *Beziehungsdidaktik* (5., überarb. Aufl.). Weinheim: Beltz.

Nentwig-Gesemann, I., Fröhlich-Gildhoff, K., Harms, H. & Richter, S. (2012). *Professionelle Haltung – Identität der Fachkraft für die Arbeit mit Kindern in den ersten drei Lebensjahren. Eine Expertise der Weiterbildungsinitiative Frühpädagogische Fachkräfte.* http://www.weiterbildungsinitiative.de/uploads/media/WiFF_Expertise_Nentwig-Gesemann.pdf (Zugriff 16.06.2016)

Nohl, H. (1933). Die Theorie der Bildung. In H. Nohl & L. Pallat (Hrsg.), *Handbuch der Pädagogik, Band 1: Die Theorie und die Entwicklung des Bildungswesens.* (S. 3-80). Langensalza: Beltz.

Roth, H. (1971). *Pädagogische Anthropologie. Band II: Entwicklung und Erziehung.* Hannover: Schroedel.

Schaarschmidt, U. & Fischer, A.W. (2008). *AVEM – Arbeitsbezogenes Verhaltens- und Erlebensmuster* (3., erweit. Aufl.). London: Pearson.

Schaarschmidt, U. & Fischer, A.W. (2013). *Lehrergesundheit fördern – Schulen stärken.* Weinheim: Beltz.

Schaarschmidt, U. & Kieschke, U. (Hrsg.). (2007). *Gerüstet für den Schulalltag. Psychologische Unterstützungsangebote für Lehrerinnen und Lehrer.* Weinheim: Beltz.

Schneekloth, U. & Pupeter, M. (2010). Wohlbefinden, Wertschätzung, Selbstwirksamkeit: Was Kinder für ein gutes Leben brauchen. In World Vision Deutschland e.V. (Hrsg.), *Kinder in Deutschland 2010. 2. World Vision Kinderstudie* (S. 187-221). Frankfurt am Main: Fischer Taschenbuch.

Schwer, C. & Solzbacher, C. (2014). Einige Konsequenzen aus den theoretischen und empirischen Annäherungen an Haltung für die Professionalisierungsdebatte. In C. Schwer & C. Solzbacher (Hrsg.), *Professionelle pädagogische Haltung. Historische, theoretische und empirische Zugänge zu einem viel strapazierten Begriff* (S. 215-221). Bad Heilbrunn: Klinkhardt.

Schwer, C. & Solzbacher, C. (2015). Die Bedeutung von Haltung für eine inklusive Begabungs- und Begabtenförderung: Warum eine inklusionsbejahende Einstellung aber per se noch keine professionelle pädagogische Haltung ist. In C. Solzbacher, G. Weigand & P. Schreiber (Hrsg.), *Begabungsförderung kontrovers? Konzepte im Spiegel der Inklusion* (S. 85-105). Weinheim: Beltz.

Schwer, C. & Solzbacher, C. (2015a). Klassenführung und professionelle pädagogische Haltung: Möglichkeiten zu empirischer Professions- und Unterrichtsforschung auf Grundlage der Theorie der Persönlichkeits-System-Interaktionen. In L. Haag, E. Kiel & M. Trautmann (Hrsg.), *Jahrbuch für Allgemeine Didaktik: Klassenmanagement/Klassenführung – Perspektiven, Befunde, Kontroversen* (S. 15-24). Baltmannsweiler: Schneider Hohengehren.

Solzbacher, C. (2014). Selbstkompetenz als zentrale Dimension im Bildungsprozess. Wie lernen (besser) gelingen kann. In C. Solzbacher,

M. Lotze & M. Sauerhering (Hrsg.), *SELBST-LERNEN-KÖNNEN: Selbstkompetenzförderung in Theorie und Praxis* (S.1-19). Baltmannsweiler: Schneider Hohengehren.

Solzbacher, C., Behrensen, B., Sauerhering, M. & Schwer, C. (2012). *Jedem Kind gerecht werden: Individuelle Förderung in der Grundschule*. Köln: Carl Link.

Solzbacher, C., Behrensen, B., Sauerhering, M. & Warnecke, W. (2011). *Das einzelne Kind im Blick: Individuelle Förderung in der Kita*. Freiburg: Herder.

Solzbacher, C. & Schwer, C. (2013a). Beziehungsgestaltung als grundlegendes Moment der Begabungsförderung – auch für hochbegabte Schülerinnen und Schüler. *Journal für Begabtenförderung, 13* (1), 7-18.

Solzbacher, C. & Schwer, C. (2013b). Ressourcenorientierte, beziehungssensible Diagnostik und Feedbackkultur. *Pädagogische Führung, 24* (5), 168-172.

Solzbacher, C. & Schwer, C. (2015). Zur Bedeutung einer professionellen pädagogischen Haltung für Schule und Unterricht. In A. Grimm, C. Solzbacher, B. Behrensen & M. Lotze (Hrsg.), *Individuelle Förderung als Weg zur inklusiven Schule – Lernen anders verstehen* (S. 141-157), Reihe Loccumer Protokolle Band 61/14. Rehburg-Loccum: Evangelische Akademie Loccum.

Solzbacher, C., Schwer, C. & Behrensen, B. (2014). Förderung durch Beziehungsorientierung. In C. Schwer & C. Solzbacher (Hrsg.), Professionelle pädagogische Haltung. Historische, theoretische und empirische Zugänge zu einem viel strapazierten Begriff (S. 171-185). Bad Heilbrunn: Klinkhardt.

KMK (Sekretariat der Ständigen Konferenz der Kultusminister der Länder in der Bundesrepublik Deutschland) (2004). *Standards für die Lehrerbildung: Bildungswissenschaften* (Beschluss der KMK vom 16.12.2004). http://www.kmk.org/fileadmin/Dateien/veroeffentlichungen_beschluesse/2004/2004_12_16-Standards-Lehrerbildung.pdf (Zugriff 20.05.2016)

Storch, M. & Kuhl, J. (2012). *Die Kraft aus dem Selbst*. Bern: Hans Huber.

Viernickel, S. & Nentwig-Gesemann, I. (2013). *Professionalisierung und Qualitätsentwicklung im Feld der Frühpädagogik*. Vortrag an der Evangelischen Hochschule Freiburg.

Vygotski, L.S. (1978). *Mind in Society. The Development of Higher Psychological Processes*. Cambridge, MA: Harvard University.

Watzlawick, P. (1967). *Pragmatics of Human Communication – A Study of Interactional Patterns, Pathologies and Paradoxes.* New York, NY: W. W. Norton.

Werner, R. (2016, 14. Januar). »Wann machen Sie wieder Frontalunterricht?«. *Frankfurter Allgemeine Zeitung (FAZ)*, S. 6.

Renate Zimmer, Peter Keßel & Stefan Schache

Selbstkompetenz und Psychomotorik: Bewegung und Körperlichkeit in der Entwicklungsförderung

Die Psychomotorik kann als ein Feld der wissenschaftlichen Betrachtung von Bewegung und Körperlichkeit in Bezug auf entwicklungsförderndes Handlungswissen beschrieben werden, obwohl sie zunächst aus der Praxis heraus entstanden ist. Da der psychomotorische Zugang zur Bewegung innovativ und erfolgreich war, fand er schnell Verbreitung und erforderte schon bald die Auseinandersetzung mit Theorien und Modellen angrenzender Wissenschaften wie z.B. der Psychologie, (Sport-)Pädagogik oder Medizin. Ziel war es, die gut funktionierende Praxis theoretisch zu formulieren und zu begründen, um v.a. Erklärungszusammenhänge und Effekte in der psychomotorischen Förderung aufzudecken und zu verstehen. Damit dabei die Praxis in ihrem Potential nicht beschränkt oder verfälscht wird, wurden Theorien weder einfach aufgesetzt, noch waren sie alleinig handlungsleitend. Denn die Praxis scheint sich nach eigenen Gesetzmäßigkeiten zu entfalten und liefert ein ‚Wissen', das sich vom akademischen unterscheidet. Ist Praxis darum bemüht, im jeweiligen Einzelfall die bestmögliche Intervention zu finden und ihr Handlungswissen flexibel zu gestalten, um der Entwicklung und der Person gerecht und gemäß zu sein, sucht Theorie nach Abstraktionen und Generalisierungen; sie ist um formulierbare Regelhaftigkeiten bemüht. Werden jedoch Praxis und Theorie als zwei Seiten derselben Medaille verstanden und nicht hierarchisch dividiert, dann eröffnet sich ein Dialograum, der zahlreiche Erweiterungen und Erneuerungen bereithält (vgl. Schache, 2013, S. 41). Auch das anwendungsbezogene Forschungsprojekt „(Selbst-)kompetent bilden – Kinder nachhaltig stärken" der Universität Osnabrück und des Niedersächsischen Instituts für frühkindliche Bildung und Entwicklung (nifbe) hat sich in diesem Dialograum platziert, um disziplinübergreifende Perspektiven auf den Gegenstandsbereich der Selbstkompetenz zusammenzuführen und zu bündeln.

Wie sich die Psychomotorik in ihren Anfängen im interdisziplinären ‚Spannungsfeld' der Fachdisziplinen Psychologie, Medizin, Erziehungswissenschaft und Sportwissenschaft verortete (Krus, 2015a, S. 36), so liegt es auch heute der Psychomotorik nahe, sich transdisziplinär mit Praxis und Theorie der Entwicklungsförderung und Persönlichkeitsbildung auseinanderzusetzen. Angeregt durch diesen Dialog mit anderen Disziplinen, schält sich der ureigene Kern der Psychomotorik immer mehr heraus und zeigt die psychomotorisch originären Anteile.

Mit dieser Perspektive sind auch die weiteren Ausführungen zu verstehen: Im Folgenden werden neben der Genese der Psychomotorik und des kindzentrierten Ansatzes sowie einer Evaluationsskizze modellhafte Vorstellungen von Bewegung und Körperlichkeit wiedergegeben, die eine Anschlussmöglichkeit erlauben, Selbstkompetenzförderung umfassender zu verstehen, methodisch versierter zu gestalten und funktionsanalytisch beschreibbar zu machen. Der Blick zurück in die Anfänge der Psychomotorik vergegenwärtigt, dass in psychomotorischen Bewegungssituationen sowohl innerlich (körperlich-leiblich) Erlebtes als auch kognitive Prozesse immer von Relevanz sind. Das körperlich-leibliche Spüren ist zentral für die WERT-Methodik und wird daher auch bis zu seinen Wurzeln in der Rhythmik zurückverfolgt. Der Weg der Verbreitung der Psychomotorik in Deutschland von ersten Fortbildungskonzepten über Curricula bis hin zur wissenschaftlichen Fundierung und Etablierung ist ebenso kennzeichnend für die Psychomotorik wie die stetig im Prozess befindliche Weiterentwicklung des Konzepts und seiner Ansätze. Einige Parallelen sind auch in der Entwicklung des in diesem Band beschriebenen Projekts zu finden. Das Zusammenspiel einiger in der Genese der Psychomotorik bedeutsamen Prinzipien wie z.B. Dialog, Ressourcenorientierung, Prozessorientierung und Freiwilligkeit findet sich in dem Projekt wieder (vgl. Doll & Kruse-Heine, in diesem Band; Engel & Keßel, in diesem Band) und lässt weitere psychomotorische Impulse für dieses Projekt erkennen.

Der kindzentrierte Ansatz in der Psychomotorik wird einer näheren Betrachtung unterzogen, da mit ihm bereits in den 1980er Jahren die Bedeutung der Beziehungsebene in der Psychomotorik hervorgehoben wurde, die z.B. auch für der Aktivierung des SELBST essentiell ist (vgl. Kuhl & Solbacher, in diesem Band). In diesem Ansatz werden Körper- und Bewegungserfahrungen als Basis für die Entwicklung des Selbstkonzepts aufgezeigt. Bei der folgenden genaueren Betrachtung lässt sich auch erkennen, dass bereits in der anfänglichen Konzeption die Thematik des Körper-Habens und Körper-Seins diskutiert wurde, die im vorliegenden Kapitel eine nähere Ausdifferenzierung erfährt. Zudem findet die exponierte Bedeutung von Selbstwirksamkeitserfahrungen im Zusammenhang mit dem Selbstkonzept im kindzentrierten Ansatz eine enge Verbindung mit objektiven Kompetenzen, was von Kuhl und Solzbacher (in diesem Band) als Bedingung für positive Effekte auf die Persönlichkeitsbildung herausgearbeitet wird. Die Ergebnisdarstellung (siehe unten) einer Evaluationsstudie zur psychomotorischen Arbeit mit Kindern nach diesem Ansatz wird zentrale Annahmen (z.B. auch die Bedeutung positiver Beziehungserfahrungen) bestätigen und die Wirksamkeit der Intervention belegen.

Die anschließende Auseinandersetzung mit verschiedenen Körpermodellen sollte zunächst eine Systematik psychomotorischer Ansätze ermöglichen. Ein vertiefender Blick darauf lässt aber Kernelemente der Psychomotorik (und im Spezifischen des kindzentrierten Ansatzes) deutlich werden, die für die WERT-Methodik als Möglichkeit Selbstkompetenzen in Anbindung an die PSI-Theorie erfahrbar und damit auch erlernbar zu machen, grundlegend sind.

Abschließend wird erkennbar, dass Selbstkompetenz in Sinne der PSI-Theorie zwar nie vordergründig Gegenstand der Psychomotorik war, durch den offenen Dialog in der transdisziplinären Zusammenarbeit im Rahmen dieses Projekts und der hier vorliegenden Explikation unter Berücksichtigung aktueller Theorien der Neurowissenschaften aber bisher eher verborgene Aspekte der Psychomotorik an Kontur gewinnen. Dabei zeigt sich auch die Potenz psychomotorischer Angebote, die für zukünftige Evaluationsprojekte der Psychomotorik neue Zugänge eröffnet. Für die in diesem Band vorgestellte WERT-Methodik wird die Bedeutung der Erlebensanteile und der assoziierten, körperlich-leiblich angebundenen Reflexionen erkennbar und einige Wirkzusammenhänge greifbarer.

Die Genese der Psychomotorik

Anfänge

Ein Grundverständnis der psychomotorischen Idee und ihrer Perspektive setzt den Einblick in ihre Entstehungsgeschichte voraus. Die Psychomotorik entwickelte sich, wie bereits beschrieben, aus der Praxis heraus und suchte in der Folge nach theoretischen Begründungen für die Erfolge ihrer Arbeit. Die Anfänge der Psychomotorik in Deutschland sind eng mit dem Namen Ernst Johnny Kiphard verbunden. Als gelernter Zirkusartist und Clown nahm er 1955 am Ende seines Studiums zum Sportlehrer eine aus Eigeninitiative entstandene Anstellung als Bewegungsfachkraft in der westfälischen Klinik für Kinder- und Jugendpsychiatrie in Gütersloh an. Ausgehend von seinen Erfahrungen, „gehemmte Kinder über Bewegungserlebnisse und Erfolgserlebnisse im Bewegungsbereich zu einem besseren Selbstvertrauen“ (Kiphard, 2001, S. 9) zu führen, kamen in der Klinik auch Kinder mit aggressiven, ungesteuerten oder hyperaktiven Verhaltensweisen dazu. Die Praxiseinheiten fanden anfangs im umfunktionierten Tagungsraum statt, da keine Turnhalle vorhanden war. Ebenso mussten zunächst Alltagsmaterialien wie Decken, Stühle, Kartons etc. als Material genügen (Kiphard, 2001).

Neben seinem eher sportartenbezogenen Wissen aus dem Studium setzte Kiphard in der Praxis vor allem auf seine circensischen Kompetenzen und ließ sich sehr stark von der heilpädagogischen Rhythmik inspirieren, aus der auch der von Charlotte Pfeffer verwendete Terminus „psychomotorische Erziehung“ stammt

(Krus, 2015b, S. 16f.). Kiphard übernahm den Begriff „Psychomotorik", „weil hier eben nicht nur Motorik produziert wurde, sondern weil in jeder Begegnung mit einer Bewegungssituation das innere Gefühl und auch das Kognitive eine Rolle spielte" (Kiphard, 2001, S. 11), „indem das Bewegungsmäßige sehr stark verbunden ist mit dem Verhalten des Kindes" und „das innerlich Erlebte dann auch wieder äußerlich im motorischen Verhalten sichtbar wird" (Pfeffer, 1958, S. 10, zit. n. Krus, 2015b, S. 17). Pfeffer selbst war enge Vertraute von Jean Jaques-Dalcroze und Lehrkraft an der Rhythmik-Schule in Hellerau bei Dresden Anfang des letzten Jahrhunderts (Seewald, 2002, S. 27). Viele ähnliche Gedanken wie die der Psychomotorik sind in verschiedenen körperorientierten Ansätzen zu finden, was vor allem auch darauf zurückzuführen ist, dass unter anderem Elsa Gindler, von der viele dieser Ansätze beeinflusst sind, Schülerin in Hellerau war. Gindler hat wohl als Erste die Bedeutung des Spürens in der Körperarbeit angewendet und verstand darunter die „Selbstaneignung des Körpers durch wahrnehmendes Bewusstsein" (Geuter, 2015, S. 49).

Verbreitung der Psychomotorik

Kiphards Arbeit fand schnell über die Klinik hinaus Interesse, so kam es zu immer mehr Vortrags- und Fortbildungsanfragen. Viele Veröffentlichungen sollten der Psychomotorik eine erste Basis geben, so entstanden zum Teil ganze Übungssammlungen Kiphards, die dann auch eine „Psychomotorische Übungsbehandlung" begründeten. Dieser erste Ansatz der Psychomotorik wird häufig als sehr übungszentriert verstanden bzw. ausgelegt, wobei übersehen wird, dass es Kiphard immer noch primär um die Unterstützung der Gesamtpersönlichkeit des Kindes ging (Kiphard, 1980) und seine Praxis immer von Dialog, Empathie, Freiwilligkeit und gemeinsamer Begeisterung für und in Bewegungsaktivitäten geprägt war. Es ging ihm immer um die kleinen Erfolgserlebnisse der Kinder in Bewegung. Die Kinder wurden ermutigt, ermuntert und vom angebotenen Material zu Handlungsaktivitäten aufgefordert, damit sie lernen, ihr Leben zunehmend selbständig bewältigen zu können (vgl. Schäfer 1993, S. 22f.). Um dem großen Interesse an der Psychomotorik und auch den ersten theoretischen Fundierungen einen Rahmen zu geben, entstand 1974 eine interdisziplinäre Interessengemeinschaft, aus der 1976 mit dem Aktionskreis Psychomotorik (akp) der erste deutsche Interessenverband hervorging. Kommissionen und Arbeitsgruppen des akp entwarfen Fortbildungskonzepte und entwickelten Curricula, die später auch Grundlage für Fachschulen der Motopädie und den universitären Studiengang der Motologie wurden, die für zwei Berufsbilder im Bereich der Psychomotorik stehen. Aufbauend auf diesen Arbeiten und seiner Idee der Bewegungsentwicklung als Adaptationsprozess des menschlichen

Organismus an die Umweltbedingungen (Schilling, 1978) formulierte Schilling „Ansätze zu einer Konzeption der Mototherapie“ (1986), die in der psychomotorischen Literatur als handlungsorientierter oder kompetenztheoretischer Ansatz bezeichnet werden.

In seinem Ansatz geht es Schilling darum, den Zusammenhang von Bewegung und Persönlichkeitsentwicklung wissenschaftlich zu fundieren. Neben der Entwicklungstheorie Piagets und der Gestaltkreislehre v. Weizsäckers, die die Einheit von Bewegung und Wahrnehmung und damit die Einheit von Individuum und Umwelt postuliert, bezieht er auch die materialistische Handlungstheorie Leontjews ein und betont damit „die Bedeutung der Bewegung für die Handlungsfähigkeit und die Persönlichkeitsentwicklung des Menschen“ (Fischer, 2009, S. 216): „Entwicklung vollzieht sich in der aktiven Auseinandersetzung mit der Umwelt. Durch die Tätigkeit entwickelt das Kind Handlungskompetenz“ (ebd.). Der Mensch wird dabei als ein selbsttätiges Subjekt betrachtet, das an seiner eigenen Entwicklung dahingehend beteiligt ist, als dass es sich in der handelnden Auseinandersetzung mit der gegebenen Umwelt über Assimilation und Akkommodation in seiner Handlungskompetenz und Persönlichkeit entwickelt. Einen wichtigen Beitrag in Therapie und Pädagogik leistet hierzu eine entsprechend gestaltete Umgebung, die dem Entwicklungsstand des Kindes angemessen sein sollte, um gewünschte Adaptationsprozesse in Gang zu setzen (vgl. Zimmer, 2012, S. 40). Da Handeln zum wichtigsten Medium in diesem Ansatz wird, finden emotionale Prozesse und subjektive Sinndimensionen der Bewegung nur wenig Berücksichtigung bei Schilling (Fischer, 2009, S. 219f.).

Der kindzentrierte Ansatz in der Psychomotorik

Kindzentrierte Mototherapie als neuer Ansatz

Parallel zur Entstehung des handlungsorientierten Ansatzes von Schilling entwickelten Volkamer und Zimmer aus ihrer psychomotorischen Arbeit mit Kindern mit Verhaltensbeeinträchtigungen den kindzentrierten Ansatz. Dieser zunächst als kindzentrierte Mototherapie (Volkamer & Zimmer, 1986) bezeichnete Ansatz legt den Schwerpunkt auf das Selbstkonzept und die Beziehung.

Das Selbstkonzept basiert in diesem Ansatz auf dem Selbstbild und der Selbstwertschätzung (Zimmer, 2012, S. 51f.). Das eher kognitiv orientierte Selbstbild gründet in neutral beschreibbaren Merkmalen der Persönlichkeit, während mit Selbstwertschätzung die emotional-affektiven Bewertungsmuster (dieser Merkmale) bezeichnet werden. So wird eine positive Einstellung zum eigenen Körper als Voraussetzung für ein positives Selbstwertgefühl angesehen (Volkamer & Zimmer, 1986, S. 49). Die Beziehungsebene wird hier nach Rogers

(1973) bedeutungsvoll, da ein Kind unterschiedliche Wertschätzungen des Selbst durch Eltern, ErzieherInnen etc. wahrnimmt und möglicherweise diese Wertmaßstäbe übernimmt, folglich die eigene Bewertung des Selbst danach ausrichtet. Für die kindzentrierte Mototherapie sehen Volkamer und Zimmer (1986) daher das Verhalten der PädagogInnen als bedeutsam. Sie leiten in Anlehnung an die nichtdirektive Spieltherapie nach Axline (1980) einige Prinzipien wie z.B. die Freiwilligkeit der Teilnahme, Bewertungsvermeidung und das Aufgreifen der Handlungsimpulse des Kindes durch die TherapeutInnen für ihr Arbeiten ab (vgl. Volkamer & Zimmer, 1986, S. 53ff.). Die Berücksichtigung dieser Prinzipien im Umgang mit dem Kind hat eine Umstrukturierung der Selbstwahrnehmung beim Kind zum Ziel (ebd., S. 53). Da manche motorische und körperliche Auffälligkeiten oder Einschränkungen nicht therapierbar, sondern vielmehr Teil der Identität sind, ist es Ziel der Intervention, dass diese Kinder trotz ihrer Einschränkungen (oder auch ihrer ungünstigen familiären Bedingungen etc.) ein positiveres Selbstbewusstsein aufbauen (ebd., S. 52ff.). Die Stärkung des Selbstwertgefühls soll ein Kind in die Lage versetzen, selbst an der Bearbeitung seiner individuellen Problematik mitzuwirken und angemessener mit ihr umzugehen (Zimmer, 2004, S. 56).

Körper und Bewegung werden in der kindzentrierten Mototherapie thematisiert: Im Rückbezug auf Neubauer (1976) wird der eigene Körper als eines der ersten und wichtigsten Experimentiergebiete gesehen und angenommen, dass ein Kind sich und seine Umwelt bereits in den ersten Lebensmonaten über seinen Körper erfährt und darin eine Basis für die Entwicklung des Selbstkonzeptes zu sehen ist (Volkamer & Zimmer, 1986, S. 49). In diesem Zusammenhang wird formuliert: „der Körper ist hier gleichzeitig Subjekt und Objekt“ (ebd.). „Das Kind hat einen Körper und zugleich ist es sein Körper. Er ist untrennbar mit dem Selbst verbunden“ (ebd., S. 58). Es wird daraus gefolgert, dass die Bewegung als Medium nicht ohne weiteres austauschbar wäre, Musik oder künstlerisches Gestalten also nicht gleichwertige körperliche Erfahrungen ermögliche (ebd.). Bewegungsaktivitäten werden zudem als geeignetes Medium betrachtet, weil über sie der Zugang zum Kind erleichtert wird. Hinzu kommt, dass das Kind erlebt, etwas selbst bewirken zu können, Bewegungsmaterialien und -situationen zur Aktivität ohne Lenkung durch den Erwachsenen auffordern und Erfolge und Misserfolge unmittelbar und direkt als selbst verursacht erlebt werden (ebd., S. 51).

Resümierend wird die Bedeutung der Bewegung bei Volkamer & Zimmer (1986) aber wieder eingeschränkt: Ihr Konzept „beschreibt eigentlich eine bestimmte Art des TherapeutInnenverhaltens, das nicht notwendigerweise an das Medium Bewegung geknüpft ist. Zwar bewirken nicht Sport oder Bewegung den therapeutischen Prozess, sie erleichtern bei Kindern jedoch das therapeutische Vorgehen“ (ebd., S. 58).

Kindzentrierte psychomotorische Förderung als Weiterentwicklung

Der Ansatz wurde in den folgenden Jahren von Zimmer aktualisiert und angepasst an die Erfahrungen aus der Praxis und neue Erkenntnisse aus den Wissenschaften, es entstand die „kindzentrierte psychomotorische Entwicklungsförderung“ von Zimmer (1999, 2004, 2012). Diese Entwicklungsförderung, die eher im pädagogischen Bereich angesiedelt ist, hält zwar an den aus der nicht-direktiven Spieltherapie abgeleiteten Prinzipien fest und legt auch weiterhin ein besonderes Augenmerk auf die Beziehungsgestaltung, die Bedeutung von Körper und Bewegung nimmt aber deutlich zu. Basierend auf einer differenzierten Aufarbeitung der Prozesse der Selbstkonzeptbildung benennt Zimmer (2012, S. 61) vier Informationsquellen für den Aufbau des Selbstkonzeptes:

- Informationen über die Sinnessysteme, »Sensorisches Selbst« bzw. »Körperselbst«
- Erfahrung der Wirksamkeit des eigenen Verhaltens
- Folgerungen aus dem Sich-Vergleichen mit anderen
- Zuordnung von Eigenschaften durch andere

Besonders für die ersten beiden Quellen spielen Körper und Bewegung eine zentrale Rolle. Im Aspekt »Körperselbst« steckt die grundlegende Erkenntnis, dass Körpererfahrungen immer auch Selbsterfahrungen sind. „Das Körperselbst bildet die Basis für das Bewusstsein der eigenen Person. (...) Der Körper ist das Bindeglied zwischen dem Selbst und der Umwelt, er vermittelt zwischen »innen« und »außen«“ (ebd., S. 62). Der Begriff des „Leibselbst“ (Stelter, 1996, S. 34) als leiblich gespürtes Erleben und Wahrnehmen seiner selbst wird in diesem Zusammenhang aufgegriffen (Zimmer, 2012, S. 62).

Selbstwirksamkeit und Kontrollüberzeugung

Selbstwirksamkeit und Kontrollüberzeugung werden, abgeleitet von Neubauers (1976, S. 48) Unterscheidung zwischen internaler und externaler Kontrolle, bereits in der kindzentrierten Mototherapie (Volkamer & Zimmer, 1986, S. 51) thematisiert. In der kindzentrierten psychomotorischen Entwicklungsförderung wird Selbstwirksamkeitserfahrungen eine tragende Rolle zugeschrieben. Das Konzept der Selbstwirksamkeit geht auf Bandura (1984) zurück. Die Anbindung der Theorie an körperliche Bewegungserfahrungen macht die Relevanz der Selbstwirksamkeitserfahrungen für die Entwicklung des Kindes deutlich: Auch wenn erste Erfahrungen der Selbstwirksamkeit häufig zufällig gemacht und durch Wiederholung überprüft werden, ist ein Willensgefühl, eine Handlung also aktiv und gewollt ausgeführt zu haben ebenso zentral wie das propriozeptive Feedback, das immer mit eigenen Handlungen verbunden ist (Dornes, 1999, S. 90ff.). Diese körperliche Anbindung ist so bedeutsam, weil darüber sehr nachhaltige Erfahrungen gemacht werden können, die im Körpergedächtnis erhalten bleiben und zum Teil unbewusst ihre Wirkung entfalten: „Ich kann etwas!"

Als Ziel der kindzentrierten psychomotorischen Entwicklungsförderung formuliert Zimmer (2012) zusammenfassend:

> „Eine wesentliche Aufgabe der psychomotorischen Förderung liegt in der *Erweiterung der Handlungsmöglichkeiten* und der *Verbesserung der motorischen Fähigkeiten* des Kindes. Ebenso wichtig ist jedoch die *Stärkung des Selbstbewusstseins* und zwar unabhängig von oder trotz körperlicher und motorischer Beeinträchtigungen. Die pädagogische Aufgabe besteht also auch darin, das Kind selbstbewusst, leistungszuversichtlich und gegebenenfalls unabhängig von der Bewertung durch die soziale Umwelt zu machen." (ebd., S. 75)

In der im Ansatz enthaltenen ressourcenorientierten Sichtweise geht es darum, zunächst die, Stärken des Kindes in den Mittelpunkt zu stellen und dem Kind Gelegenheiten zu schaffen, sich als kompetent und handlungsfähig zu erleben. Eine unterstützende Bewusstmachung der eigenen Fähigkeiten durch die begleitende Person soll dem Kind helfen, sich dieser eigenen Stärken gewahr zu werden und diese im eigenen Selbstkonzept zu verankern. Damit soll eine möglicherweise erlernte Hilflosigkeit (Seligman, 2003, nach Zimmer, 2012, S. 66ff.) abgebaut und auf Basis eines gestärkten Selbstbewusstseins das Kind befähigt werden, sich zielgerichtet mit Herausforderungen und Problemen selbstsicher auseinanderzusetzen und diese erfolgreich zu bearbeiten.

Der Einbezug der Salutogenese- und der Resilienzforschung in die Erläuterungen zum kindzentrierten Ansatz sind als Erweiterung zu sehen, bei der aufgezeigt wird, dass Bewegungsangebote das Potential zur Stärkung individueller Gesundheitsressourcen haben, psychomotorische Angebote speziell zur Stärkung der personalen Ressourcen (Zimmer, 2012, S. 30ff.).

Ebenso wichtig ist die erweiternde, ausführliche Auseinandersetzung mit der Bedeutung des Spiels, speziell des Symbolspiels für die Selbstentwicklung des Kindes. Während für die kindzentrierte Mototherapie noch erläutert wird, dass die verwendeten Materialien anders als in der Spieltherapie weniger geeignet sind,

Kindern symbolische Handlungen mit Spielgeräten zur Befreiung von seinen Gefühlen zu ermöglichen, weist Zimmer (2012, S. 78ff.) explizit auf den Symbolgehalt von Bewegungshandlungen und die Selbstsymbolisierung im Spiel hin.

Evaluation des kindzentrierten Ansatzes in der Psychomotorik

Pilotstudie zur Unterstützung der Selbstkonzeptentwicklung durch Psychomotorik

Eine Pilotstudie der Forschungsstelle „Bewegung und Psychomotorik" des Niedersächsischen Instituts für frühkindliche Bildung und Entwicklung (nifbe) setzte sich zum Ziel, diese in Zimmers Ansatz formulierten Annahmen und Veränderungen im Selbstkonzept zu überprüfen (Ruploh, Martzy, Bischoff, Matschulat & Zimmer, 2013). Die Studie im Mixed Methods Design bediente sich der Selbsteinschätzung des Selbstkonzepts der Kinder (n=14), erfasst durch den FKSI-Fragebogen (Deusinger, i. Vorb., nach Ruploh et al., 2013), der in Anlehnung an Shavelson, Hubner und Stanton (1976) von einem multidimensionalen Modell des Aufbaus vom Selbstkonzept ausgeht, und der Fremdeinschätzung des Selbstkonzepts der Kinder, erfasst durch leitfadengestützte Eltern- und ErzieherInneninterviews. Die quantitative Auswertung im Prä-Post-Design (vor und nach einer 6-monatigen Teilnahme an Gruppen der kindzentrierten psychomotorischen Entwicklungsförderung) verifizierte die zuvor formulierten Annahmen (Reduzierung der Ängstlichkeit, Unterstützung der Selbstsicherheit und Erfahrung der eigenen körperlichen Kräfte und Fähigkeiten als Schwerpunkt des kindzentrierten Ansatzes) durch signifikante positive Veränderungen in den Selbstkonzepten *Angsterleben* und *Selbstsicherheit*, sowie der Tendenz einer verbesserten *körperlichen Effizienz*. Dieses Ergebnis wird durch die qualitativ ausgewerteten Fremdeinschätzungen unterstützt. Nicht erwartet wurde die in der quantitativen Auswertung gefundene signifikante Erhöhung der *Moralorientierung – Selbstwertschätzung*. Ruploh et al. (2013, S. 188) vermuten, dass entweder das Erfahren von Regeln des sozialen Miteinanders innerhalb der Gruppenintervention oder ein insgesamt etwas höheres Selbstkonzept diesen Effekt generieren. Es wird an der Stelle auf Damasio (2004) verwiesen, der „das moralische Urteil ähnlich wie die Körperwahrnehmung, als integralen Bestandteil des Selbsterlebens" (Ruploh et al., 2013, S. 188) auffasst.

Ebenfalls Bestandteil der Pilotstudie war die qualitative Inhaltsanalyse der nach der Intervention durchgeführten Interviews von Eltern und ErzieherInnen, um zu klären, *welche* Veränderungen bei den Kindern wahrgenommen wurden (Martzy, Ruploh & Bischoff, 2015). Aus der wissenschaftlichen Auswertung der Interviewprotokolle ergab sich die Kernaussage der Eltern und ErzieherInnen, „dass indirekt eine höhere Identitätssicherheit bei den Kindern wahrgenommen wurde, die möglicherweise auf die Intervention zurückzuführen ist“ (ebd., S. 18). Damit würden die Aussagen das von Zimmer (2004, S. 55) formulierte Ziel der Identitätsentwicklung durch Körper- und Bewegungserfahrungen validieren.

Bestätigung zentraler Hypothesen des kindzentrierten Ansatzes

Des Weiteren wurden drei weitere Hypothesen zum kindzentrierten Ansatz mittels quantitativer Analysen der Ergebnisse aus den FKSI-Fragebögen und den Testergebnissen des Motoriktests MOT 4-6 (Zimmer & Volkamer, 1987) der Kinder bestätigt: Von besonderem Interesse erscheint hier die dritte Hypothese, nach der die Förderung dazu beitragen soll, „dass die Kinder lernen, ihre motorischen Fähigkeiten als Quelle eines positiven Selbstkonzepts zu erleben und (...) dieser Effekt durch positive Beziehungserfahrungen vermittelt ist“ (Martzy et al., 2015, S. 12). Die dafür als Beleg geforderte positive Korrelation zwischen dem motorischen Testergebnis vor der Intervention und der zum zweiten Meßzeitpunkt geäußerten Selbsteinschätzung, kompetent den Kontakt zu Gleichaltrigen gestalten zu können (abgebildet durch die Skala *Kontakt- und Umgangsfähigkeit* des FKSI) konnte mit hoher Signifikanz bestätigt werden. Da also ein höherer motorischer Entwicklungsstand zu Beginn der Intervention eine Verbesserung im Kontakt mit Gleichaltrigen im Verlauf vorhersagt (was umgekehrt nicht der Fall ist), „könnte damit die motorische Entwicklung während der Förderphase auf die Kontakt- und Umgangsfähigkeit des Kindes »wirken«“ (Martzy et al., 2015, S. 19). Die Frage, warum dann aber keine signifikante Verbesserung der sozialen Kompetenz durch die Intervention generell nachzuweisen ist, erklären sich die Autorinnen mit der Integration von Bewegungsangeboten und feinfühliger Kindzentrierung in diesem psychomotorischen Ansatz: „Der motorische Entwicklungsstand kann so zum »Träger« oder Medium der Selbstaneignung der erfahrenen Beziehungsangebote werden. Hier ist auch eine Verbindung zu Annahmen aus der PSI-Theorie (vgl. Kuhl & Solzbacher, in diesem Band; Schache & Künne, in diesem Band) gegeben, nach der Erfahrungen mit persönlicher Beteiligung (wie es für intrinsisch motivierte Bewegungs- und Spielsituationen anzunehmen ist) die Potenz haben, das SELBST zu öffnen, wodurch alle weiteren Erfahrungen (vor allem mit einer wertschätzenden, selbstkompetenten Begleitung) ins SELBST integriert werden. Später werden diese Erfahrungen dann selbständig auf andere Lebensbereiche, z.B. mit Gleichaltrigen übertragen (Kuhl, Künne & Aufhammer, 2011, S. 16ff.). Es wird bereits erkennbar, dass sich grundlegende Annahmen des kindzentrierten Ansatzes, die sich in der Pilotstudie verifizieren ließen, auch in den Überlegungen zur Selbstkompetenzentwicklung und -förderung im Rahmen der PSI-Theorie wiederfinden lassen. Aus der Sicht der PSI-Theorie leitet sich die zentrale Bedeutung der Körperwahrnehmung nicht nur aus ihrem Einfluss auf die Entwicklung des Selbstkonzeptes ab, sondern auch aus den empirischen Hinweisen darauf, dass die Integration der Körpersignale unverzichtbar für die Funktionstüchtigkeit des SELBST und aller von der Selbstentwicklung abhängigen (Selbst-)Kompetenzen ist (Damasio, 2000; Kuhl, Quirin & Koole, 2015; Schore, 2016)

Mehrfach gab es in der Psychomotorik/Motologie Überlegungen, wie die verschiedenen Ansätze systematisiert werden könnten. Durch die Varianz der gewählten Kriterien entstanden auch für den kindzentrierten Ansatz differierende Zuordnungen. Häufig wird er, wie auch Schillings kompetenztheoretischer Ansatz, einer handlungsorientierten bzw. erkenntnisstrukturierenden Perspektive zugeteilt (Krus, 2015b; Fischer, 2009; Reichenbach, 2006). Fischer (2001) erkennt aber im kindzentrierten Ansatz eine identitätsbildende Perspektive und Seewald (2009) ordnet ihn den selbstkonzeptorientierten Ansätzen zu. Dadurch wird deutlich, dass in diesem Ansatz bereits über die anfänglichen Erklärungszusammenhänge der Psychomotorik hinausgegangen wird. Seewald (ebd., S. 33) stellt deswegen rückblickend heraus, dass, neben dem verstehenden Ansatz, der kindzentrierte Ansatz den Blick für die Psychodynamik der Klienten in der Psychomotorik geöffnet hat. Ein Blick auf verschiedene Körpermodelle lässt diesen Verdienst des Ansatzes noch deutlicher werden.

Die Zweiheit des Körpers

Verschiedene Körpermodelle als Kriterium einer Systematik psychomotorischer Ansätze

Einen psychomotorischen Ansatz oder eine Position einer bestimmten Systematik zuzuordnen, fällt schwer, da unterschiedliche Leitkriterien für Kategorienbildungen zu je verschiedenen Ergebnissen und Zuteilungen kommen. Das bedeutet nicht, dass die Ansätze indifferent und austauschbar wären; es zeigt vielmehr die Komplexität der psychomotorischen Arbeit, einer zwischenmenschlichen, pädagogischen Beziehung an, der man sich durch verschiedene Analysemöglichkeiten und Schwerpunktsetzungen zu nähern sucht. Von daher ist es geboten, die Kriterien einer Systematik oder einer Analyse offen zu legen, so wie beispielsweise Seewald das getan hat (1998, 2009, 2010). Ein solches Vorgehen schafft Transparenz und legt zugleich dar, dass auch eine andere Einteilung möglich wäre, die die gewählten Relevanzkriterien wiederum legitimieren müsste.

Ein mögliches Kriterium, welches einen psychomotorischen Ansatz charakterisiert und damit zur Unterscheidbarkeit und Profilierung eines Ansatzes beiträgt, ist die (modellhafte) Vorstellung vom Körper. Solche Körpermodelle haben die Absicht, die Sichtweise auf den Körper und die Funktion des Körpers für die pädagogisch-therapeutische Situation zu explizieren. Für den motologischen Diskurs schlägt Seewald (2010) fünf, sich unterscheidende Körpermodelle vor, die sich chronologisch entfaltet haben:

- „Der Körper als Handlungsträger und Erfahrungsbeschaffer
- Der Körper als Homunculus und neuronale Bedingung der Möglichkeit
- Der Leib als Partner
- Der Körper als Interpretationskonstrukt
- Der Körper als Habitusträger“ (ebd., S. 293)

Der kindzentrierte Ansatz findet in dieser Einteilung seinen Platz im Körpermodell des Handlungsträgers und Erfahrungsbeschaffers. Werden im bereits erwähnten kompetenztheoretischen Ansatz Wahrnehmungs- und Bewegungserfahrungen und die daraus sich bildenden Handlungsmuster als Bedingung der Handlungsfähigkeit begriffen, so erweitert der kindzentrierte Ansatz diese Erfahrungen v.a. um die Wirkung auf das Selbstkonzept. Von „der Stärkung der Handlungsfähigkeit hin zu einer Stärkung der verschiedenen Komponenten des Körper- und Selbstkonzepts.“ (ebd., S. 294) Der Körper wird hier also als ein ´Instrument´ verstanden, das in der Lage ist, gerade in frühkindlichen – aber generell über die Lebensspanne – Entwicklungsprozessen Wahrnehmungs- und Bewegungserfahrungen zu sammeln, die im Sinne Piagets die Grundlage nicht nur von Handlungs-, sondern auch von geistig-kognitiven Aktivitäten darstellt. Dieses Instrument wird hier als ein Beschaffer von Erfahrungen verstanden, welche in das eigene, bewusste und unbewusste Selbstkonzept eingespeist werden. In diesem Sinn erscheint der Körper als ein gedachtes Objekt, das im Modus des Körper-Habens, im Vergleich zu Körper-Sein (siehe weiter unten), aufgeht.

Diese Einteilung und Zuordnung in ein Analyseschema motologischer Körpermodelle (Seewald, 2010, S. 301) ist nachvollziehbar, v.a. wenn der verstehende Ansatz (Seewald, 2007) als Kontrastfolie dient: Denn so wird der Unterschied zwischen der Fokussierung auf den Leib und das Leibsein als Subjekt für das Ich und dem Körper-Haben als Objekt sehr deutlich. Erscheint für den kompetenztheoretischen Ansatz in seiner theoretischen Fundierung und Ausrichtung – weniger die daraus resultierende Praxis – das explizierte Körpermodell stimmig, verweist der kindzentrierte Ansatz noch auf ein weiteres Körpermodell und wird damit eher hybrid, vermischt also verschiedene Körpermodelle.

Wie oben bereits ausgeführt tauchen in der theoretischen Konzeption des kindzentrierten Ansatzes Begriffe wie Sensorisches Selbst, Körperselbst und Leibselbst auf. Gleichsam wird festgehalten, dass der Körper im Verständnis der kindzentrierten Mototherapie und später in der kindzentrierten psychomotorischen Entwicklungsförderung gleichzeitig Subjekt und Objekt ist, „das Kind hat einen Körper und zugleich ist es sein Körper. Er ist untrennbar mit dem Selbst verbunden." (s.o.) Ohne die einzelnen Begriffe ausführen zu wollen, kann vorerst festgehalten werden, dass in der Konzeption des kindzentrierten Ansatzes eine Untrennbarkeit von Körper und Selbst formuliert wird sowie eine Zweiheit des Körpers Berücksichtigung findet. Es ist daher naheliegend, dass die ontologische Frage, was der Körper sei, in diesem Ansatz nur randständig behandelt wurde. Es ist davon auszugehen, dass der Gebrauch des Arbeitsbegriffs ´Körper´ und damit die Formulierung einer Praxis eine methodisch notwendige Reduktion mit sich brachte, die allerdings keine ontologische ist. In diesem Sinne kann die Lesart dieses Ansatzes sowohl zu der Einordnung im obigen Fall führen sowie auch zu einer Hybridstellung, d.h. der gleichzeitigen Zuordnung zu zwei verschiedenen Körpermodellen. Zumindest wird sichtbar, dass Aspekte der theoretischen Fundierung nicht im explizierten Körpermodell aufgehen, sondern über es hinausweisen.

Körper-Haben und Körper-Sein

Die Unterteilung der Modi von Haben und Sein in Bezug auf den Körper geht auf Plessners Anthropologie (und hier seine Theorie der Positionalität) zurück, der der Frage nachging, in welchem Verhältnis sich der Mensch zu seinem Körper befindet (vgl. Schürmann, 2012, S. 207). Wie von Volkamer und Zimmer (s.o.) aufgegriffen, ist der Mensch sein Körper sowie er auch seinen Körper hat. „Der menschliche Körper ist die Zweiheit von Sein und Haben" (Gugutzer, 2013, S. 146). Damit ist allerdings kein Dualismus formuliert, der eine Trennung in zwei Körper darstellen würde, sondern eine Dualität: Körpersein und Körperhaben sind zwei untrennbar miteinander verbundene Facetten des menschlichen Daseins, zwei komplementäre Perspektiven. „Körperhaben meint, dass der Mensch aus seiner Mitte, in die er aufgrund seiner organischen Verfasstheit gestellt ist, heraus- und zu sich selbst in Distanz treten kann. Das heißt [...], er kann auf seinen *Körper* wie auf andere Dingkörper zugreifen, er kann ihn instrumentell oder expressiv nutzen – und er weiß, dass er dies kann" (Gugutzer, 2013, S. 147). Der Körper wird hier als ein Mittel der Umweltauseinandersetzung eingesetzt. Körper-sein hingegen macht deutlich, dass dieses instrumentelle Verhältnis nicht ohne Rest aufgeht. „Offenbar steht nicht alles Tun in der Verfügungsgewalt des Lebewesens." (Schürmann, 2012, S. 217) Das Körper-sein verselbständigt sich und ´antwortet´ für die Person.

Es liegt zwar noch in der Macht der Person, aber nicht in ihrer Gewalt. „Beim Körper-sein vollzieht sich die Vermittlung von Lebewesen und Umwelt nicht durch den Körper als dritte Größe, als Mittel, sondern vermöge der Körperlichkeit als Medium." (ebd.) Durch die Begriffswahl – Mittel und Medium – wird deutlich, dass es nicht um etwas Gegensätzliches geht: unmittelbar (sein) und mittelbar (haben), sondern um einen Unterschied von zwei Weisen der Vermitteltheit. Diese beiden Perspektiven sind ineinander verschränkt und bilden eine Einheit, die leicht missverständlich wird – wie Schürmann durch unterschiedliche Interpretationen der entsprechenden Plessnerschen Texte darstellt (ebd., S. 218).

Wenn die Perspektive des Körper-seins den Körper als Naturkörper versteht, der einem widerfährt, so liegt es nahe, diesen mit dem Begriff des Leibes zu belegen: Der Mensch ist Naturwesen, insofern er leiblich (sein Körper) ist, und er ist Kulturwesen, insofern er seinen Körper hat (vgl. Gugutzer, 2013, S. 148). Und damit einher wird oft die Unmittelbarkeit des Leibes dem Instrument des Körpers gegenübergestellt, wodurch der Leib seinen medialen und spontanen Charakter verliert und zu einem Werkzeug wird, der Distanz schafft. Viele Rezeptionen des von Plessner formulierten Doppelaspekts fassen damit Leib-sein als Aspekt der Unmittelbarkeit und Körper-haben als Aspekt der Distanziertheit auf. Mit Schürmann sind es ´nur´ unterschiedliche Weisen von Vermitteltheit (s.o.), was letztendlich in einer umfassenden Rezeption Kriterien bestimmter Körpermodelle in bestimmten psychomotorischen Ansätzen relativieren könnte. Da dies nicht der Rahmen ist, sich eingehend mit Plessners Doppelaspekt zu beschäftigen, soll es genügen, auf die Verschränkung beider Ordnungen hinzuweisen und die Unmittelbarkeit vermeintlich als Körper-sein, die Vermitteltheit vermeintlich als Körper-haben zu begreifen.

Wenn weiterhin mit Plessner der Leib als Sein im Körper gefasst wird und das Sein im Körper das ist, „was das Leben selbst ist" (Plessner, 1975, S. 295; zit. nach Gugutzer, 2013, S. 149), so werden hier das Selbst und die Innenwelt angesprochen. Die Innenwelt wird wieder mit einem Doppelaspekt von ´Seele´ und ´Erlebnis´ charakterisiert. „Unter ´Seele´ versteht Plessner eine >>vorgegebene Wirklichkeit der Anlagen, die sich entwickelt und Gesetzen unterworfen ist<< (ebd., S. 296), unter ´Erlebnis´ die >>durchzumachende Wirklichkeit des eigenen Selbst im Hier-Jetzt, worin mich keiner ersetzen kann<< (ebd.)" (Gugutzer, 2013, S. 149) (vgl. auch Schache & Künne, in diesem Band). Nach Gugutzer hat sich Plessner nicht weiter mit diesen Aspekten der Innenwelt beschäftigt, so dass für ihn die Leibphänomenologie von Hermann Schmitz, als eine Theorie des Spürens weitere Ausführungen zum Körper-sein markieren kann. Schmitz legt sein Augenmerk auf die leibliche, spürbare Erfahrung dieser Innenwelt und „versteht das, was Plessner

´Seele´ nennt, als leibliche Disposition, und das, was Plessner ´Erlebnis´ heißt, als ´leiblich-affektives Betroffensein´" (Gugutzer, 2013, S. 150). Die durchzumachende Wirklichkeit im Hier-Jetzt, worin mich keiner ersetzen kann (s.o.) wird bei Schmitz als leibliche Erfahrung der Gegenwart verstanden. „Die Gegenwart, so Schmitz, erfahren wir spürbar. Wir leben spürend. Und es ist der Leib, der spürt (während es der Körper ist, der gespürt wird)" (ebd.).

Diese verkürzenden und arg verdichteten Darstellungen der Zweiheit des Körpers sowie der weiteren Ausführungen zum Körper-sein als Leibsein mit der Anschlussstelle zur Leibphänomenologie Schmitz´ machen deutlich, dass die Vorstellung von Körper und auch das Explizieren eines Körpermodells insofern zu kurz greifen, als dass das Affektive nicht mit dem Körperlichen gedacht wird, sondern eher als ein ´nicht-körperliches´ Phänomen verstanden wird.

Die verborgene Selbstkompetenz in der Psychomotorik

Die Zweiheit des Körpers als anfänglich in der Psychomotorik Verborgenes

Wenn man auf die Genese der wissenschaftlichen Fundierung der Psychomotorik zurückblickt, wird deutlich, dass wiederholt in den Ausführungen zu den einzelnen Ansätzen diese Problematik der Zweiheit des Körpers berührt wird. Das ist auch bei Schilling im handlungsorientierten bzw. kompetenztheoretischen Ansatz zu finden, der auch auf Arbeiten der „Grundlagenkommission" des Aktionskreis Psychomotorik (akp) fußt (vgl. Hammer, 2004, S. 44). Schilling greift das Kompetenzmodell von Roth (1971) in Form der Dreiteilung der Handlungskompetenz in Sach- Sozial- und Selbst- bzw. Ich-Kompetenz für die Psychomotorik auf. Und obwohl er in dem Zusammenhang schreibt, dass im Mittelpunkt der psychomotorischen Arbeit „der Erwerb und die ständige Modifizierung von Wahrnehmungs- und Bewegungsmustern, die kognitiv und emotional aufbereitet und verarbeitet schließlich zu Verhaltensstrategien führen sollen" (Schilling, 1981, S. 188) steht, und damit eine emotionale Ebene der kognitiven komplementär gegenüberstellt, wird dann Ich-Kompetenz mit „seinen Körper erfahren, erleben, mit ihm umgehen können" (ebd.) beschrieben. Der Ich-Kompetenz wird damit als generierende Grundlage die Körpererfahrung zugeordnet, die zwar immer auch emotional-affektive Leistungen (vgl. z.B. Bielefeld, 1991) beinhaltet, das Verfügen über variable Wahrnehmungs- und Bewegungsmuster wird aber als Ziel pädagogisch ausgerichteter Psychomotorik formuliert (vgl. Schilling, 1981, S. 185). Für die Mototherapie der psychomotorischen Gründerjahre schreibt der damalige leitende Arzt Hünnekens von „falsche[n] Bewegungsmuster[n]" (Hünnekens, 1981, S. 199), die es zu korrigieren gilt, worin der Einfluss der defizitorientierten pathogenetischen

Sichtweise der Medizin deutlich wird. Durch solche aus medizinischer Sicht geäußerten Ansichten zur Mototherapie (ganz anders als später in der oben beschriebenen kindzentrierten Mototherapie nach Volkamer & Zimmer) bleibt Schillings Ansatz in der Psychomotorik immer eine funktionale Konnotation angehaftet, die entsprechend kritisiert wurde. Diese Kritik (vgl. Seewald, 2004) bezieht sich unter anderem auch auf einen eher strukturellen Blick auf die menschliche Bewegung, der durch die zur wissenschaftlichen Fundierung herangezogenen Bezugstheorien anderer Wissenschaftsbereiche in der jungen Psychomotorik, möglicherweise zunächst unbemerkt, als Bürde mit auf den Weg genommen wurde. Ebenso implizierten die herangezogenen Handlungstheorien nicht unproblematische Sichtweisen auf Bewegung, unter anderem erfassen sie „keine nicht-intentionalen, impliziten oder leiblich-fungierenden Bedeutungsbildungen“ (ebd., S. 45). Rückblickend ist bedauerlich, dass Roths Kompetenzmodell zwar herangezogen wurde, aber seine eigentliche Intention in dem Geflecht verschiedener Bezugstheorien verloren geht. Roth beschreibt die drei einzelnen Kompetenzen nämlich dahingehend, dass eine der drei eine „moralische Kompetenz auf Grund von Werteinsicht [ist] – eine Kompetenz, die wir auch als Selbst- und Ichkompetenz begrifflich zu fassen suchen“ (Roth, 1971, S. 448). Das ist in der Rezeption des kompetenzorientierten Ansatzes nach Schilling leider nicht mehr erkennbar (vgl. dazu auch Schache & Keßel, 2016). Im Bezug auf Selbstkompetenz auf Basis der PSI-Theorie, um die es im vorliegenden Band geht, ist herauszuheben, dass Schilling als Zielsetzung, ohne es zu betonen und weiter zu verfolgen, bereits auf Selbstkompetenz im Sinne der PSI-Theorie verweist: „Es [das Kind] muss etwas leisten, möglichst selbsttätig, es muss Lösungen und Wege selbst finden, es muss im Handeln lernen, mit den eigenen Emotionen umzugehen“ (Schilling, 1990, S. 60). Und mit den eigenen Gefühlen umgehen zu können ist eine vereinfachte Umschreibung eben dieser Selbstkompetenz (Solzbacher, 2014, S. 1).

Die Bergung des Verborgenen als Erweiterung der psychomotorischen Konzepte

Der verstehende Ansatz der Psychomotorik (Seewald, 2007) war als komplementäres Konzept ausgelegt, um wie beschrieben einen Ausgleich zur „strukturell“ orientierten Sichtweise in der Psychomotorik zu schaffen (vgl. Seewald, 2004, S. 46). Es ging Seewald ausdrücklich nicht um die „Überwindung bisheriger Konzepte und Theorien“ (ebd., S. 55) in der Psychomotorik, sondern um eine Erweiterung. Diese Erweiterung scheint darin zu bestehen, dass bisher „Verborgenes“ in der Fachdiskussion, obwohl es wie gezeigt mehrfach schon mitformuliert wurde, zu explizieren. In den aktuelleren fachwissenschaftlichen

Veröffentlichungen wird die Relevanz dieser Erweiterung deutlich. So ist bei den meisten ehemaligen Mitarbeitern Schillings eine Integration und explizite Betonung der subjektiven und leiblichen Aspekte in Ihren Weiterentwicklungen klar zu erkennen. Dies wurde vor allem auch durch die Weiterentwicklung der Bezugstheorien in angrenzenden Wissenschaften möglich. Haas (1999) greift beispielsweise die Weiterentwicklung der strukturgenetischen Sichtweise Piagets durch Ciompi (1982) auf, der vermutet, dass „*alle* Schemata in Wirklichkeit »affektlogisch« und nicht nur kognitiv (oder nur affektiv) sind" (ebd., S. 68). Rekurrierend auf diese Affektlogik wird die Bedeutsamkeit des Erfahrungslernens für die Selbstkonzeptentwicklung als Basis der Identität verdeutlicht (vgl. Haas, 1999, S. 28ff.). Bei ihr wird auch deutlich, dass das Aufgreifen der leiblichen Subjektivität, bei dem sie sich auch auf Seewald bezieht, eine wichtige Erweiterung darstellt: „Sie [die Erfahrungen] werden als Ganzheiten erfahren, die nicht in Einzelheiten zerlegbar sind. Demnach können sie als *präsentative Symbolisierungsformen* bezeichnet werden" (ebd., S. 49). Und auf dieser leiblichen Ebene werden folglich zeitgleich unterschiedliche Ebenen eines Individuums angesprochen, was Haas gerade für die psychomotorische Arbeit mit Erwachsenen nutzt. Auch sie formuliert bereits: „Leib und Bewegung implizieren somit Formen präsentativer Symbolisierung, die über bewegungs- und leiborientierte Angebote erfahrbar werden" (Haas, 1999, S. 50).

Somatische Marker als Brücke zwischen Psychomotorik und PSI-Theorie

Wissenschaftliche Weiterentwicklungen stellen der Psychomotorik immer wieder neue Bezugstheorien als Erklärungsmodelle der Annahmen der Psychomotorik zur Verfügung. Als Beispiel dafür kann die Hypothese der somatischen Marker (Damasio, 1997) dienen. Diese neurowissenschaftliche Theorie offeriert zudem einen weiteren Verbindungspunkt zwischen Psychomotorik und Selbstkompetenz auf Basis der PSI-Theorie. Stark verkürzt geht es in der Theorie darum, dass Empfindungen im Körper (damit ist alles gemeint, was zum Körper gehört) wahrnehmbar sind, die im Rahmen von Entscheidungsprozessen den Menschen ständig begleiten. Diese Empfindungen markieren bestimmte Vorstellungsbilder, die z.B. mit vergangenen Erfahrungen und dem antizipierten Ergebnis eigener Handlungsweisen assoziiert sind (ebd., S. 237f). Diese Vorstellungsbilder basieren auf Karten, die das Gehirn erstellt, wenn der Mensch mit Objekten oder Subjekten interagiert, die sich außerhalb des Gehirns befinden. Damasio bezeichnet das Gehirn des Menschen als geborenen Kartograph, „und begonnen hat die Kartographie mit der Kartierung des Körpers, in dem sich das Gehirn befindet" (Damasio, 2013, S. 76). Ohne die Theorie weiter zu vertiefen ist festzustellen, dass diese somatischen Marker als Ursprungsobjekte der Karten und Bilder für

Entscheidungsprozesse, und damit für das Handeln des Menschen allgemein, und für das Bewusstsein des Menschen eine notwendige und entscheidende Einflussgröße darstellen. Hervorzuheben im Zusammenhang mit der bisherigen Auseinandersetzung mit der Psychomotorik ist, dass Damasio drei Formen von Karten und Bildern unterscheidet, die alle ein normaler Geist enthält (vgl. ebd., S. 88):

Formen von Karten *(Bildern)*	Ursprungsobjekte
1. Karten der inneren Struktur und des inneren Zustandes des Organismus (interozeptive Karten)	Der Funktionszustand der Körpergewebe, z.B. Kontraktion oder Entspannung der glatten Muskulatur, Parameter aus dem inneren Milieu
2. Karten anderer Aspekte des Organismus (propriozeptive Karten)	Bilder bestimmter Körperteile, z.B. Gelenke, quergestreifte Muskulatur, manche inneren Organe
3. Karten der Außenwelt (exterozeptive Karten)	Alle Objekte und Ereignisse, die einen Sinnessensor ansprechen, z.B. die Netzhaut, die Cochlea oder die Tastsensoren der Haut

Abb. 1. Formen von Karten (Bildern und ihre Ursprungsobjekte (aus Damasio, 2013, S. 88)

Die Bilder vom inneren Zustand eines Organismus bilden die ursprünglichen Gefühle, die wiederum die Grundlage bzw. Basis für Emotionen und Gefühle des Individuums sind. Wenn man Damasios Unterteilung verschiedener Formen von Karten die Körpermodellein gegenüberstellt, die in den Ansätzen der Psychomotorik impliziert sind, fällt auf, dass gerade die erste Form von Karten, in der es um zellulär-hormonelle Zustände des Körpers geht, außer Acht gelassen wurde. Dennoch wird sie seit Kiphards Anfängen in der Praxis immer wieder involviert und, wie aufgezeigt wurde, teilweise auch schon beiläufig formuliert, ohne die Relevanz dieser Ebene weiterzuverfolgen. Der Bereich der Körpererfahrung bei Schilling bzw. das Körperselbst bei Zimmer betrifft immer auch diese erste Form von Karten, was in den Ansätzen aber noch nicht formuliert wurde. Diese interozeptiven Karten tragen jedoch einen wichtigen Mosaikstein dazu bei, wenn es zu erklären gilt, inwiefern Psychomotorik seit Kiphard auf die Persönlichkeitsentwicklung ausgerichtet ist. Für die Psychomotorik wird darüber „greifbar", weshalb die emotionale Entwicklung und Entfaltung der Persönlichkeit gerade in psychomotorischen Angeboten unterstützt wird.

Die große Menge an Informationen, die diese Karten aller Formen enthalten, können nicht ständig bewusst verarbeitet werden. So unterscheidet Damasio zwischen einem eher wissenden, bewussten Ich und einem Selbst, welches stark der Musik ähnele, aber noch nicht der Dichtung (vgl. ebd., S. 193ff.). Auch in der PSI-Theorie wird diese Unterscheidung vorgenommen. Kuhl (2001) unterscheidet vier Persönlichkeitssysteme, die in der Vereinfachung der Theorie aber auch auf zwei, dem SELBST und dem ICH reduziert werden (vgl. Kruse-Heine et al., in diesem Band). Der Umstand, dass die Prozesse im SELBST größtenteils unbewusst verlaufen, stellt Selbstkompetenzförderung bzw. -stärkung vor eine große Herausforderung: sogar wenn ein Mensch diese Prozesse im SELBST verändern möchte, kann er nicht automatisch auch willentlich (also aus dem ICH heraus) auf dieses System des SELBST zugreifen, erst recht nicht Einfluss nehmen. Das kann lediglich das SELBST, dem in der PSI-Theorie eine Art Steuerungsfunktion zufällt (vgl. Kuhl, 2001). Die drei Formen von Karten bei Damasio (vgl. Abb. 1) ermöglichen Erklärungen, weshalb körperliche bzw. leibliche Zugänge zum Menschen die Möglichkeit bieten, dieses SELBST zu aktivieren. Im Falle der Psychomotorik kommen einige andere beziehungs- und situationsgestaltende Faktoren dazu (z.B. Dialog, Wertschätzung, Ressourcenorientierung, Prozessorientierung etc.; vgl. z.B. Zimmer, 2014; Keßel, 2014), die sowohl in der Arbeit mit Kindern als auch in der Arbeit mit Erwachsenen über leibliche Erfahrungen die Stärkung der Selbstkompetenz möglich macht. Dazu tragen eher funktionale Aspekte wie eine verbesserte Körperwahrnehmung und Entspannungsfähigkeit ebenso bei wie die Stärkung des Selbstkonzepts und Angebote zur begleiteten Selbstreflexion, wie sie in bei Schache und Künne (in diesem Band) näher beschrieben wird. „Selbsttätigkeit“, wie es in der Psychomotorik als zentrales Thema immer wieder heißt (vgl. z.B. Zimmer, 2014, S. 23), scheint rückblickend betrachtet eine äußerst passende Wortwahl gewesen zu sein und erfährt als SELBST-Tätigkeit eine weitere oder tiefere Bedeutung.

Zusammenfassung

Die Ausführungen sollen insgesamt deutlich machen, dass in der Psychomotorik einige wesentliche Aspekte von Selbstkompetenz enthalten sind, die an dieser Stelle explizit gemacht wurden. Speziell am Beispiel des kindzentrierten Ansatzes in der Psychomotorik zeigt sich, dass diese Aspekte zwar nicht ausformuliert, aber dennoch implizit erkennbar sind. Das kann auch an den Begriffen des Körperselbst und des Leibselbst nachgezeichnet werden. Es ist zwar wissenschaftlich von Bedeutung, Erfahrungen, Erkenntnisse und Wissen zu systematisieren und Modelle zu generieren; diese sollen zuvorderst aber einen Diskursraum schaffen, in dem sich ausgetauscht wird: der kindzentrierte Ansatz scheint nicht im

Körpermodell des Handlungsträgers und Erfahrungsbeschaffers aufzugehen. Er verweist in seiner Konzeption implizit auf leiblich-affektive Anteile, die durch die Brille und Rezeption der PSI-Theorie (Theorie der Persönlichkeits-System-Interaktionen, Kuhl, 2001) deutlicher werden. Insofern haben im Selbstkompetenz-Projekt, welches in diesem Band dargestellt wird, der Dialograum und die Dialogbereitschaft unterschiedlicher Perspektiven dazu beigetragen, das psychomotorisch Originäre besser zu erkennen und es durch funktionsanalytische Aspekte (PSI-Theorie) einer persönlichkeitspsychologischen Sichtweise besser zu verstehen.

Literatur

Axline, V.M. (1980). *Kinder-Spieltherapie im nicht-direktiven Verfahren* (5. Aufl.). München: Ernst Reinhardt.

Bandura, A. (1984). Self-efficacy: Toward an unifying theory of behavioral change. *Psychological Review, 84*, 192-215.

Bielefeld, J. (1991). Zur Begrifflichkeit und Strukturierung der Auseinandersetzung mit dem eigenen Körper. In J. Bielefeld (Hrsg.), *Körpererfahrung* (2. Aufl.) (S. 3-33). Göttingen: Hogrefe.

Ciompi, L. (1982). *Affektlogik. Über die Struktur der Psyche und ihre Entwicklung. Ein Beitrag zur Schizophrenieforschung.* Stuttgart: Klett-Cotta.

Damasio, A.R. (1997). *Descartes' Irrtum. Fühlen, Denken und das menschliche Gehirn.* München: dtv.

Damasio, A.R. (2000). *Ich fühle, also bin ich. Die Entschlüsselung des Bewusstseins.* München: List.

Damasio, A.R. (2004). *Descartes' Irrtum. Fühlen, Denken und das menschliche Gehirn.* Berlin: List.

Damasio, A. (2013). *Selbst ist der Mensch. Körper, Geist und sie Entstehung des menschlichen Bewusstseins.* München: Pantheon.

Deusinger, I.M. (i. Vorb.). *Frankfurter Kinder-Selbstkonzept-Inventar. FKSI.* Frankfurt am Main.

Dornes, M. (1999). *Der kompetente Säugling. Die präverbale Entwicklung des Menschen* (9. Aufl.). Frankfurt am Main: Fischer.

Fischer, K. (2001). *Einführung in die Psychomotorik.* München: Ernst Reinhardt.

Fischer, K. (2009). *Einführung in die Psychomotorik* (3. Aufl.). München: Ernst Reinhardt.

Geuter, U. (2015). *Körperpsychotherapie. Grundriss einer Theorie für die klinische Praxis.* Berlin: Springer.

Gugutzer, R. (2013). *Soziologie des Körpers* (4. Aufl.). Bielefeld: Transcript.

Haas, R. (1999). *Entwicklung und Bewegung. Der Entwurf einer angewandten Motologie des Erwachsenenalters.* Schorndorf: Hofmann.

Hammer. R. (2004). Der Kompetenztheoretische Ansatz in der Psychomotorik. In H. Köckenberger & R. Hammer (Hrsg.), *Psychomotorik. Ansätze und Arbeitsfelder* (S. 43-55). Dortmund: Modernes Lernen.

Hünnekens, H. (1981). Grundlagen der Mototherapie. In A. Clauss (Hrsg.*),* *Förderung entwicklungsgefährdeter und behinderter Heranwachsender* (S. 195-201). Erlangen: perimed.

Keßel, P. (2014). Prinzipien psychomotorischer Entwicklungsförderung – Überlegungen für die fachschulische Erzieherausbildung. *motorik*, *37* (1), 23-27.

Kiphard, E.J. (1980). *Motopädagogik.* Dortmund: Modernes Lernen.

Kiphard, J. (2001). Die Anfänge. In T. Irmischer & R. Hammer (Red.), *Psychomotorik in Geschichten* (S. 9-12). Lemgo: akl.

Krus, A. (2015a). Psychomotorik – Gegenstandsbestimmung. In A. Krus & C. Jasmund (Hrsg.), *Psychomotorik in sozialpädagogischen Arbeitsfeldern* (S. 36-56). Stuttgart: Kohlhammer.

Krus, A. (2015b). Entwicklungslinien der Psychomotorik. In A. Krus & C. Jasmund (Hrsg.), *Psychomotorik in sozialpädagogischen Arbeitsfeldern* (S. 15-35). Stuttgart: Kohlhammer.

Kuhl, J. (2001). *Motivation und Persönlichkeit. Interaktionen psychischer Systeme.* Göttingen: Hogrefe.

Kuhl, J., Künne, T. & Aufhammer, F. (2011). Wer sich angenommen fühlt, lernt besser: Begabungsförderung und Selbstkompetenzen. In J. Kuhl, S. Müller-Using, C. Solzbacher & W. Warnecke, *Bildung braucht Beziehung. Selbstkompetenz stärken – Begabungen entfalten* (S. 15-27). Freiburg: Herder.

Kuhl, J., Quirin, M. & Koole, S.L. (2015). Being someone: The integrated self as a neuropsychological system. *Social and Personality Psychology Compass*, *9* (3), 115-132.

Martzy, F., Ruploh, B. & Bischoff, A. (2015). Veränderungen im Selbstkonzept nach psychomotorischer Förderung. Eine multimethodale Untersuchung des kindzentrierten Ansatzes. *motorik, 38* (1), 10-21.

Neubauer, W.F. (1976). *Selbstkonzept und Identität im Kindes- und Jugendalter.* München: Ernst Reinhardt.

Pfeffer, C. (1958). *Bewegung – aller Erziehung Anfang.* Zürich: Sämann.

Plessner, H. (1975). *Die Stufen des Organischen und der Mensch.* Berlin: de Gruyter.

Reichenbach, C. (2006). *Bewegungsdiagnostik in Theorie und Praxis.* Dortmund: Borgmann Media.

Rogers, C.R. (1973). *Die klient-bezogene Gesprächstherapie.* München: Kindler.

Roth, H. (1971). *Pädagogische Anthropologie. Band II. Entwicklung und Erziehung.* Hannover: Schroedel.

Ruploh, B., Martzy, F., Bischoff, A., Matschulat, N. & Zimmer, R. (2013). Veränderungen im Selbstkonzept nach psychomotorischer Förderung. Eine Pilotstudie im Mixed Methods Design. *motorik, 36* (4), 180-189.

Schache, S. (2013). Die Buntheit der Psychomotorik - Profilbildung. In S. Bender, F. Martzy & S. Schache, *Psychomotorik – arbeiten mit Kindern von 0 bis 3 Jahren. Ein Lehrbuch für sozialpädagogische Berufe* (S. 9-48). Köln: Bildungsverlag Eins.

Schache, S. & Keßel P. (2016). Psychomotorik als Zugang zum Selbst. Methodologische Überlegungen zur Förderung der Selbstkompetenz. *motorik,* 39 (3), 122-126.

Schäfer, I. (1993). Grundbausteine der Psychomotorischen Übungsbehandlung. Entwicklungsabschnitt 1955 bis 1975. In T. Irmischer & K. Fischer (Red.), *Psychomotorik in der Entwicklung* (2., unveränd. Aufl.) (S. 19-31). Schorndorf: Hofmann.

Schilling, F. (1978). Motorische Entwicklung als Adaptationsprozess. In H.J. Müller, R. Decker & F. Schilling (Red.), *Motorik im Vorschulalter* (S. 23-26). Schorndorf: Hofmann.

Schilling, F. (1981). Grundlagen der Motopädagogik. In A. Clauss (Hrsg.), *Förderung entwicklungsgefährdeter und behinderter Heranwachsender* (S. 184-194). Erlangen: perimed.

Schilling, F. (1986). Ansätze zu einer Konzeption der Mototherapie. *Motorik, 9* (2), 59-67.

Schilling, F. (1990). Das Konzept der Psychomotorik. In G. Huber, H. Rieder & G. Neuhäuser (Hrsg.), *Psychomotorik in Therapie und Pädagogik* (S. 57-78). Dortmund: Modernes Lernen.

Schore, A.N. (2016). *Affect regulation and the origin of the self: The neurobiology of emotional development.* New York: Routledge.

Schürmann, V. (2012). Max Scheler und Helmuth Plessner – Leiblichkeit in der Philosophischen Anthropologie. In E. Alloa, T. Bedorf, C. Grüny & T.K. Klass (Hrsg.), *Leiblichkeit. Geschichte und Aktualität eines Konzepts* (S. 207-223). Tübingen: Mohr Siebeck.

Seewald, J. (1998). Bewegungsmodelle und ihre Menschenbilder in verschiedenen Ansätzen der Psychomotorik. *Motorik, 21* (4), 151-158.

Seewald, J. (2002). Psychomotorische Vorläufer in der Geschichte der Rhythmus- und Gymnastikbewegung. *Motorik, 25* (1), 26-33.

Seewald, J. (2004). Über die Genese des „Verstehenden Ansatzes" in der Motologie. In R.A. Eckert & R. Hammer (Red.), *Der Mensch im Zentrum* (S. 27-58). Lemgo: akl.

Seewald, J. (2007). *Der verstehende Ansatz in Psychomotorik und Motologie.* München: Ernst Reinhardt.

Seewald, J. (2009). Wann ist ein Ansatz ein Ansatz? Über Kriterien für psychomotorische Ansätze. *Praxis der Psychomotorik, 34* (1), 31-34.

Seewald, J. (2010). Körpermodelle in zentralen Ansätzen der Motologie. In A. Abraham & B. Müller (Hrsg.), *Körperhandeln und Köpererleben. Multidisziplinäre Perspektiven auf ein brisantes Feld* (S. 293-302). Bielefeld: transcript.

Seligman, M.E.P.(2003). *Erlernte Hilflosigkeit.* Weinheim: Beltz.

Shavelson, R.J., Hubner, J.J. & Stanton, G.C. (1976). Self-Concept: Validation of Construct Interpretations. *Review of Educational Research, 46* (3), 407-441.

Solzbacher, C. (2014). Selbstkompetenz als zentrale Dimension im Bildungsprozess: Wie Lernen (besser) gelingen kann. In C. Solzbacher, M. Lotze & M. Sauerhering (Hrsg.), *SELBST-LERNEN-KÖNNEN: Selbstkompetenzförderung in Theorie und Praxis* (S. 1-19). Baltmannsweiler: Schneider Hohengehren.

Stelter, R. (1996). *Du bist wie dein Sport. Studien zur Entwicklung von Selbstkonzept und Identität.* Schorndorf: Hofmann.

Volkamer, M. & Zimmer, R. (1986). Kindzentrierte Mototherapie. *Motorik, 9* (2), 49-58.

Zimmer, R. (1999). *Handbuch der Psychomotorik. Theorie und Praxis der psychomotorischen Förderung.* Freiburg: Herder.

Zimmer, R. (2004). Kindzentrierte psychomotorische Entwicklungsförderung. In H. Köckenberger & R. Hammer (Hrsg.), *Psychomotorik. Ansätze und Arbeitsfelder* (S. 55-67). Dortmund: Modernes Lernen.

Zimmer, R. (2012). *Handbuch Psychomotorik. Theorie und Praxis der psychomotorischen Förderung* (1. Ausg. d. überarb. Neuausg., 13. Gesamtaufl.). Freiburg: Herder.

Zimmer, R. (2014). *Handbuch Bewegungserziehung. Grundlagen für Ausbildung und pädagogische Praxis* (1. Ausg. d. überarb. u. erweit. Neuausgabe, 26. Gesamtaufl.). Freiburg: Herder.

Zimmer, R. & Volkamer, M. (1987). *MOT 4–6. Motoriktest für vier- bis sechsjährige Kinder* (2. überarb. u. erw. Aufl.). Weinheim: Beltz.

Stefan Schache & Thomas Künne

WERTvoll: vier (Um-)Wege zur Selbstkompetenz

Etwas als wertvoll zu empfinden, ist einfach. Etwas als erstrebenswert zu empfehlen, ist auch einfach. Etwas als notwendig zu erachten, ist auch noch vergleichsweise einfach, fordert aber einen stärkeren normativen Begründungszusammenhang. Etwas unbedingt zu fordern, was schwer greifbar ist, ist schwierig. Und etwas zu fördern, was als wertvoll, erstrebenswert, notwendig und schwer greifbar gilt, scheint fast unmöglich.

´Gelassenheit´ zum Beispiel ist Etwas, das als wertvoll, erstrebenswert und notwendig erachtet wird und schwer zu fassen ist. Es taucht nicht nur übermäßig in der Ratgeberliteratur für ein besseres Leben auf, sondern auch in philosophischen Diskursen (der Lebenskunst) und mittlerweile auch immer mehr in pädagogischen und psychologischen Zusammenhängen. Der Gelassenheit wird in unterschiedlichen Kontexten eine enorme Kraft zugesprochen, auf die v.a. in schwierigen Situationen gehofft wird. Sie jedoch einzufordern, zu fördern und für schwierige (pädagogische) Situationen nutzbar zu machen, ist ein Unterfangen, das der Sei-spontan-Paradoxie sehr nahekommt: jemandem in einer Situation Gelassenheit zu raten, die offensichtlich Gelassenheit nötig hat, führt in den meisten Fällen nicht zum gewünschten Ergebnis: Sei doch gelassen!

Wenn also ein Zustand, eine Befindlichkeit o.ä., als erstrebenswert und wertvoll erachtet wird, dieser aber nicht direkt herstellbar und machbar ist, so müssen ´Umwege´ gefunden werden, die Bedingungen grundlegend schaffen, in denen dieser Zustand wachsen und sich selbst einstellen kann. Die Suche nach diesen Umwegen und die Formulierung von gangbaren Umwegen stellt den zentralen methodischen Teil der aus den Forschungsergebnissen gewonnenen Fortbildungsreihe „(Selbst-) kompetent bilden – Kinder nachhaltig stärken" dar. Die Verschränkung unterschiedlicher Wissenschaftsdisziplinen machte die Suche fruchtbar und findet nun in der Vorstellung der WERT-Methodik ihre Konkretion (WERT: Wissen – Erleben – Reflexion – Transfer).

Nachdem eine Bedürfnislage von PädagogInnen, SozialarbeiterInnen, ErzieherInnen und LehrerInnen eruiert wurde (vgl. Sauerhering & Behrensen, in diesem Band), stand die Frage zentral im Raum, wie auf diese Bedürfnisse reagiert werden könne. Wie können Angebote geschaffen werden, die von den betroffenen AkteurInnen angenommen werden, ohne einer Art der Bevormundung und v.a.: ohne im Imperativ (Sei gelassen!) zu enden? Und wie können zudem diese Angebote, welche im Weiteren dialogisch mit den AkteurInnen thematisch erarbeitet und verdichtet wurden (vgl. Doll & Kruse-Heine, in diesem Band), theoretisch fundiert werden, ohne eklektizistisch nebeneinander zu stehen?

Im Folgenden werden diese Fragen eine Antwort finden: es werden sowohl die methodischen Bausteine WERT im Einzelnen vorgestellt, als auch ihre theoretische Herleitung und Verschränkung. Dafür ist es notwendig, bestimmte Themen und Systeme der PSI-Theorie (vgl. Kuhl & Solzbacher, in diesem Band) aufzugreifen sowie bestimmte Aspekte des Leibbegriffs (vgl. Zimmer, Keßel & Schache, in diesem Band) auszuführen. Die methodische und methodologische Darstellung der Fortbildungsreihe findet im Anschluss an dieses Kapitel exemplarische Anwendung.

Gelassenheit: der Umweg der SELBST-mächtigkeit und SELBST-gewissheit

Neben den erhobenen Stressoren und Belastungen sowie den Ressourcen der AkteurInnen (vgl. Sauerhering & Behrensen, in diesem Band) wurden auch Wünsche für den pädagogischen Alltag abgefragt. Die Antworten kreisten um die Bereiche „mehr Gelassenheit" (Stressminderung, Abschluss finden, ans Ziel kommen), „Grenzen ziehen können" (innerhalb und außerhalb Arbeit) und „mehr schaffen" (Eigenorganisation verbessern) (vgl. Schache & Doll, 2014, S. 216; Doll & Kruse-Heine, in diesem Band). Augenscheinlich sind die einzelnen Wünsche miteinander verwandt, wenn auch unterschiedliche Aspekte im Vordergrund stehen: Begegnet man diesen Wünschen lebensweltlich, so scheint offensichtlich, dass ein Los-Lassen und Sein-Lassen auch mit Abgrenzung einhergeht, bzw. eine nicht-stressige Vorgehensweise auch die Arbeitsorganisation beeinflusst.

Betrachtet man Gelassenheit ein wenig näher, so tun sich Bedeutungswelten auf, die in der Gestaltung der Methodik letztendlich die theoretischen Nahtstellen klar aufzeigen. Gelassenheit kann etymologisch (aus dem Mittelhochdeutschen) als ´sich niederlassen´, ´sich gottergeben´, ´maßvoll´ und ´ruhig benehmen´ näher beschrieben werden sowie als eine maßvolle Gemütsbewegung oder als Bewahrung des seelischen Gleichgewichts. Auch hier wird deutlich, dass diese Umschreibungen und Herleitungen keine willentliche Aktivität darstellen, sondern eher einen Prozess beschreiben, in dem man sich einem Zielzustand allmählich nähert, bevor dieser sich für Zeiten einstellt.

In der Philosophie der Lebenskunst (vgl. bspw. Schmid, 2000) wird Gelassenheit als ein Freisein von Unruhe, frei von Verwirrung und Aufregung beschrieben, die durch die „feste Zusammenfügung der Seele, die ´Seelenfestigkeit´ erst entsteht, um schließlich ´mit gleicher Seele´ auch schwierige Situationen aushalten zu können und ´Gleichmütigkeit´ zu erreichen" (Schmid, 2005, S. 129).

Gleichmütigkeit ist ein unleidenschaftlicher, nicht leidenschaftsloser Zustand, in dem Widersprüchliches koexistieren darf und in dem es möglich ist, Widersprüche auszutarieren, so dass sie zum inneren Gleichgewicht beitragen, ein Gegenbegriff also „zum unschlüssigen Hin und Her der Seele." (ebd.) Ein solches in sich ruhendes und ausgeglichenes SELBST wird in der Postmoderne (Schmid nennt es „andere Moderne") als das freie Subjekt verstanden, das befähigt ist, sich der Macht Anderer oder anonymer Verhältnisse entgegenzusetzen, „um sich selbst zu Eigen zu sein" (ebd.). Diese Selbstaneignung und Selbstmächtigkeit vermag es, gelassener mit schmerzlichen Widerfahrnissen und Widerstrebenden, aber auch mit Angenehmen und Lustvollen umzugehen. Ein Reichtum an Erfahrungen mit sich selbst und der Welt im Hinblick auf innere und äußere Verhältnisse führt dazu, dass sich – bedingt durch eine solche Selbstaneignung – eine Offenheit für das Unvorhersehbare einstellt, die über Möglichkeiten verfügt, ganz unterschiedlichen Geschehnissen gerecht zu werden. Selbstmächtigkeit ist in diesem Sinne ein Anerkennen dessen, was gestalt- und beeinflussbar ist und zu Gelassenheit führt: nämlich ein Lassen all dessen, was nicht in unserer Macht steht. Die Selbstmächtigkeit „ist tiefer gegründet und resultiert aus der Kohärenz des SELBST, die einen ruhenden Kern in sich hat, der nicht ängstlich und eifersüchtig bewacht werden muss" (ebd., S. 130). Eine Formulierung und Verortung, die in der PSI-Theorie konkreter ausgeführt wird (vgl. Kuhl, 2011; Storch & Kuhl, 2012).

Es ist nicht verwunderlich, dass im pädagogischen Alltag der Wunsch nach mehr Gelassenheit laut wird und dass diese „Seelenfestigkeit" als Teil einer professionellen Haltung in zwischenmenschlichen, pädagogischen Beziehungen v.a. im pädagogischen Diskurs (vgl. Schwer & Solzbacher, 2014) hohe Attraktivität besitzt. Vor allem, wenn im Weiteren noch darauf verwiesen wird, dass mit Gelassenheit auch eine Distanz zur Unmittelbarkeit einhergeht: ein solcher Blick von außen verhilft dem Subjekt, Dinge und deren Bedeutung besser einordnen zu können und sich nicht von unmittelbaren Eindrücken überwältigen zu lassen. Das wird umso dringlicher, je mehr der pädagogische Alltag als etwas empfunden wird, was schwer zu bewältigen erscheint. Die wissenschaftlichen und bildungspolitischen Agenden bergen unterschiedlichste Themen, die die pädagogische Fachkraft herausfordern und den pädagogischen Alltag in seiner Routine unterbrechen. Bereits 1931 formulierte Hanselmann als erster Lehrstuhlinhaber für Heilpädagogik – also der pädagogischen Disziplin, die sich schon immer damit beschäftigte, was in der Allgemeinen Pädagogik keinen Platz fand – was es brauche, um mit erschwerten pädagogischen Situationen umzugehen: „eine Halt gebende und zukunftsweisende Kraft" (Hanselmann, 1931, S. 52). Diese „innere Kraft" fasst eine „inwendige Heiterkeit [, die] das beste und verlässlichste Gut [ist], das der Mensch in dieser Welt ererben kann. Er kann sie mitbringen, wohin ihn das Leben führt; selbst im Armenhaus kann sie ihm niemand nehmen; weder Mode noch irgendeine Polizei kann sie verbieten. Die inwendige Heiterkeit macht weit und führt hinaus über das Ich, zu anderen hin und auch über die anderen hinaus [...]" (ebd.).

Heiterkeit wird in der Philosophie der Lebenskunst als „eine Form von Lebensführung" (Schmid, 2005, S. 163) gefasst und macht die Verbindungen und Zusammenhänge deutlich, die der Begriff der Gelassenheit pädagogisch, psychologisch und philosophisch mit sich bringt; und die v.a. die theoretischen Nahtstellen zur PSI-Theorie und zum Verständnis der Leiblichkeit aufzeigen: als Grundlage von Heiterkeit wird die Erlangung der oben aufgeführten Selbstmächtigkeit verstanden, welche eng verbunden ist mit der Selbstgewissheit (vgl. ebd., S. 168). Heiterkeit soll nicht umgangssprachlich missverstanden werden als Fröhlichkeit, auch wenn diese zuweilen ihre Ausdrucksform ist. Heiterkeit realisiert sich vielmehr „in einem erfüllten Leben, erfüllt vor allem von der Fülle des Lebens in seiner ganzen Spannweite, seiner Gegensätzlichkeit und Widersprüchlichkeit, die sich in einem an Erfahrung reichen, weiten SELBST findet und die Symmetrie seines Lebens ausmacht" (Schmid, 2005, S. 169). Schmid (ebd.) schlägt vor, die Heiterkeit als „heitere Skepsis" (S. 174) des SELBST zu beschreiben, das sich bemüht, eine gewisse Distanz zu den Dingen und zu sich selbst zu bewahren: „Skeptisch gegen die Möglichkeit von Gewissheit, ohne unter der Ungewissheit übermäßig zu leiden. Wissend um die grundlegende Widerspruchsstruktur, die verhindert, dass Dinge nur gut, nur böse, nur schön, nur hässlich sind" (ebd.). Eine Form von Lebensführung, die im pädagogischen Setting große Wirkkräfte entfalten könnte, indem sie einen flexiblen Umgang mit pädagogischen Überzeugen, Theorien und Methodik ermöglicht und sich durch die mannigfaltigen gesellschaftlichen und vom Zeitgeist vorangetriebenen Erwartungen und Forderungen nicht entmutigen oder aus der gelassenen leicht distanzierten Haltung bringen lässt und (echte) Beziehungen zulässt: zwischen Menschen, zwischen Erwachsenen und Kindern, zwischen Ja und Nein, zwischen schwarz und weiß, zwischen Extrempolen. Aus einer psychologischen Perspektive heraus, könnte die beschriebene Selbstgewissheit und Selbstmächtigkeit ebenso wie die inwendige Heiterkeit als Ergebnis einer innerpsychischen Regulation betrachtet werden, als positiver Umgang mit oder Bewältigung von belastenden emotionalen Regungen und/oder Stress. Besonders Selbstgewissheit und Selbstmächtigkeit können wie oben beschrieben auch als Basis für eben jene Regulationen betrachtet werden, da sie in engem Bezug zu realen Erfahrungen stehen und dadurch eine Art „Erfahrungsschatz" (Künne, 2014) bereitstellen: Jede gelungene Regulation, jeder Moment von Selbstwirksamkeit, jede Auseinandersetzung mit der Welt wird zu einer Erfahrung. Doch können Menschen immer und jederzeit auf ihre

Erfahrungen zurückgreifen? Die PSI-Theorie (Kuhl, 2001; vgl. Künne & Kuhl, 2014) beschreibt emotional-kognitive Regulationsmechanismen und deren grundlegenden Funktionsweisen und Voraussetzungen durch die Interaktionen von vier psychologischen Systemen – verstanden auch als Funktionseinheiten mit unterschiedlichen Verarbeitungs- und Wahrnehmungsmechanismen (vgl. Kuhl & Solzbacher, in diesem Band). Mit Hilfe dieser Beschreibungsebenen lässt sich erklären, warum es Menschen nicht immer gelingt, ihre Erfahrungswerte zu nutzen. Besonders dann, wenn sie unter Belastungen und Stress stehen (Kuhl, 2001; Martens & Kuhl, 2004; vgl. Schache & Künne, 2012). Oder sich einfach in einem oftmals recht unüberschaubaren pädagogischen Alltag befinden, in dem viele Menschen mit unterschiedlichsten Bedürfnissen und Ausgangsvoraussetzungen aufeinander treffen und der nicht so einfach mit klaren Schwarz-weiß-Betrachtungen oder strikten Wenn-dann-Plänen zu bewerkstelligen ist. Nach der PSI-Theorie wäre Gelassenheit kein feststehendes Persönlichkeitsmerkmal, sondern eher ein Prozess, d.h. Gelassenheit wird beständig „hergestellt" oder stellt sich ein, wenn ein Mensch den Kontakt zu seinem „Erfahrungsschatz" – dem SELBST – aufnimmt. So könnte man die Selbstgewissheit und Selbstmächtigkeit auch als ein Sich-seiner-SELBST-Vergewissern verstehen: Ein Mensch geht in sich, in seine Erfahrungen und findet mögliche Lösungsideen oder ähnliche Situationen, die er schon einmal bewältigt hat (vgl. Künne & Kuhl, 2014; Künne, 2014). Das SELBST wird in der PSI-Theorie als ein System beschrieben, welches über eine parallele Verarbeitungsform verfügt (Kuhl, 2001). Diese Besonderheit ermöglicht erst das beschriebene gleichzeitige Wahrnehmen von mehrdimensionalen Informationen und deren festes Zusammenfügen in einem kohärenten SELBST (vgl. Schmid, 2005). Mit einer hierarchischen oder sequenziellen Wahrnehmungsorganisation wäre diese Leistung erschwert. Wenn die Verarbeitung von Informationen immer nur einen oder zwei Bestandteile zur selben Zeit verarbeiten kann, sind weite Zusammenhänge – womöglich auch über größere zeitliche Abschnitte hinweg – erschwert. Dafür würde eine Information ausgiebiger betrachtet und Details und Facetten genau wahrgenommen werden.

Gelassenheit würde also entstehen, wenn ein Mensch einen positiven „Erfahrungsschatz" aufgebaut hat und auf diesen auch unter Belastungen zurückgreifen kann. Hat dieser Mensch nun mehrmals diese SELBST-Gewissheit erlebt und wiederum als Erfahrung gespeichert, dürfte es ihm oder ihr leichter fallen, sich auf Unvorhergesehenes einzulassen und mit Unterschiedlichkeit in jeder Hinsicht umzugehen (vgl. Hofmann & Gottein, 2011) – ja sogar die inwendige Heiterkeit zu entwickeln. Dieses grundsätzlich positiv motivierte Sich-in-der-Welt-Zurechtfinden ist einer der Hauptaspekte von Selbstkompetenz: „Selbstkompetenz bezeichnet die Fähigkeit, in sich verändernden Zusammenhängen motiviert und aktiv gestaltend handeln zu können. Die Handlungsfähigkeit des Einzelnen hängt entscheidend von der Fähigkeit ab, Wissen und Emotionen miteinander zu verknüpfen" (Künne & Sauerhering, 2012, S. 7). Neben der reinen Verbindung von Wissen und Emotionen ist der Kern jeglicher Selbstkompetenz die Regulation von Gefühlen bzw. Affekten. Künne und Sauerhering (2012) betonen, dass nahezu jedes Lernen, Handeln und Verhalten mit Affekten verbunden ist. Die von Kuhl (2001) beschriebenen vier psychologischen Systeme mit ihren unterschiedlichen Wahrnehmungs- und Verarbeitungsprozessen werden durch den Wechsel von affektiven Zuständen aktiviert – das bedeutet ein Wechsel der kognitiven Prozesse geht einher mit einem affektiven Wechsel (vgl. Kuhl & Solzbacher, in diesem Band). So wird zum Beispiel ein detaillierter Fokus auf Unstimmigkeiten, Fehler und Gefahren durch negative Affekte aktiviert – physiologisch häufig eng mit einer Stressreaktion verbunden, da hier auch ein „Alarmzustand" aufgerufen wird, um etwaigen Gefahren zu entgehen. Ist die vermeintliche Gefahr vorüber oder stellt sich als „Fehlalarm" heraus, reduziert sich der negative Affekt und es entsteht wieder so etwas wie Überblick (Künne & Kuhl, 2014). Besonders die Regulation negativer Affekte ist für die Betrachtung der WERT-Methodik wichtig. Denn erst regulierter negativer Affekt ermöglicht die Aktivierung des SELBST und die einhergehende Selbstgewissheit oder Selbstmächtigkeit – anders gesprochen den Zugang zum „Erfahrungsschatz". Die Betrachtung von Selbstkompetenz ist ein dynamisches, wie am Beispiel der Gelassenheit beschrieben, ein beständiges Regulieren von verschiedenen Affektlagen, um die jeweiligen situativen Heraus- und Anforderungen mit jeweils adäquaten Wahrnehmungs- und Verarbeitungsmechanismen zu bewältigen.

Für die WERT-Methodik hat sich die Differenzierung zwischen ICH und SELBST (Kuhl, 2001) bewährt. Kuhl unterscheidet hier verdichtet zwei wesentliche Funktionsbereiche von Persönlichkeit. Einmal das ICH als bewusstes System, welches Vorhaben, Ziele, Schwierigkeiten fokussiert und die Aufmerksamkeit gezielt auf z.B. eine konkrete Aufgabe lenkt und dabei hinderliche Nebeninformationen ausblendet (vgl. Künne, Kuhl, Frankenberg & Völker, 2012; Schache & Künne, 2012). Das ICH folgt dabei der o.a. sequentiellen Verarbeitung und unterscheidet dabei entlang klarer Pole (richtig – falsch, gut – schlecht, etc. vgl. oben). Auf der anderen Seite das bereits dargestellte SELBST mit einer parallelen integrativen Verarbeitung, welches auch scheinbar widersprüchliche Informationen kohärent zu verbinden vermag. Der Einsatz dieser Unterscheidung innerhalb der WERT-Methodik wird unter dem Baustein Wissen eingehender erläutert.

Haus der Bedürfnisfelder

Als didaktischer Fahrplan und Strukturierungshilfe der Themen der Bedürfnisfelder, die im Vorfeld der Fortbildung erarbeitet wurden, wurde die Metapher eines Hauses gewählt und die Bedürfnisfelder als Bestandteile des Hauses beschrieben (vgl. Kruse-Heine et al., in diesem Band). In dieser Logik wurde auf der einen Seite ein aufbauender Ablaufplan integriert, auf der anderen Seite die Idee des wechselseitigen Bezugs und der Abhängigkeit der Bedürfnisfelder untereinander. Diese Dynamik spiegelt wiederum einige der o.a. Leitideen der Fortbildung: Zum Beispiel dass Gelassenheit bzw. Selbstgewissheit eine fundamentale Bedeutung hat und daher das Fundament des Hauses darstellt, auf dem dann Wertschätzung und Offenheit als Wände fußen. Durch diese Setzung wird allein an der Bildsprache deutlich, dass bei einem schwachen Fundament die Wände Offenheit und Wertschätzung ins Wanken geraten können. Oder eine zu dicke Wand der Offenheit unter Umständen das Fundament aus Gelassenheit überfordern könnte. Der Aufbau des Hauses der Bedürfnisfelder schreitet dann mit dem Dach und dem Thema Abgrenzung voran. Auch hier wird bildsprachlich bewusst, dass ein Haus ohne Dach jeglichem Einfluss von außen ausgeliefert ist und ebenfalls wieder in dynamischen Zusammenhängen mit den anderen drei Bedürfnisfeldern steht. Ist das Dach zu überdimensioniert können die Wände es nicht halten. Ist eine Wand zu schwach, kann sie ein Dach nicht stützen, usw. Als letztes Element kommen Fenster und Türen hinzu, die das Bedürfnisfeld Kommunikation repräsentieren und das Haus für Besucher und zum Austausch öffnen, aber auch schließen können. Im Bild verdichten sich hier noch einmal die vorherigen Aspekte: Je nach Ausgestaltung der anderen Bestandteile, verändern sich die Möglichkeiten Türen und Fenster zu berücksichtigen. Eine weitere Grundidee der Fortbildung, die Berücksichtigung findet ist die, dass Selbstkompetenz und auch die Bedürfnisfelder eben schwer greifbar sind und tendenziell eher über Umwege – in diesem Fall eine metaphernreiche Sprache zu erreichen sind. Somit soll bereits mit dem didaktischen Fahrplan eine gewisse Breite des Zugangs zu den Themen ermöglicht werden, die von rein verbalen Erklärungen hin zu Metaphern und bildhaften Darstellungen reicht, mit dem Ziel den TeilnehmerInnen verschiedene Lernwege zu offerieren, die sich wechselseitig ergänzen.

Lernwege, Lernstile und Symbolisierungsvorlieben

Dass es unterschiedliche Lernwege gibt, ist aus pädagogischem und psychologischem Blickwinkel allgemeiner Konsens, dass es für die Konzeption einer Fortbildung angezeigt ist, nach unterschiedlichen Wegen und Zugängen zu suchen, bzw. diese zu berücksichtigen. Das in diesem Projekt realisierte

Zusammenkommen verschiedener wissenschaftlicher Disziplinen war dabei hilfreich: da aus unterschiedlicher Perspektive auf das weite Feld der Selbstkompetenzen und einer möglichen Förderung und Stärkung derselben geschaut wurde, wurden auch unterschiedliche Ideen für die methodische Konzeption laut. Die *Persönlichkeitspsychologie*, die hier v.a. durch die Rezeption der PSI-Theorie vertreten wird, hat durch ihre diagnostische Kompetenz einen dementsprechenden methodischen Ansatz im Fokus. Die *Psychomotorik/Motologie* generiert aus ihrem körperlich-leiblichen und erfahrungsgebundenen Vorgehen in Förderung und Therapie ihren Zugang, sowie die (schul-)pädagogische Disziplin sich grundlegend mit (schulischem) Lehren und Lernen auseinandersetzt. Mit didaktischen Modellen, aber auch Reflexionen über Lehrerverhalten und Ideen zur Lehrerbildung, versucht die *Schulpädagogik* Antworten zu finden auf komplexe Bildungsfragen in sich ändernden gesellschaftlichen Kontexten.

Nun ist das Zusammenkommen unterschiedlicher Disziplinen noch keine hinreichende Begründung für die Berücksichtigung unterschiedlicher Lernwege. Aber sie zeigt auf, dass verschiedene Disziplinen sich unterschiedlich mit Lernen, Wissenserwerb oder Erkenntnissen auseinandersetzen und damit eine Schwerpunktsetzung bereitstellen. Es liegen diesen Disziplinen aber auch gemeinsam geteilte theoretische Überlegungen und empirische Befunde zugrunde, die im Folgenden den Rahmen abgeben, in dem sich dann die jeweiligen Schwerpunkte wiederfinden können.

Ohne das Menschenbild der beteiligten Disziplinen der Persönlichkeitspsychologie (v.a. PSI-Theorie), der Psychomotorik/Motologie und der Schulpädagogik explizieren zu wollen – soweit das ansatzübergreifend überhaupt möglich ist –, soll auf eine gemeinsame Annahme verwiesen werden, die grundlegend für die weitere Betrachtung ist. Sie betrifft die Rolle der Lernenden. Der lernende Mensch wird als Akteur seines eigenen Lernprozesses bzw. seiner Bildung und demnach auch seiner Entwicklung verstanden. Er hat eine aktive handelnde Rolle inne, die eine dementsprechende Haltung gegenüber Lernprozessen seitens der Lehrenden/FortbildnerInnen einfordert. Das didaktische Modell des erfahrungsbasierten Lernens fußt auf dieser Sichtweise und versteht Lernen als eine unmittelbare, praktische Auseinandersetzung mit einem Lerngegenstand. Deutlich wird die Rolle des Lernenden, wenn die Bezugstheorien dieses Modells herangezogen werden: Deweys Lernmodell, Lewins Aktionsforschung und Piagets Modell des Lernens und der kognitiven Entwicklung (vgl. zusammenfassend Lehmann, 2010, S. 44ff). John Dewey beschreibt in seinem Modell Lernen als einen dialektischen Prozess, der einerseits Erfahrungen und bereits erlernte Konzepte, andererseits Beobachten und Handeln zusammenführt. Lernen setzt demnach eine aktive und reflexive Auseinandersetzung des Lernenden mit Erlebnissen voraus. In Kurt Lewins Verständnis von Lernen ist zum einen die Betonung konkreter Erfahrungen zur Überprüfung theoretischer Annahmen besonders wichtig, zum anderen die Notwendigkeit von Feedbackprozessen. Durch sie wird ein kontinuierlicher Prozess in Gang gesetzt, der immer wieder Handlungsziele und Effekte bewertet. Und Jean Piaget verweist auf die Wichtigkeit von Erfahrung und Begriffsbildung sowie von Reflexion und Aktion. Er beschreibt die Interaktion zwischen Akkommodation und Assimilation: also die Anpassung eines internen Schemas an Erfahrungen mit der Welt (Akkommodation) bzw. die Anpassung der Erfahrungen aus der Umwelt an die eigenen Schemata (Assimilation). Aus den drei Bezugsmodellen lassen sich nach Kolb & Kolb (2005; zit. nach Lehmann, 2010, S. 54) charakteristische Merkmale des Lernens darstellen:

- Lernen kann am besten als Prozess, nicht in Form von Ergebnissen wahrgenommen werden.
- Lernen ist ein fortwährender Prozess, der auf Erfahrung gestützt ist.
- Der Prozess des Lernens benötigt die Lösung von Konflikten zwischen dialektisch entgegengesetzten Formen der Anpassung an die Welt.
- Lernen ist ein ganzheitlicher Prozess der Anpassung an die Welt.
- Lernen beinhaltet eine Interaktion zwischen der Person und der Umwelt.
- Lernen ist der Prozess der Wissensgenerierung (vgl. ebd.)

Es wird deutlich, dass diesem Verständnis des erfahrungsbasierten Lernens ein konstruktivistisches Lernverständnis zugrunde liegt, das grundlegend davon ausgeht, Wissen nicht objektiv vermitteln zu können, sondern nur in der individuellen Konstruktion erwerben zu können. Lernen wird als ein Prozess der Selbstorganisation des Wissens verstanden, der sich auf der Basis individueller Wirklichkeits- und Sinnkonstruktionen vollzieht und ist damit auch vom Lehrenden methodisch dementsprechend zu gestalten (vgl. Reich, 2012; vgl. auch Engel & Keßel, in diesem Band). Allerdings wird der Begriff des Konstruktivismus oft in einem engeren Sinne als hier verwendet. Im engeren Verständnis des Konstruktivismus, das besonders in der Psychologie und Psychotherapie verbreitet ist, geht es nicht in erster Linie um objektive (Selbst-)Kompetenzen, sondern um subjektive Überzeugungen (Kontrollüberzeugungen, Selbstwirksamkeit, positives Denken u.v.m.), durch deren positive Veränderungen direkte Verbesserungen in der Verantwortungsübernahme, Motivation und im Lernen erreicht werden sollen. Diese enge Auslegung des Konstruktivismus wird in der PSI-Theorie durch eine objektive Perspektive ergänzt: Lernen zielt nicht nur auf die Beeinflussung subjektiv kontrollierbarer Überzeugungen und anderer mentaler Inhalte (Gedanken,

Gefühle, Wissen), sondern auch auf objektive Kompetenzen, die nicht immer durch die Veränderung subjektiver Konstruktionen erworben werden können. Die didaktische Konsequenz der Unterscheidung zwischen subjektiven Konstruktionen und objektiven Kompetenzen liegt besonders darin, dass dort, wo Menschen an ihre persönlichen Grenzen des für sie Kontrollierbaren stoßen, Lernprozesse nicht so sehr durch Appelle oder kognitive Konstruktionen angeregt werden können, sondern mehr durch die jeweils relevanten konkreten Erfahrungen und Feedbackprozesse.

Kolb entwickelte ab 1984 einen Erfahrungsbasierten Lernzyklus, der sich durch vier Schritte auszeichnet und bei der Gestaltung von Lernprozessen bzw. Bereitstellungen von lernförderlichen Bedingungen berücksichtigt wird: konkrete Erfahrung, Beobachtung und Reflexion, abstrakte Begriffsbildung und aktives Experimentieren (vgl. Lehmann, 2010, S. 46). In der konkreten Erfahrung ist v.a. die Wahrnehmung von Gefühlen und der direkte Kontakt zu Menschen wichtig. Das reflektierende Beobachten hingegen richtet die Aufmerksamkeit eher auf das Verständnis von Ideen und auf die Beschreibung von Situationen. Die Entwicklung allgemeingültiger Theorien im Sinne eines klassischen wissenschaftlichen Vorgehens steht in der abstrakten Begriffsbildung im Vordergrund sowie im aktiven Experimentieren die direkte Veränderung konkreter Situationen und die praktische Anwendung von Wissen und Fertigkeiten. Die vier Lerndimensionen werden im Zyklus miteinander verbunden, so dass der Ausgangspunkt des Lernprozesses die Erfahrung darstellt, die eine Konsequenz für den Lernenden zur Folge hat. Die Erfahrung wird beobachtet und reflektiert sowie mental durchgespielt. Dieser Prozess des Reflektierens und Durchdenkens mündet in der abstrakten Begriffsbildung, welche wiederum Einfluss auf die Wissensstruktur des Lernenden hat und damit die Grundlage für Generalisierungen bildet. Das aktive Anwenden und Ausprobieren bildet die vierte Stufe und stellt wiederum den Ausgangspunkt für neue Erfahrungen.

Ein Lernender durchläuft diese vier Phasen, wobei der Start an unterschiedlichen Stellen stattfinden kann. So wird deutlich, dass der Lernende je nach Vorliebe, Bedürfnis o.ä. einem Lerngegenstand unterschiedlich begegnet. Der Lernzyklus macht deutlich, dass für ein erfolgreiches Lernen alle vier Phasen notwendig sind, allerdings keine feste Reihenfolge besteht (vgl. Lehmann, 2010, S. 48).

In Abbildung 1 (vgl. Kolb, 1984, S. 42; Lehmann, 2010, S. 47) wird deutlich, dass sich jeweils zwei Phasen auf einer Dimension gegenüberstehen: konkrete Erfahrung und abstrakte Begriffsbildung/Konzeptionalisieren sowie aktives Experimentieren und reflektierendes Beobachten. Die eine („vertikale") Dimension beschreibt die Aufnahme von Informationen, während die andere („horizontale") die

Verarbeitung der Erfahrungen betrifft. Wissen entsteht durch die Kombination von Aufnahme und Verarbeitung von Erfahrungen und kann in vier unterschiedliche Arten aufgeteilt werden, die entstehen, wenn je ein Aufnahme- sowie Verarbeitungsextrem kombiniert werden: divergentes Wissen entsteht durch die Kombination der sinnlichen Erfahrungsaufnahme (apprehension) und der nach innen gerichteten Verarbeitung (intension) usw. Wenn alle Stufen oder Phasen mit vergleichbarer Qualität durchlaufen werden und damit alle Formen der Aufnahme und der Verarbeitung genutzt werden, entsteht die beste Form des Lernens (vgl. ebd.).

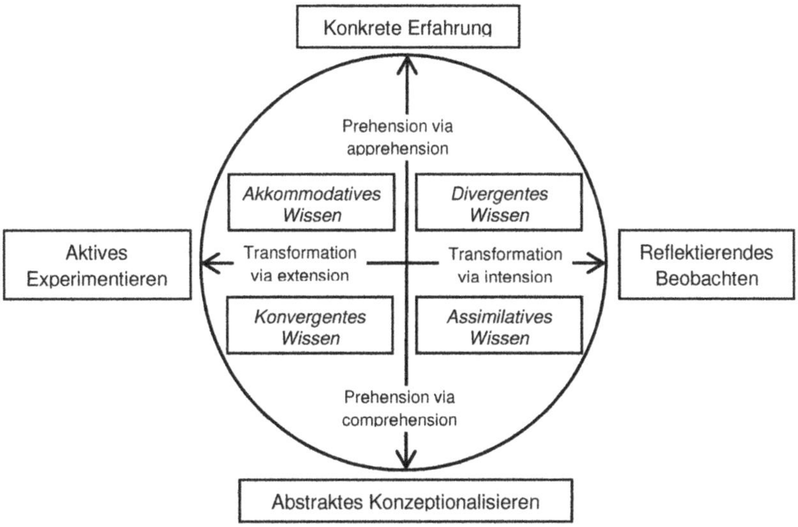

Abb. 1. Der Kreislauf des erfahrungsorientierten Lernens nach Kolb (Kolb, 1984, S. 42; Lehmann, 2010, S. 47)

Diese Ein- und Aufteilung ist von daher interessant, als dass aus diesen Wissensarten individuelle Lernstile hervorgehen können, die es in einer methodischen Konzeption zu berücksichtigen gilt. Lernende haben aufgrund bisheriger Lernerfahrungen unterschiedliche Präferenzen, so dass zwischen divergenten, assimilierenden, konvergenten und akkommodativen Lernstilen unterschieden wird (vgl. Kolb, 1984, S. 77), denen sich umgangssprachlich mit Entdecker, Denker, Entscheider und Praktiker genähert werden. Es gibt noch eine ganze Reihe unterschiedlicher Modelle und Einteilungen, die mit Lerntypen, Lernstrategien, Denkstilen usw. beschrieben werden. Es sollen hier auch keine weiteren Ausführungen und theoretischen Vergleiche angestellt werden, kommt es v.a. darauf an, dass unterschiedliche Wege und Symbolisierungsvorlieben in der didaktischen Aufbereitung berücksichtigt werden und methodisch Anwendung finden.

Zusätzlich zu den in diesem Modell thematisierten Prozessen spielt die Gestaltung von Lernräumen eine wichtige Rolle für einen gelingenden Lernprozess sowie die Gestaltung einer angenehmen Lernatmosphäre und der respektvolle Umgang mit Lernenden und Lehrenden. Die Beziehungsgestaltung ist ebenso in den Fokus zu nehmen, da eine tragfähige Beziehung auch aus einer psychofunktionalen Perspektive, die auf die Entwicklung objektiver Kompetenzen zielt, von grundlegender Bedeutung ist (vgl. Kuhl & Solzbacher, 2012). Aus der Blickrichtung einer pädagogischen Neurobiologie (vgl. Roth, 2013) und der Rezeption unterschiedlicher Untersuchungen und Metastudien, lassen sich folgende Aspekte verdichten, die einen nachhaltigen Lehr- und Lernerfolg bedingen:

1. Glaubhaftigkeit, Feinfühligkeit und Kompetenz des Lehrenden,
2. Qualität und Strukturiertheit der Wissensvermittlung und Wissensaneignung im Unterricht,
3. Intelligenz, Aufmerksamkeit und Konzentration des Schülers,
4. Anschlussfähigkeit des Stoffes,
5. die allgemeine Motiviertheit und Lernbereitschaft des Schülers,
6. systematische Rückmeldungen über den Lernerfolg und
7. eine systematische Überprüfung und aktive Wiederholung des Stoffes (vgl. Roth, 2013, S. 125).

Unter Berücksichtigung psychologisch-pädagogischer Lern- und Lehrforschung sowie durch das Zusammentreffen unterschiedlicher Wissenschaftsdisziplinen ist in dem Forschungsprojekt „(Selbst-)kompetent bilden – Kinder nachhaltig stärken" eine Methodik entstanden, die den jeweiligen Ansprüchen und Bedingungen gerecht werden will. Diese wird im Folgenden näher dargestellt. Um sich der entstandenen WERT-Methodik auch auf anderem Wege zu nähern, können in Anlehnung an den Anschauungs- und Reformpädagogen Pestalozzi die Bausteine mit „Ohr" (Wissen), „Bauch" (Erleben), „Kopf" (Reflexion) sowie „Hand und Fuß" (Transfer) metaphorisch verstanden werden.

Wissen – ein gemeinsames Vokabular erleichtert Austausch

Wissen – auch als abstraktes Konzeptionalisieren verstanden (vgl. Kolb, 1984, S. 42; Lehmann, 2010, S. 47) – vermag einen Orientierungsrahmen zu etablieren, der Sicherheit schafft, das Speichern und Anknüpfen an bestehende Wissensbestandteile erleichtert und kann sogar ein erster Zugang zu den als wichtig erachteten, aber nicht leicht greifbaren, Selbstkompetenzen und deren Entwicklung sein. Formale Wisseneinheiten werden aus Sicht der PSI-Theorie im ICH gespeichert als klar umrissene Konzepte, die meist sogar eine Richtig-oder-falsch-Zuordnung von Aussagen oder Behauptungen ermöglichen bzw. logische Schlüsse und Ableitungen zulassen. In der WERT-Methodik soll der Bestandteil der Wissensvermittlung genau diese Rahmung darstellen, in der sich die anderen Inhalte und Bausteine verorten lassen und dadurch Sicherheit und Orientierungshilfe in den schwer greifbaren Themen der Selbstkompetenz bieten. Oftmals hat dies sogar beruhigende Effekte, die anfängliche Skepsis gegenüber neuen oder anderen Methoden – vor allem Methoden, die Selbstreflexion anregen – zu überwinden und sich und sein SELBST zu öffnen, d.h. mit dem meist mehr unbewusst operierenden persönlichen Erfahrungsnetzwerk in Kontakt zu kommen. Zudem ist reines Faktenwissen erst einmal distanziert zum eigenen Erleben und offeriert damit Möglichkeiten einer neutralen Reflexion und Überlegung bzgl.

Selbstkompetenzen. Dieser Effekt ist besonders zu erwarten, wenn das Wissen so aufbereitet ist, dass die Zielgruppe erste Anknüpfungspunkte und Verbindungen zu eigenen Erfahrungen und Wissensbestandteilen herstellen kann. Zudem stellt die Etablierung und Erarbeitung eines gemeinsamen Narrativs eine wichtige Voraussetzung für den Austausch und das Gespräch über das meist doch neue Themenfeld der Selbstkompetenz dar. „Die Sprache macht die eigene Welt sichtbar und sie dient als Schlüssel oder Zugang zu der mentalen Welt von anderen und ermöglicht Empathie“ (Kruse-Heine & Künne, 2013, S. 12).

Bei der Gestaltung der Wissensimpulse zu den Bedürfnisfeldern wurde zunächst die Unterscheidung von ICH und SELBST (wie o.a.) als Basis eingeführt und bildhaft anhand eines Gehirnbildes mit linker und rechter Hemisphäre angereichert (vgl. Kruse-Heine et al., in diesem Band.). Ergänzt wurden dann Grundlagen von Selbstkompetenzen (vgl. Künne & Sauerhering, 2012; Kruse-Heine & Künne, 2013). Hervorgehoben wurde, dass insbesondere der Wechsel zwischen den beiden Systemen eine große Bedeutung hat, wenn es darum geht, selbstkompetent zu handeln. Bei den Inputs zu den Bedürfnisfeldern konnte jederzeit wieder auf diese Unterscheidung Bezug genommen werden. Die beiden Seiten im Bild des Gehirns verdeutlichen auch eine weitere Idee hinter den Wissenseinheiten: Die Einheiten werden jeweils als Spannungsfeld zwischen zwei Extrempolen dargestellt und spiegeln damit auch die beiden stark komprimierten Beschreibungen von ICH und SELBST als eigenes Spannungsfeld. Die Gestaltung als (dialektische) Spannungsfelder in Kombination mit bildhaften Elementen hebt einen weiteren Aspekt des Bausteins Wissen hervor: die Möglichkeit, dass bereits hier formales Wissen (auf der ICH-Ebene) und Aspekte des (metaphorisch erreichbaren) ganzheitlichen SELBST innerpsychisch in Beziehung treten und erste Assoziationen verknüpft werden. Eine bildhaft-metaphorische Darstellung kann das ICH mit seinem konkreten Wahrnehmungsmodus nur bedingt verarbeiten, dazu braucht es das SELBST (Kuhl, 2001, 2011). Das Erarbeiten und Besprechen von Wissensbestandteilen als Spannungsfelder erfordert ebenfalls eine tiefergehende Auseinandersetzung mit SELBST-Beteiligung, da die Integration der Extrempole nur mit Hilfe der parallelen Verarbeitungsform des SELBST möglich ist (Kuhl, 2011). In Erweiterung des Deutungs- und Möglichkeitsraums erfolgte die Darstellung bzw. Erarbeitung vieler theoretischer Inhalte zusätzlich in Form von Werte- und Entwicklungsquadraten (Schulz von Thun et al. 2007, nach Helwig, 1967), die wiederum die Komplexität und damit eine Aktivierung des SELBST wahrscheinlicher machen. Der Baustein Wissen steht insgesamt wiederum in einer Art Spannungsfeld zum direkten Erleben, welches in der Modellvorstellung von SELBST und ICH, eher für die SELBST-Seite steht und Wissen eher für die ICH-Seite.

Erleben – auch einmal: nicht denken

Das Erleben wird als eine Grundkategorie des Person-Umwelt-Verhältnisses verstanden. Es zeichnet sich dadurch aus, dass es die zutiefst subjektive Seite des menschlichen Daseins betont, so dass Erlebnisse nur und zuerst aus der Perspektive des Erlebenden bestimmt werden können. Das hat unweigerlich zur Folge, dass Erlebnisse nicht objektivierbar sind und folglich schwer rationale Aussagen hervorbringen können, die methodisch planbar wären. Sie sind aber durch ihre Unmittelbarkeit im Mensch-Welt-Verhältnis und daher als Ressource für Lernprozesse notwendig und wertvoll. Die Erfahrung als weitere Grundkategorie hingegen schafft es, dass einzelne Lernschritte über das unmittelbare und persönliche Erleben methodisch und systematisch zu umfassenderen Erkenntnissen integriert zu werden (vgl. Bockrath, 2003, S. 167). Diese Erkenntnisse, die unmittelbar in Erlebensprozessen wurzeln, welche durch eine Verschränkung von Emotionen, Motivationen und Willensentscheidungen begleitet sind, unterscheiden sich allerdings von Formen des Wissens, von Kenntnissen oder Fertigkeiten, welche auch abstrakt erworben werden können und in kognitiven Modellen ihren Platz finden. Im Folgenden soll es aber um die Erlebnisse gehen, die eine andere als die wissenschaftliche, dezentrierte Rationalität in sich bergen (vgl. Waldenfels, 2000, S. 175) und zu einer Erfahrung führen können, die nicht vorweg bestimmbar ist. Anhand (leib-)phänomenologischer Grundpositionen soll das Lernen hier als Handeln in der Welt verstanden werden, das weder auf eine intellektuelle Ebene noch auf eine mechanische Ebene von Reizen und Reizkomplexen reduziert werden kann (vgl. ebd., S. 167). Vielmehr soll es hier als mögliche Differenzerfahrung begriffen werden, die ein potentielles Umlernen in sich birgt; mit Meyer-Drawe (2010) kann das so formuliert werden: „Während Erleben einen intentionalen Akt meint, zerspringt in der Erfahrung die Intention des Bewusstseins, indem sie von der Welt überrascht und beschlagnahmt wird.“ (S. 8) Mit Rekurs auf Husserl führt Meyer-Drawe ihr phänomenologisches Verständnis von Lernen als Erfahrung weiter aus, indem sie darauf hinweist, dass Erfahrung die Öffnung zu einer Welt hin ist, die sich mitunter aufdrängt und fungierenden Erwartungen in die Quere kommen kann. „In dieser Durchkreuzung zeigen sich allererst die Antizipationen, die zuvor unbemerkt in Geltung waren“(ebd.). Und in der typischen Weise einer metaphorischen Beschreibung konkretisiert sie: „Dass die Stufen einer Treppe nicht nach der Norm gestaltet wurden, merke ich, wenn ich stolpere. Erst dann bringe ich in Erfahrung, dass mein Leib mit einer üblichen Treppe gerechnet hat“ (ebd.). Wenn nun diese Erfahrung zurückgeführt wird zu sich selbst, kann die „eigentlich belehrende Kraft der Erfahrung“ (ebd.) sich entfalten.

Die Verschränktheit und Verwobenheit von Mensch und Welt soll in diesem methodischen Baustein der Fortbildung zur Stärkung der Selbstkompetenz leiblich begriffen werden. Daher ist es angebracht, ehe metaphorische Bewegungssituationen erläutert werden, Aspekte des Leibseins darzustellen, denn: „Der Leib ist geradezu der Inbegriff dessen, was ich ´kann´, ohne daß ich es mir ausdrücklich vorstellen *muss*, und teilweise auch, ohne daß ich es mir ausdrücklich vorstellen *kann*“ (Waldenfels, 2000, S. 169).

Es wird zu Beginn unserer Betrachtung des Leibbegriffs schon deutlich, dass – im Gegensatz zum Körper – der Leib keine einfache Beschreibung und Erläuterung zulässt, aber genau in dieser ´Schwierigkeit´ oder Komplexität liegt ein Potential für methodische Überlegungen – im Zusammenspiel mit den anderen methodischen Bausteinen. Es ist für diese Thematisierung noch schwieriger, wenn vorweg dargestellt werden muss, dass der Leib sich verbirgt und sich im normalen Lebensvollzug nicht in das Bewusstsein drängt. Er ist aber ein Resonanzraum für das Befinden: bei Schmerz, Wut, Angst oder auch Freude tritt der Leib aus seiner Verborgenheit hervor und wird zum gespürten und erlebten Leib, der uns widerfährt. Der Leib meint im engeren Sinne also keinen Gegenstand mit bestimmbaren Umrissen (wie die des Körpers), sondern die Bewegung des Lebens selbst (vgl. Fuchs, 2013, S. 96). Der Leib kann also als Träger unseres Lebensvollzugs begriffen werden. Er fungiert als eine Art Medium, das uns unsere Wahrnehmungen und Bewegungen vermittelt. Der Leib überwindet damit eine mögliche Objektivierung und verbindet sich mit der Kategorie der Erfahrung. Wir erleben leiblich die Welt und sind leiblich mit ihr verbunden. Wir nehmen die Welt wahr, noch bevor sie durch unser Bewusstsein und unsere Vorstellungen begriffen worden ist. Nach Abraham und Müller bietet der Leib dadurch die Möglichkeit, das registrierende und analytische Denken zu suspendieren und sich auf eine Ebene des Gewahrens, Spürens und Merkens zu begeben (2010, S. 18), was Waldenfels als ´andere Rationalität´ beschreibt. Das Gewahren und Spüren ist ein unmittelbares Erleben, welches der Sprache schwer zugänglich ist. Und doch stellt „der Leib als Wahrnehmungsorgan, als Nullpunkt der Orientierung und als Weise des Weltzugangs“ (Alloa, Bedorf, Brüny & Klass, 2012, S. 2) ein ´Wissen´ bereit, das in Form eines dialogischen Austauschs dem „moralisch verantwortlichen Subjekt“ als Partner (Seewald, 2007, S. 96) oder im SELBST zur Verfügung stehen kann; und nicht selten große Evidenzen in sich birgt.

Doch wie kann dieses ´Wissen´ versprachlicht werden? Wie kann das Erlebte im Nachhinein besprochen und damit im symbolischen Niveau gehoben bzw. übersetzt werden? Für gewöhnlich drängt sich der Leib nicht in das Bewusstsein und dennoch ist er da: wir nehmen leiblich die Welt wahr. Damit ist eine primordiale, vorkategoriale Wahrnehmung angesprochen, eine Wahrnehmung, die präreflexiv organisiert ist und das unmittelbare In-der-Situation-Sein anspricht: „Der Leib ist immer schon da, ehe er durchdacht wird, er ist schon aktiv, ehe er erfasst wird“ (Sternagel, 2012, S. 22). Das Erfassen ist also von größter Schwierigkeit, denn sobald ich ´etwas fasse´ und ´etwas begreife´ rücke ich schon von der reinen Gegenwart ab und versuche durch Symbolisierungen unterschiedlicher Form das Erlebte im Nachhinein zu besprechen. Es kann sich aber – mit Übung – dieser leiblichen Wahrnehmung oder Gestimmtheit genähert werden, ohne sie gänzlich zu verfälschen. Leibliche Regungen können in ihrer großen Subtilität und Komplexität wahrgenommen und „zugeordnet“ werden. Jenseits des analytischen, rationalen Denkens soll hiermit einer weiteren Stimme Gehör verliehen werden.

In metaphorischen Bewegungssituationen kann dieser Prozess des Erlebens, der Annäherung des Erlebten mittels Sprache sowie der Reflexion und Einordnung des Erlebten bis hin zu einer Lernerfahrung methodisch angestoßen werden; ohne einer Gewissheit, dass auch nur annähernd die methodische Intention realisiert würde. Unter einer metaphorischen Bewegungssituation können alle Bewegungsspiele und -aufgaben verstanden werden, die das Potential in sich tragen, eine zweite Ebene der Interpretation des Erlebten zuzulassen (vgl. Seewald, 2007, S. 109; Schache, 2015, S. 215). Bewegungsspiele schaffen durch ihren lustvollen, aktiven Charakter Bedingungen, die kategorienlose, ´unmittelbare´ Erlebnisse erlauben. Im Nachhinein und in der reflexiven und reflektierten Versprachlichung werden die Erlebnisse durch die Wahl einer passenden Metaphorik in ein ´anderes Licht´ gestellt, um sich möglicherweise übersituativen Prägungen und Neigungen zu nähern. Es geht darum, mögliche Vorlieben und Routinen, Annahmen und Wertvorstellungen, Kommunikationsmuster und Einstellungen, die im Spiel auftauchten und sich aufdrängten, zu versprachlichen und durch das Angebot einer Metapher auf die Wirkkraft in anderen (beruflichen, professionellen, alltäglichen) Situationen hin zu überprüfen. Durch die Betonung des Nicht-Sprachlichen, des Erlebens und der möglichen Differenzerfahrung wird einer ´anderen Rationalität´ Gehör verschafft, die für Lernprozesse u.a. ihre Berechtigung aufzeigt. Die Methodik vermag es, über den zumeist im Spiel erlebten positiven Affekt und über die kategorienlose, unmittelbare Organisation der Bewegungssituation, das SELBST – und durch Bewegungen aktivierte Prozesse der intuitiven Verhaltenssteuerung – anzusprechen und zu öffnen, welches für Lernerfolge so grundlegende Bedeutung hat. Bei Keßel, Engel et al. (in diesem Band) werden exemplarisch solche metaphorischen Bewegungssituationen konkretisiert (vgl. auch Kuhl, Gehrs & Müßgens, 2012).

Reflexion – auf sich schauen

Eine genaue Abgrenzung reflexiver Prozesse als eigener Bestandteil der WERT-Methodik war schwierig, treten doch (Selbst-)Reflexionen auf allen Ebenen (z.B. kognitiv, leibliches spüren, ICH vs. SELBST) und in allen Bausteinen auf, sind förderlich und gewünscht. Sie vermögen die aufgeworfenen Anregungen, Erlebensqualitäten und Wissensbestandteile auf die eigene Person zu beziehen und deren Bedeutung für sich selbst zu klären. Allerdings treten diese zunächst unsystematisch und noch nicht ergebnisorientiert auf (vgl. Greif, 2008). Eine Selbstreflexion – sprich die Auseinandersetzung mit eigenen Anteilen, Stärken, Schwächen oder Mustern – bedarf im Sinne von Coachingprozessen der ergebnisorientierten Hinführung, Herausforderung und in Teilen einer emotional-regulativen Begleitung (Greif, 2008). In der Sprache der PSI-Theorie wäre Selbstreflexion der intrapsychische Austausch der verschiedenen Systeme (Kuhl, 2001, Kap. 5), in Sinne der WERT-Methodik zwischen ICH und SELBST mit leichter „Überhand" der ganzheitlich-integrativen Prozesse des SELBST (Biebrich & Kuhl, 2009). Es geht bei diesem Austausch um den wechselseitigen Bezug von neuen/alten Erfahrungen und neuem/altem Faktenwissen, um Selbstkompetenzen anzuregen und weiter auszubauen. Neue Wissens-, Erlebens- und Erfahrungsentitäten werden erst durch persönliche Relevanz und Auseinandersetzung nachhaltig wirksam (vgl. auch Lehmann, 2010) oder gar zu einer Selbstkompetenz (Kuhl, 2001; Künne & Kuhl, 2014; vgl. Greif, 2008). Diese grundlegende Annahme gilt für alle Bausteine der WERT-Methodik: die Berücksichtigung der persönlichen Relevanz oder besser, die Möglichkeit, dass nicht alles für jeden relevant ist, sondern in jedem anders konstruiert wird und andere Bedeutung erlangt. Praktisch wurde dieser Annahme Rechnung getragen, indem es Phasen des Nachspürens, des Sich-Gedanken-Machens und Reflektierens gab.

Trotz der engen Verwobenheit mit den anderen Bausteinen sollte in jedem Bedürfnisfeld auch immer ein fester ergebnisorientierter (Greif, 2008) Reflexionsbestandteil enthalten sein: Dieser bezog sich zum einen auf neue Wissensinhalte, die in ihrer Wirkung und Bedeutung überdacht oder als Reflexionsinstrument angewendet wurden, mit dem Ziel eigene (pädagogische) Annahmen zu hinterfragen und das Potenzial von Selbstkompetenzen zu erkennen. Zum anderen auf die Verortung der eigenen Person im jeweiligen Spannungsfeld und der Suche nach Wiederkehrenden oder verbindenden Gedanken, Gefühlen oder Wahrnehmungen, um Möglichkeiten der persönlichen Entwicklung zu erkennen. In diesem Sinne fungierte die Gestaltung des eigenen Hauses der Bedürfnisfelder (s. oben) als eine die Bedürfnisfelder verbindende

Aufgabe, die eigene Stärken und Entwicklungsbereiche in einem selbstreflexiven Prozess in bildhafter Form deutlich werden lässt.

Als Ergänzung – und erneut andere methodische Zugangsweise – zu den bisher dargestellten Reflexionsanteilen konnten die TeilnehmerInnen das sogenannte Entwicklungsorientierte Scanning (kurz: EOS; s. Kuhl & Henseler, 2003) durchführen und mittels empirisch fundierter Fragebögen einen kleinen Überblick über ihre Selbstkompetenzen bekommen. Das EOS umfasst eine große Bandbreite von unterschiedlichen Facetten, die diagnostisch erfasst werden und eine umfangreiche Übersicht über die eigenen Persönlichkeitsstile, Selbstkompetenzen und Motivausprägungen abbildet. Für die Fortbildung wurde auf den Bestandteil Selbstkompetenzen zurückgegriffen. Dieser wird im EOS durch das Selbststeuerungsinventar abgefragt und gibt Rückmeldung über vier Kernbereiche der Selbststeuerung: Selbstregulation, Selbstkontrolle, Willensbahnung (bei Belastungsstress) und Selbstzugang (bei Druck u.a. Formen von „Bedrohungsstress") und zusätzlich über die subjektive Ausprägung von Alltagsstressoren getrennt nach Belastung und Bedrohung (Fröhlich & Kuhl, 2003; Kuhl, 2004). Dabei spiegeln die ersten beiden Bereiche Selbstregulation und Selbstkontrolle die im Wissensbaustein genannten Funktionsbereiche der Selbststeuerung aus dem SELBST (Selbstregulation im Sinne von „Selbstkongruenz") und der Selbststeuerung aus dem ICH (Selbstkontrolle im Sinne von „Disziplin"). Die weiteren Bereichen ergänzen diese um die o.g. positiv motivierte Handlungsfähigkeit, welche auch Frustrationstoleranz und Ausdauer angesichts schwieriger und unerledigter Vorsätze beinhaltet (Willensbahnung) und den Bereich des Sich-selbst-Vergewisserns bzw. die funktionsanalytische Grundlage mit der Frage, wie gut kann ich mein SELBST (auch unter bedrohlichem Stress) selbstgesteuert erreichen (Selbstzugang). Jeder der Bereiche wird durch das Selbststeuerungsinventar in mehrere Komponenten differenziert. Dahinter steckt die Idee, dass eine Kompetenz umso präziser gefördert bzw. geübt wird, je differenzierter sie beschrieben und erfasst wird.

Analog zu einem Rückmeldegespräch im Sinne des EOS erhielten die TeilnehmerInnen individuelle Rückmeldungen und eine Erläuterung bzgl. der vorliegenden Ergebnisse. Zunächst wurden die Bezeichnungen erklärt und in Bezug zu den anderen Wissensbestandteilen gesetzt. Dies ermöglicht den Teilnehmenden eine Verortung und Anknüpfung an die anderen Inhalte der Fortbildung. Nachdem die Bezeichnungen deutlich wurden, folgte eine Erklärung der grafischen Aufbereitung und welche Bedeutung die Skalenwerte einer testpsychologischen Normierung mittels T-Werte haben. Eine solche Rückmeldung hat nachweislich positive Effekte auf die weitere Entwicklung von

Selbstkompetenzen (Renger & Kuhl, 2016). Danach hatten die Teilnehmenden die Möglichkeit sich mittels eines gestuften Arbeitsblatts der eigenen Auswertung zu widmen und anschließend Fragen zur Interpretation zu stellen und welchen Bezug es u.U. zu anderen Überlegungen der Teilnehmenden gab. Die Ergebnisse dieser Reflexionsphase spiegeln wiederum die Darstellung des eigenen Hauses der Bedürfnisfelder aus einer eher kognitiven Perspektive mit Zahlen und Fakten als Grafik mit Balken.

Alles in allem beinhaltet die WERT-Methodik verschiedene Reflexionsphasen und -anteile, die von sehr offen und breit bis präzise und fokussiert reichen; als Auswertung einer Übung dienen oder systematisch und ergebnisorientiert eingesetzt werden. Das Besondere des Bausteins Reflexion ist der dezidierte selbstreflexive Blick auf mich selbst und meine Selbstkompetenzen mit der Idee, am Ende eine Vorstellung davon zu bekommen, wie und woran ich an mir arbeiten kann, um meine Selbstkompetenzen weiter zu entwickeln. Dabei sind die Selbstreflexionsangebote nicht komplett offen, sondern ergebnisorientiert und verbinden die verschiedenen Facetten der Fortbildung – immer vor dem Hintergrund der persönlichen Relevanz und des eigenen SELBST.

Transfer – erste Schritte gehen

In diesem methodischen Baustein soll der Übertrag in den professionellen, organisationalen Alltag angeregt und begleitet werden. Jeder kennt das Phänomen, dass nach einer Teilnahme an einer gelungenen und interessanten Fortbildung und dem Vorhaben, die neuen Erkenntnisse und Erfahrungen in den (Berufs-)Alltag zu integrieren, nach nur kurzer Zeit der Erprobung zu angestammten Routinen und Gepflogenheiten zurückgekehrt wird, Gewohnheiten im Denken und Handeln die Impulse aus der Fortbildung verdrängen und auf eine Fortbildung zurückblickt wird, die zumeist in guter Erinnerung ist, aber für den wiedereingekehrten Berufsalltag wenig Relevanz in sich trägt. Es liegt in diesem Fall auf der Hand, dass für diese ´Trägheit´ und Änderungsresistenz sowohl strukturelle Aspekte des organisationalen Alltags eine Rolle spielen, als auch intrasubjektive. Beiden soll im Folgenden nachgegangen werden, um die Notwendigkeit einer Begleitung des Transfers herauszustellen.

Die Biographieforschung (vgl. bspw. Musiol, 2002) und auch Diskurse der Subjektiven Theorien (vgl. bspw. Schwarz-Govaers, 2005) zeigen deutlich, dass Themen (bestimmte Aspekte, Wissen, Kenntnisse usw.), die sich als neu erweisen und beispielsweise in Fortbildungen oder auch anderswo professionellen AkteurInnen begegnen, nur dann anschlussfähig seien und gelernt würden, wenn das Bisherige und Alte eine Chance der Thematisierung bekäme (vgl. Roth, 2013).

„Neue Themen eignet sich der Mensch stets auf dem Hintergrund der bisherigen Lernerfahrungen an. Diese Lernerfahrungen nicht zu thematisieren, sie nicht ins Bewusstsein zu ´heben´ wirkt sich eher hinderlich für die Aneignung neuer Wissensbestände aus.“ (Musiol, 2002, S. 300) Es ist für die Verinnerlichung einer neuen Denk- und Sichtweise, und um die geht es bei Fort- und Weiterbildungen zumeist, notwendig, die bisherigen Ansichten und Überzeugungen zu betrachten und zu überdenken. In der Biographieforschung und der Biograhiearbeit geht es darum, die Vielschichtig- und Widersprüchlichkeit, die Verschüttungen und Tabus subjektiver Lebenserfahrungen aufzuspüren und zu betrachten. Es soll die Chance aufgetan werden, über die Auseinandersetzung mit der eigenen Lebensgeschichte handlungsfähiger zu werden. Durch die Brille der Subjektiven Theorien betrachtet geht es um die Aufweichung vielfältiger Situations- und Handlungsmuster, die durch jahrelange Erfahrung immer stärker komprimiert wurden. Diese sogenannten verdichteten Subjektiven Theorien entziehen sich meist der Bewusstseinskontrolle, bestimmen aber unser Handeln. Sollen sie eine Veränderung erfahren, sollten sie erst einmal bewusst gemacht und mit neuen (subjektiven) Theorien verknüpft werden (Schwarz-Govaers 2005, S. 25). Das Neue wird nur dann vernetzt gespeichert und damit nicht nutzlos und träge, wenn es eben mit diesen verdichteten, komprimierten und sehr individuellen Annahmen und Vorstellungen verknüpft wird. Und dazu scheint es notwendig, die Wirkkraft der jeweiligen Subjektiven Theorien nach einem Bewusstmachungsprozess aufzuheben, bzw. zu schmälern. Damit werden die Bedingungen geschaffen, in einem Umlernprozess (vgl. auch Erleben, s.o.) anhand neuen Wissens den jeweiligen Subjektiven Theorien eine neue Gestalt und dann wieder eine neue Wirkkraft zu verschaffen. Dieser Umlernprozess bedarf des Öfteren einer Begleitung (vgl. Greif, 2008; vgl. auch Reflexion, s.o.). Erst durch vielfältige Wiederholungen werden die Subjektiven Theorien soweit verdichtet, dass sie im Alltag wieder zur Handlungssteuerung herangezogen werden können.

Dabei ist jedoch nicht zu unterschätzen, dass Subjektive Theorien, dass grundlegende Annahmen und Vorstellungen, die Handlungsfähigkeit bedingen und Sicherheit spenden. Routinen und Gewohnheiten, wie beispielsweise Arbeitsvollzüge verstanden und eingeordnet werden, wie Prozesse antizipiert werden, wie Welt gesehen und verständlich gemacht wird, sind grundlegende Bedingungen für das Aufrechterhalten und Funktionieren des beruflichen Alltags. Von daher ist es geboten, mit diesen Umlernprozessen durch Fortbildungsangebote sensibel umzugehen und sie methodisch nur so weit zu initiieren, wie sie auch die Wünsche und Verfassung der Teilnehmenden respektieren. Nichtsdestotrotz sind Krisen, Verstörungen und Verunsicherungen aber eben auch Bedingungen für das Sich-Aneignen neuer Wissensbestände und

Kompetenzen. Diese Gratwanderung zwischen Respekt vor der Verfassung der Teilnehmenden und der Unterstützung von Umlernprozessen scheint das zentrale Moment einer gelungenen und gemäßen Fortbildung zu sein, welche dem gesamten Prozess als Ziel, Orientierung oder Richtlinie dienen sollte.

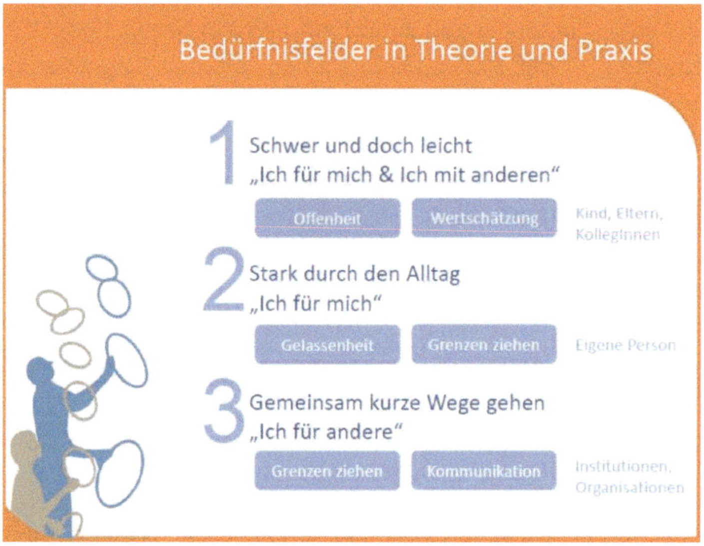

Routinen und Gewohnheiten, Annahmen und grundlegende Vorstellungen sind nicht nur höchst individuell und subjektiv, sondern finden auch in Organisationen und Einrichtungen ihren Niederschlag: in der Organisationskultur verdichten sich Einstellungen und Haltungen (basic underlying assumptions) und hier wird die organisationale ´Wahrheit´ erzählt: das heißt, in einer Organisation gibt es unterschiedliche Ebenen, die zum Funktionieren und reibungslosen Ablauf einer organisationalen Aufgabe beitragen und diese mitunter bedingen. Denn jede Organisation bildet auch eine unterschiedlich geartete Kultur heraus, die das organisationale und individuelle Verhalten prägt und auch auf eine bestimmte Weise interpretiert. Organisationskulturen sind im Wesentlichen implizite, gemeinsam geteilte Überzeugungen, die Orientierung, Werte und Handlungsmuster bieten. Sie sind gewachsene, emotionale und normierende Prozesse, die erfahrungsgebunden und nicht ohne weiteres beeinflussbar sind (vgl. Schreyögg, 2003, S. 450). Sie dienen der Komplexitätsreduktion und sorgen für Stabilität, Sicherheit und Verlässlichkeit und geben Orientierungspunkte vor. Damit entlastet sie die Organisationsmitglieder und vermittelt durch Sinnangebote Handlungssicherheit.

Es ist offenkundig, dass diese Ebene einer Organisation mitgedacht werden muss, wenn von möglichen Effekten von einzelnen Fortbildungsinhalten hinsichtlich des Übertrags in den organisationalen Alltag gesprochen wird. Denn die (formalen) Strukturen und auch Praktiken der Organisation fußen auf der organisationalen Kultur, die enormen, wenn auch nicht direkt sichtbaren Einfluss auf die Gestaltung und den Vollzug der organisationalen Aufgabe hat.

In der Fortbildung ist es unabdingbar, die eigene Einrichtung mit zu thematisieren und die jeweiligen Verschränkungen und Beziehungen mit in den Blick zu nehmen. Neben der Thematisierung der eigenen Sichtweisen, Annahmen und Vorlieben, die durch die Bearbeitung der Bedürfnisfelder (vgl. Keßel, Engel et al., in diesem Band) hinsichtlich Selbstkompetenz in den Fokus rücken, werden eben auch organisationale Besonderheiten analysiert. Dabei gilt es auch hier, diese Besonderheiten zuvorderst zu explizieren, da sie sich ja v.a. durch ihre impliziten und unbewussten Anteile auszeichnen. Es geht darum, die Bedingungen der Einrichtungen, v.a. die nicht ausgesprochenen, soweit zu berücksichtigen, dass sie thematisiert und eingeordnet werden können. Es kann in der Fortbildung keine umfassende Aufdeckung impliziter Anteile der Organisationskultur glücken, sondern nur eine Anbahnung und Andeutung. Allerdings sollten die strukturellen, formalen, praktischen Angelegenheiten soweit versprachlicht und besprochen werden, dass eine potentielle Anschlussfähigkeit neuer Inhalte und Themen erreicht wird: Eine Stärkung der Selbstkompetenz, konkretisiert in Form der Bedürfnisfelder zielt ja gerade dahin, auch für sich selbst zu sorgen und dafür Bedingungen zu schaffen.

Mit der formalen und inhaltlichen Dreiteilung der Fortbildung wird dieser Verschränkung von Mitarbeiter, Kollegen und Klientel und eben Organisation (auch im Sozialraum) Rechnung getragen: so bietet für die Bearbeitung und Besprechung der Transfermöglichkeiten die eigene Person eine Projektionsfläche, die durch unterschiedliche Lernwege und Methoden immer wieder thematisiert wird. Das gilt auch für die Ebene der Organisation oder der Institution. Dadurch dass in den Fortbildungen ganz verschiedene professionelle AkteurInnen teilnehmen und somit auch ganz unterschiedliche Einrichtungen und Institutionen vertreten sind, kann es zu günstigen Konstellationen der Synergie oder des Erkennens von Ähnlich- und Gemeinsamkeiten kommen, die dazu beitragen, die eigenen organisationalen Bedingungen zu erkennen und zu bearbeiten. Diese Besprechungen sollten möglichst konkret ausfallen, um die Bedürfnisfelder wieder in den Alltag rückzuführen. Eine exemplarische Darstellung dieses methodischen Bausteins findet sich bei Keßel, Engel et al. (in diesem Band).

Literatur

Abraham, A. & Müller, B. (2010). Körperhandeln und Körpererleben – Einführung in ein brisantes Feld. In A. Abraham & B. Müller (Hrsg.), *Körperhandeln und Körpererleben. Multidisziplinäre Perspektiven auf ein brisantes Feld* (S. 9-38). Bielefeld: Transcript.

Alloa, E., Bedorf, T., Brüny, C. & Klass, T. (2012). *Leiblichkeit. Geschichte und Aktualität eines Konzepts.* Tübingen: Mohr Siebeck.

Biebrich, R. & Kuhl, J. (2009). Reflexionsfähigkeit und Selbstentwicklung. In R. Sachse (Hrsg.), *Theorie und Praxis der Klärungsorientierten Psychotherapie.* Göttingen: Hogrefe.

Bockrath, F. (2003). Erleben als pädagogische Kategorie? In N. Gise & J. Schwier (Hrsg.), *Abenteuer, Erlebnis und Wagnis. Perspektiven für den Sport in der Schule und Verein?* (S. 167-180).Hamburg: Czwalina.

Fröhlich, S. & Kuhl, J. (2003). Das Selbststeuerungsinventar: Dekomponierung volitionaler Funktionen. In J. Stiensmeier-Pelster & F. Rheinberg (Hrsg.), *Diagnostik von Motivation und Selbstkonzept* [Tests und Trends, Band. 2] (S. 221-257). Göttingen: Hogrefe.

Fuchs, T. (2013). *Das Gehirn. Ein Beziehungsorgan. Eine phänomenologisch-ökologische Konzeption* (4. Aufl.). Stuttgart: Kohlhammer.

Greif, S. (2008). *Coaching und ergebnisorientierte Selbstreflexion.* Göttingen: Hogrefe.

Hanselmann, H. (1931), *Vom Umgang mit sich selbst.* Erlenbach-Zürich: Rotapfel.

Helwig, P. (1967). *Charakterologie.* Freiburg: Herder.

Hofmann, F. & Gottein, H.-P. (2011). Zusammenhänge zwischen Persönlichkeitsmerkmalen und der Bereitschaft zur Individualisierung im Unterricht. *Zeitschrift für Bildungsforschung, 1* (1), 55-67.

Kolb, D.A. (1984). *Experiential Learning: Experience as the Source of Learning and Development.* Englewood Cliffs, NJ: Prentice-Hall.

Kolb, A. & Kolb, D.A. (2005). *Experiential Learning Bibliography – Volume 1.* http://www.learningfromexperience.com/images/uploads/Bibliography_1971-2005.pdf (Zugriff 06.01.2009)

Kruse-Heine, M. & Künne, T. (2013). *Sprache – Beziehung – Selbstkompetenz.* Nifbe-Themenheft Nr. 18. Osnabrück: nifbe Eigenverlag

Künne, T. (2014). Resilienz hoch sieben. Einblicke in das kindliche Selbst. *klein&groß (11)*, 20-23.

Künne, T., Kuhl, J., Frankenberg, H. & Völker, S. (2012). Die Bedeutung der individuellen Förderung in der Grundschule aus Sicht der Persönlichkeitspsychologie/PSI-Theorie. In C. Solzbacher, S. Müller-Using & I. Doll (Hrsg.), *Ressourcen stärken! Individuelle Förderung als Herausforderung für die Grundschule* (S. 29-40). Köln: Carl Link.

Künne, T. & Kuhl, J. (2014). Was ist eigentlich Selbstkompetenz? Persönlichkeits-System-Interaktionen als Grundlage von Selbstkompetenz(förderung) – Die PSI-Theorie. In C. Solzbacher & K. Calvert (Hrsg.), *"Ich schaff' das schon..." Wie Kinder Selbstkompetenz entwickeln können* (S. 35-52). Freiburg: Herder.

Künne, T. & Sauerhering, M. (2012). *Selbstkompetenz(-Förderung) in KiTa und Grundschule.* Nifbe-Themenheft Nr. 4. Osnabrück: nifbe Eigenverlag.

Kuhl, J. (2001). *Motivation und Persönlichkeit.* Göttingen: Hogrefe.

Kuhl, J. (2004). Was bedeutet Selbststeuerung und wie kann man sie entwickeln? *Personalführung, 37* (4), 30-39.

Kuhl, J. (2011). Wie funktioniert das Selbst? *Psychologie-Unterricht, 44*, 23-27.

Kuhl, J., Gehrs, V. & Müßgens, B. (2012). Das tanzende Selbst: Warum Begabungen am besten in guten Beziehungen zur Entfaltung kommen. In I. Hunger & R. Zimmer (Hrsg.), *Frühe Kindheit in Bewegung. Entwicklungspotenziale nutzen* (S. 138–148). Schorndorf: Hofmann.

Kuhl, J. & Henseler, W. (2003). Entwicklungsorientiertes Scanning (EOS). In L. v. Rosenstiel & J. Erpenbeck (Hrsg.), *Handbuch der Kompetenzmessung* (S. 428-453). Heidelberg: Spektrum.

Kuhl, J. & Solzbacher, C. (2012). Selbstkompetenzförderung durch Beziehungsarbeit. In C. Solzbacher, S. Müller-Using & I. Doll (Hrsg.), *Ressourcen stärken! Individuelle Förderung als Herausforderung für die Grundschule* (S. 277-295). Köln: Carl Link.

Lehmann, R. (2010). *Lernstile als Grundlage adaptiver Lernprozesse in der Softwareschulung.* Münster: Waxmann.

Martens, J.U. & Kuhl, J. (2004). *Die Kunst der Selbstmotivierung: Fortschritte der Motivationsforschung praktisch nutzen.* Stuttgart: Kohlhammer.

Meyer-Drawe, K. (2010). Zur Erfahrung des Lernens. Eine phänomenologische Skizze. *Santalka, 18* (3), 6-17. ISSN 1822-430X print/1822-4318 online. http://www.cpc.vgtu.lt/index.php/cpc/article/viewFile/coactivity.2010.22/2 (Zugriff 29.02.2016)

Musiol, M. (2002). Biografizität als Bildungserfahrung. In H.-J. Laewen & B. Andres (Hrsg.), *Bildung und Erziehung in der frühen Kindheit. Bausteine zum Bildungsauftrag von Kindertageseinrichtungen* (S. 300-328). Weinheim: Beltz.

Reich, K. (2012). *Konstruktivistische Didaktik. Das Lehr- und Studienbuch mit Online-Methodenpool* (5. Aufl.). Weinheim: Beltz.

Renger, S. & Kuhl, J. (in Druck). Potenzialförderung durch Mentoring: Theoretische Fundierung und empirische Evaluation eines diagnostisch gestützten Programms zur Begabungsförderung. *Psychologie in Erziehung und Unterricht.*

Roth, G. (2013). Welchen Nutzen haben Erkenntnisse der Hirnforschung für die Pädagogik? *Zeitschrift für Pädagogische Psychologie, 27* (3), 123-133.

Schache, S. & Doll. I. (2014). Engagiert, wissend und kompetent – und doch gestresst? Pädagogische Fach- und Lehrkräfte im beruflichen Alltag. In C. Solzbacher, M. Lotze & M. Sauerhering (Hrsg.), *SELBST-LERNEN-KÖNNEN. Selbstkompetenzförderung in Theorie und Praxis* (S. 211-223). Baltmannsweiler: Schneider Hohengehren.

Schache, S. (2015). Einrichtungen in Bewegung. Organisationsentwicklung bewegt begleiten. In C. Jasmund & A. Krus (Hrsg.), *Psychomotorik in sozialpädagogischen Arbeitsfeldern* (S. 206-224). Stuttgart: Kohlhammer.

Schache, S. & Künne, T. (2012). Auf der Suche nach einer Haltung ... – Persönlichkeitstheorie und Psychomotorik. In *motorik 35* (2), 86-92.

Schmid, W. (2005). *Schönes Leben? Einführung in die Lebenskunst.* Frankfurt: Suhrkamp.

Schmid, W. (2000). *Philosophie der Lebenskunst. Eine Grundlegung* (6. Aufl.). Frankfurt: Suhrkamp.

Schreyögg, G. (2003). *Organisation. Grundlagen moderner Organisationsgestaltung. Mit Fallstudien* (4. Aufl.). Wiesbaden: Gabler.

Schulz von Thun, F., Ruppel, J. & Stratmann, R. (2007). *Miteinander reden: Kommunikationspsychologie für Führungskräfte.* Reinbek: Rowohlt.

Schwarz-Govaers, R. (2005). *Subjektive Theorien als Basis von Wissen und Handeln: Ansätze zu einem handlungstheoretisch fundierten Pflegedidaktikmodell.* Bern: Hans Huber.

Schwer, C. & Solzbacher, C. (Hrsg.). (2014). Professionelle pädagogische Haltung. Historische, theoretische und empirische Zugänge zu einem viel strapazierten Begriffe. Bad Heilbrunn: Julius Klinkhardt.

Seewald, J. (2007). *Der verstehende Ansatz in Psychomotorik und Motologie.* München: Ernst Reinhardt.

Sternagel, J. (2012). Bernhard Waldenfels – Responsivität des Leibes. In E. Alloa, T. Bedorf, C. Brüny & T. Klass (Hrsg.), *Leiblichkeit. Geschichte und Aktualität eines Konzepts* (S. 116-129). Tübingen: Mohr Siebeck.

Storch, M. & Kuhl, J. (2012). *Die Kraft aus dem Selbst: Sieben PsychoGyms für das Unbewusste.* Bern: Huber.

Waldenfels, B. (2000). *Das leibliche Selbst. Vorlesungen zur Phänomenologie des Leibes.* Frankfurt: Suhrkamp.

Anna Maria Engel & Peter Keßel

Rahmung der Fortbildung und Arbeitsverständnis in den Workshops

Eine grundlegende Darstellung des Arbeitsverständnisses in den Workshops soll verdeutlichen, von welchen methodisch-didaktischen Grundannahmen ausgegangen wird, auf die auch eine bei Schache & Künne (in diesem Band) beschriebene Methodik fußt. Ein solches Grundverständnis ist oft ein impliziter, aber weitreichender Einflussfaktor in Fortbildungsveranstaltungen. Eine im Hintergrund liegende Rahmung aller in diesem Kontext relevanter Erlebenssituationen, Reflexionsimpulse etc. soll im Folgenden versprachlicht und damit explizit werden, da ihre Bewusstmachung und Berücksichtigung für die sinn- und effektvolle Anwendung der Methodik und der Inhalte als absolut notwendig erscheint.

Das zentrale Ziel der Fortbildung ist die Bewusstwerdung und Förderung der Selbstkompetenz bei pädagogischen Fachkräften. Durch die Förderung der Selbstkompetenz pädagogischer Fachkräfte wird neben der direkten Kompetenzförderung auch eine indirekte Selbstkompetenzförderung aufseiten der mit den pädagogischen Fachkräften interagierenden Kinder erzielt.

Bedeutung der Selbstkompetenz im pädagogischen Alltag

Beginnen wir bei der direkten Selbstkompetenzförderung aufseiten der pädagogischen Fachkräfte. Selbstkompetenz wird verstanden als Fähigkeit zum situationsadäquaten Umgang mit den eigenen Gefühlen (kurz: Affektregulation; z.B. Kuhl, 2001; vgl. Solzbacher, 2014; Künne & Sauerhering, 2012). Selbstkompetenz dient als Grundvoraussetzung der Handlungs- und Lernkompetenz, da sie es erst ermöglicht, die eigenen fachlichen und persönlichen Kompetenzen abrufen zu können, die für erfolgreiches und zufriedenstellendes pädagogisches Handeln notwendig sind. Bei eingeschränkter Selbstkompetenz hingegen sind nicht nur der Zugriff auf Methoden-, Sach- und Sozialkompetenz, sondern vor allem der unabdingbare reflexive Umgang damit deutlich reduziert (vgl. Solzbacher, 2014). So zeigen Studien, dass pädagogische Fach- und Lehrkräfte zwar grundsätzlich über ein hohes Maß an persönlichem Engagement, Wissen und Können verfügen (Schneewind, Föhring & Chiles, 2011), Belastungen, hohe Anforderungen und Stress jedoch die professionelle Handlungsfähigkeit beeinträchtigen, weil sie den Zugriff auf das umfassende persönliche Erfahrungs- und Wissensrepertoire (Selbstzugang) einschränken. Belastende Bedingungen mindern überdies die Möglichkeiten eines zentralen Punktes der pädagogischen

Arbeit – der Beziehungsgestaltung (Bönsch, 2001). Die Förderung der affektregulatorischen Selbstkompetenz setzt genau hier an. Fachkräfte werden befähigt gerade unter stressigen und belastenden Bedingungen ihren Selbstzugang aufrechtzuerhalten bzw. zurück zu gewinnen. Sie sind somit durch gesteigerte Selbstkompetenz auch unter schwierigen Bedingungen in der Lage, ihre Kompetenzen anwenden und entfalten zu können.

In einem zweiten und ebenso wichtigen Schritt unterstützt die Selbstkompetenzförderung bei den pädagogischen Fachkräften auch die Selbstkompetenzentwicklung bei den Kindern, mit denen die Fachkräfte interagieren. Pädagogische Fachkräfte stehen in Beziehung mit den Kindern, für die sie zuständig sind. Sie sind damit immer auch Modelle für die Kinder. Selbstkompetenz können Kinder nur von selbstkompetenten Personen lernen (vgl. Banduras Beobachtungslernen; z.B. Bandura, 1965). Kinder erfahren an dem Modell der jeweiligen pädagogischen Fachkraft, wie diese sich in Situationen verhält und reguliert. Verhalten sich die Erwachsenen wenig selbstkompetent, können die Kinder von ihnen auch nur wenig an Selbstkompetenz lernen. Die Kinder brauchen also kompetente Vorbilder (vgl. Kuhl & Völker, 1998; Gebauer & Hüther, 2002). Was dies konkret bedeuten kann, soll an dem folgenden Beispiel zur Selbstberuhigung als einer zentralen Subfacette der Selbstkompetenz deutlich werden.

Selbstberuhigung ist u.a. die Fähigkeit sich nicht von Angst, Nervosität oder Unsicherheit überfluten zu lassen (Kuhl & Alsleben, 2012), sondern diese inneren Anspannungen abbauen zu können (Baumann & Kuhl, 2005). Wie entwickelt sich nun Selbstberuhigung bei einem Kind? Vereinfacht gesagt sind hierbei zwei Dinge als Voraussetzung anzusehen: Das Auftreten, Wahrnehmen und Ausdrücken einer beunruhigenden Situation und damit einhergehend die Aktivierung des SELBST-Systems sowie die anschließende Beruhigung und damit verbundene Aktivierung des Emotionssystems.

Das bedeutet, dass ein Kind erst einmal Situationen erleben muss, die es beunruhigen – sonst wird die Fähigkeit zur Selbstberuhigung ja gar nicht benötigt und damit auch nicht entwickelt und verbessert. Immer dann, wenn ein Kind seine Gefühle der Beunruhigung äußert, d.h. Selbstäußerungen in Form von Körperwahrnehmungen, Bedürfnissen und Gefühlen zum Ausdruck bringt, erfolgt die Aktivierung seines SELBST-Systems. Anschließend ist eine external unterstützte Beruhigung notwendig. Zwar steht dem Kind der Saugreflex als eine angeborene Möglichkeit der Selbstberuhigung zur Verfügung, in vielen Fällen aber braucht ein Kind anfangs Unterstützung dabei, sich selbst zu beruhigen. Diese Hilfe kommt von anderen (kompetenteren, nicht zwangsläufig erwachsenen)

Personen, mit denen das Kind im Optimalfall in Beziehung steht: Indem es geschaukelt oder in den Arm genommen, an der schmerzhaften Stelle „gepustet" wird, etc. Dadurch, dass diese andere Person tröstet, kommt es zur Aktivierung des Emotionssystems: Es kommt zu einer Gegenregulation des negativen Affekts durch eine andere Person (Kuhl & Völker, 1998).

Wenn die Gegenregulation durch eine Bezugsperson gerade dann auftritt, wenn eine Selbstäußerung erfolgt ist, kommt es zu einer Verstärkung der Verbindung zwischen SELBST-System und dem affektregulierenden Emotionssystem. Geschieht dies hinreichend oft, wird die Verbindung so eng, dass das SELBST-System die Affektregulation unbewusst selbst aktivieren kann. Das SELBST-System lernt so, das Emotionssystem zu stimulieren oder zu dämpfen, wann immer dies erforderlich ist. Nach und nach kann das Kind diese Methoden zur Selbstberuhigung übernehmen und verinnerlichen, zu seinen eigenen Methoden machen (Kuhl, 2001). Diesen Prozess nennt man Systemkonditionierung, da wie beim klassischen Konditionieren zwei Dinge miteinander verknüpft werden. Nur, dass statt zwei Reizen (in Pawlows berühmten Untersuchungen mit Hunden waren es die Glocke und das Futter) hier zwei Systeme, das SELBST und das Emotionssystem, miteinander verbunden werden, damit später das Emotionssystem buchstäblich (und im übertragenen Sinn) von „selbst" reguliert werden kann (ebd.).

Um Selbstberuhigung und auch andere Subfacetten der Selbstkompetenz „lernen" zu können, benötigt das Kind ein selbstkompetentes Gegenüber, welches ihm die Erfahrung von Selbstkompetenz ermöglicht. Laut Martens und Kuhl (2011) ist die Herstellung der Verbindung zwischen SELBST- und Emotionssystem, u.a. die klassische Aufgabe von sensibel reagierenden PädagogInnen. Das kann natürlich nicht bedeuten, dass nur noch die „ideale" Fachkraft in Einrichtungen akzeptabel ist – wobei hier schon die Frage nach dem „Ideal" schwer zu beantworten ist. Das Besondere an dem Modell der Selbstkompetenz ist der Umstand, dass es nicht eine hundertprozentig selbstkompetente Person geben kann, es also nicht angestrebt wird, eine Hierarchie der Qualität der Arbeit nach einem „Selbstkompetenz-Grad" herzustellen.

Selbstkompetenz ist ein dynamisches Geflecht, was immer nur in Zusammenhang mit der individuellen Lebenssituation zu betrachten ist (vgl. z.B. Kuhl & Alsleben, 2012). Für einen Menschen ist nicht ein höchstmögliches Maß an Selbstberuhigung wichtig, sondern ein Niveau, das den alltäglichen Anforderungen genügt. Sieht eine pädagogische Fachkraft sich hoher Belastung oder viel Druck ausgesetzt, muss sie neben einer Vielzahl anderer Selbstkompetenzfacetten über ein hohes Maß an Selbstberuhigung und Selbstmotivation verfügen, um unter den gegebenen Umständen kompetent handeln zu können. Sieht sich eine Person nur wenig Druck oder niedriger Belastung ausgesetzt, benötigt sie auch entsprechend weniger Selbstberuhigung und Selbstmotivation, um weiterhin kompetent handeln zu können.

Bedeutung der Reflexivität

Das Empfinden von Belastung und Druck ist immer subjektiv. Daher kann dieselbe Arbeitssituation von verschiedenen Personen unterschiedlich empfunden werden. Zudem ist das Empfinden ganz klar reflexiv. Das heißt, es ist auch wieder abhängig von der eigenen Selbstkompetenz. Hat ein Mensch beispielweise hinreichend oft die Erfahrung gemacht, dass seine Selbstberuhigungskompetenz ihn erfolgreich dabei unterstützt, eine beunruhigende Situation unbeschadet und ohne ein emotionales Verhaftet-Sein zu durchleben, wird ihn dies auch vor einer allzu starken Angst oder Verunsicherung in Konfrontation mit einer ähnlichen Situation schützen. Sich der Bedeutung der Reflexivität gewahr zu werden, ist somit ein wichtiger Faktor bei der Selbstkompetenzförderung. Denn wie die allgemein-berufliche oder eine spezifische Arbeitssituation empfunden wird, kann den Ausschlag dafür geben, wie die tägliche Arbeitsmotivation, der psychische Gesundheitszustand und auch die Offenheit für die Kinder ausgeprägt ist (z.B. Unterbrink et al., 2007).

Aus diesem Grund stellt die Reflexivität einen wichtigen Bestandteil der Fortbildung dar. Dabei spielen Erlebenssituationen als Baustein der Methodik (vgl. Schache & Künne, in diesem Band) eine entscheidende Rolle. Das Reflektieren dieser nicht bedrohlichen, zunächst vom Berufskontext unabhängigen Situationen, ermöglicht ein Üben der Reflexionsfähigkeit: Für die eigenen Empfindungen sollen Worte gefunden werden, um sich ihrer kognitiv bewusst zu werden. Nur dann kann mit ihnen auch gezielt gedanklich umgegangen oder in den Austausch mit anderen Menschen getreten werden. Das damit verbundene reflexive Lernen ist Teil einer „Ermöglichungsdidaktik" (Arnold, 2007) und meint die Reflexion und Erweiterung von Wahrnehmungsmöglichkeiten, womit genaugenommen eine Erweiterung der Lernfähigkeit gemeint ist (Siebert, 2005). Denn nur über ein Bewusstwerden eigener innerer Denk- und Verhaltensmuster, die häufig biographisch verankert sind und unbewusst Einfluss nehmen, ist eine Veränderung möglich (Schüßler, 2008). Für dieses reflexive Lernen werden die Erlebenssituationen angeboten, die auch emotional bewegende Interaktionen realisieren sollen, da lediglich dann die Bearbeitung emotional beeinflusster Verhaltensstrukturen gelingen kann (Roth, 2001).

Aus der Reflexion heraus ergeben sich in den Seminaren Rückbezüge auf berufliche Alltagssituationen. An die Empfindungen und den sich anschließenden Austausch kann dann überdies ein Transfer zurück in den Alltag anknüpfen, der im Rahmen der Fortbildung nur seinen Anfang nimmt. Nach den ersten beiden Seminartagen kann die in den Erlebenssituationen geübte Reflexionsfähigkeit und die Versprachlichung der Empfindungen im Alltag weiter trainiert werden. Die in den Workshops im Austausch mit den anderen SeminarteilnehmerInnen und dem DozentInnenteam nur theoretische Vorbereitung auf alltagsspezifische Situationen im Beruf soll Handlungsmöglichkeiten (auf Basis gestärkter Selbstkompetenz) generieren, die dann zurück im Berufsalltag auf ihre Transferierbarkeit hin individuell überprüft werden. Es ist also auch das Ziel, die Selbstreflexion aus den Seminaren im individuellen Alltag zu verankern. Eng damit verbunden ist ein ständiges Lernen „on the job", was auch daraus resultiert, dass reflexives Lernen weniger eine Lernart als vielmehr eine Lernhaltung darstellt (Schüßler, 2008), die nicht auf einen bestimmten Zeitraum einer Fortbildung begrenzt sein sollte. Die ständige berufsalltagsbegleitende Selbstreflexion soll helfen, eine positive Veränderung der eigenen Selbstkompetenz zu realisieren (vgl. Pachner, 2013). Dafür ist die zeitliche Pause von mindestens zwei Wochen zwischen den beiden Seminarblöcken ganz bewusst gewählt und unverzichtbar. Im zweiten Block ermöglichen dann die selbstreflektierten Erfahrungen aus dem Berufsalltag nach den ersten Fortbildungstagen eine Fortführung der Arbeit an der eigenen Selbstkompetenz. Zudem zeigen sie auch auf, in welchen Bereichen noch offene Fragen entstanden sind, Handlungsmöglichkeiten fehlen oder diese sich als nicht zufriedenstellend transferierbar herausstellen. Die Notwendigkeit nach einer thematischen Vertiefung könnte ebenso durch aktuelle Erfahrungen im Berufsalltag aufgedeckt werden. Auch wenn im zweiten Fortbildungsblock z.T. andere Bedürfnisfelder als beim ersten Block im Mittelpunkt stehen, sollte im Sinne der Prozessorientierung immer Raum für Themen geschaffen werden, die sich aus den Erfahrungen zwischen den Blöcken ergeben haben. Diese lassen sich in den meisten Fällen auch an eines der für den zweiten Fortbildungsblock vorgesehenen Bedürfnisfelder unter dem übergeordneten Thema der Selbstkompetenz anbinden.

Der Erfahrungs- und Lernprozess mit der eigenen Selbstkompetenz soll und kann natürlich nicht mit dem Ende beider Fortbildungsblöcke abgeschlossen sein. Ziel der Fortbildung ist es auch, die Teilnehmenden zu motivieren und zu befähigen, sich weiterhin selbständig und selbstreflektierend mit der eigenen Selbstkompetenz auseinanderzusetzen und diese zu stärken. Denn Selbstkompetenz wird über das ganze Leben in einem ständigen ko-regulativen Prozess zwischen einer Person und ihrer sozialen Umwelt weiter entwickelt (vgl. Robinson, Rickenbach & Lachman, 2016; Schore, 2016). Selbstkompetenz ist veränderungssensibel.

Gleichzeitig gilt das Prinzip „use it or lose it" (Kuhl & Alsleben, 2012), was meint, dass Selbstkompetenz genutzt werden muss, um funktionsfähig zu bleiben. Das heißt, nicht nur Kinder und Jugendliche, sondern auch Erwachsene können (und sollten) ihre Selbstkompetenz trainieren. Um die Reflexionsfähigkeit anhand eigener Situationen weiter zu stärken, ist auch in Zukunft die Entwicklung und Durchführung von Nachbetreuungsangeboten angedacht, welche von einzelnen thematischen Schwerpunktworkshops zur Vertiefung und Erweiterung des Themas Selbstkompetenz im Alltag bis hin zu einem nachhaltigen Unterstützungssystem reichen.

Bedeutung der Beziehung

Selbstkompetenz und ihre Entwicklung brauchen gute Beziehungen zu anderen (Künne & Kuhl, 2014). So brauchen Kinder Bindungssicherheit (Bowlby, 2008) gegenüber dem Erwachsenen, um Selbstkompetenz entwickeln zu können (Kuhl, Künne & Aufhammer, 2011). So wie Kinder vor allem von Menschen modellhaft Verhaltensweisen übernehmen, mit denen sie in einer guten Beziehung stehen (z.B. Rinck & Becker, 2011), so ist auch in Fortbildungen, die die Förderung der Selbstkompetenz zum Thema haben, die Bedeutung der Beziehung zwischen Fortbildenden und Teilnehmenden essentiell. Auch diese Beziehungen müssen von gegenseitiger Akzeptanz und Verstehen geprägt sein, damit sich Selbstkompetenz entwickeln können (Kuhl, Schwer & Solzbacher, 2014, S. 91). Kurz: Um Selbstkompetenz zu entwickeln, muss man sich in seinem „SELBST" angesprochen fühlen. Dies passiert dadurch, dass man sich vom Gegenüber der Interaktion verstanden, angesprochen und erkannt fühlt, eine persönliche Beziehung zu ihm erlebt.

Wie also Selbstkompetenzentwicklung durch Modelllernen beim Kind unterstützt werden kann und eine selbstkompetente pädagogische Fachkraft eher in der Lage ist, Kinder in ihrer Selbstkompetenzentwicklung zu unterstützen, so kann auch ein(e) selbstkompetente(r) FortbildnerIn als Rollenmodell das Training der Selbstkompetenz bei den pädagogischen Fachkräften unterstützen. Hierzu muss auf dieser Ebene die Beziehung stimmen, welche die Aktivierung des SELBST-Systems des „Lernenden" ermöglicht. „Nur ein Lehrer, der den Sinn und die Relevanz von Selbsttätigkeit für sich erfahren hat, wird sie auf Dauer und möglichst umfassend seinen Schülern zugestehen und bei ihnen fördern" (Reich, 1996, S. 81).

So ist in der beschriebenen Fortbildungsreihe Wertschätzung nicht nur ein Bedürfnisfeld, sondern wird auch von den WorkshopleiterInnen vorgelebt. Rogers (1985) postuliert Wertschätzung (bzw. bedingungslose positive Zuwendung) als eine Lernbedingung in der Therapie. Diese Voraussetzung gilt ebenso für Fortbildungen zum Thema der Selbstkompetenz, da sie Bedingung für das Lernen der Teilnehmenden ist. Rogers ging es um die Entwicklung der Persönlichkeit, darum geht es auch in diesen Veranstaltungen. Auch aus neurobiologischer Sicht sind Wertschätzung und eine positive Beziehung zu anderen für das Lernen wichtig, da mit ihnen ganz eng die Motivation verbunden ist (Bauer, 2008). Aus der Sicht der PSI-Theorie muss bei TeilnehmerInnen, die an ihrer Selbstkompetenz arbeiten wollen, ihr SELBST aktiviert werden. Und das passiert immer nur, wenn ein Mensch sich vom Gegenüber wertgeschätzt und als ganze Person gemeint fühlt (Künne & Kuhl, 2014). „Wertschätzung beinhaltet die Akzeptanz des anderen als eigenständige, liebenswerte Person mit individuellen Bedürfnissen und Handlungsweisen“ (Krus, 2004, S. 109). Damit wird eine Atmosphäre des Willkommenseins geschaffen und ein authentischer, offener Austausch über die Themen und eigene Empfindungen dazu überhaupt erst ermöglicht, weshalb dieser Aspekt so grundlegend für die Effektivität des Angebots ist. Es impliziert auch einen weiteren, für diese Fortbildungen zentralen Punkt, nämlich dass für die Teilnehmer kein richtiger Weg oder eine passende Veränderung im Berufsalltag vorgezeichnet ist. Vielmehr werden die Teilnehmer ermutigt und möglicherweise auch schon befähigt, *ihren* Weg zu gehen (vgl. Gutberlet, 2005).

Bedeutung von Freiwilligkeit

Einer guten Beziehung vorgeschaltet ist die Freiwilligkeit der Teilnahme an der Fortbildung. Nehmen Fachkräfte an Fortbildungen zu dem Thema der Selbstkompetenz teil, ohne ein gewisses Maß an intrinsischer Motivation mitzubringen oder haben sogar innere Widerstände, ist nicht auszuschließen, dass diese Fortbildung für sie ohne positive Effekte bleibt. Dieser enge Zusammenhang zwischen Freiwilligkeit und Selbstkompetenzentwicklung lässt sich darauf zurückführen, dass jede Form von Kontrolle durch äußere oder innere Kräfte eher das bewusste ICH erreicht als das in seiner enormen Ausdehnung weitgehend unbewusste SELBST (Kuhl, 2011; Storch & Kuhl, 2012).

Daher ist Teilnehmenden-Gewinnung ein recht sensibles Thema: Werden pädagogische Fachkräfte „geschickt“, kann es passieren, dass sie sich den Inhalten – insbesondere auch dem Thema „Offenheit“ als Ausgangspunkt für die weitere Zusammenarbeit in der Fortbildung verschließen. Auch kann es dazu führen, dass sie sich im Sinne einer selbsterfüllenden Prophezeiung oder entscheidungsstabilisierenden Dissonanzreduktion (z.B. Shultz, Léveillé & Lepper, 1999; vgl. Festinger, 1957) innerlich eine Strategie zurechtlegen, die sie immer wieder in ihrer Einstellung zur Fortbildung bestätigt.

Zur Vermeidung solcher missglückten Fortbildungsteilnahmen ermöglicht der ständige Austausch und das Erleben in der Gruppe häufig ein Verändern einer anfänglichen ablehnenden Einstellung. Durch das Erleben der Relevanz für andere Teilnehmende, die im gleichen Tätigkeitsfeld arbeiten und somit ähnliche Probleme und Sorgen, Berufserfahrungen teilen, steigt auch das Erkennen der Selbstrelevanz der Inhalte. Fühlen sich „geschickte" Fachkräfte durch den persönlichen Austausch mit den anderen Teilnehmenden in der Gruppe zunehmend verbunden, steigt die Wahrscheinlichkeit, die Ablehnung stückweise auflösen zu können (vgl. dazu auch Lahninger, 2012).

Natürlich treten auch bei freiwilliger Teilnahme immer wieder Widerstände auf – insbesondere durch die Andersartigkeit der Fortbildung. Vor allem, da die Andersartigkeit speziell darin besteht, dass sie das bereits vorangehend erwähnte SELBST-System der Teilnehmenden anspricht. Die meisten TeilnehmerInnen sind es gewohnt, dass gerade in der Erwachsenenbildung Lernen durch die Vermittlung von kognitiven Wissensinhalten erfolgt, wie sie es meistens über einen langen Zeitraum auch selbst in Schule und Studium kennengelernt haben (vgl. Welbers & Gaus, 2005). Die Lernprozesse dieses Seminarangebotes finden hingegen auf Ebene des SELBST-Systems statt, die nicht oder nur schwerlich versprachlicht werden können. Die Erfahrung des SELBST-Systems kann wegen seiner immensen Ausdehnung aller gleichzeitig, d.h. parallel, berücksichtigten Erfahrungen, nicht vollständig bewusst werden (Kuhl, 2001). Unsere Sprache als symbolisch verbaler Code (vgl. Multiple Code Theory nach Bucci, 2002) ist aber bewusstseinspflichtig. Die dadurch auftretenden Widerstände werden aber durch die Praxisanteile in den Fortbildungen, die das SELBST-System ansprechen, "umgangen" und somit stückweise aufgelöst. Somit spielen sowohl bei Geschickten als auch bei Freiwilligen die Gruppe und die Gesamtatmosphäre innerhalb der Fortbildung eine entscheidende Rolle.

Aus den genannten Gründen, wurde das Bedürfnisfeld „Offenheit" ganz gezielt als erstes Thema in den Fortbildungen gewählt, um die Bedeutsamkeit von Offenheit für das Thema der Selbstkompetenz, die Methodik, die Gruppe und Veränderungen ganz allgemein deutlich werden zu lassen. In einer wertschätzenden, vertrauensvollen Atmosphäre, die es nicht zuletzt durch die Fortbildenden zu schaffen gilt, wird es den Teilnehmenden ermöglicht, sich Schritt für Schritt zu öffnen. Dabei ist es wichtig, dass sie immer die Gewissheit haben, jederzeit selbst bestimmen zu können und müssen, wie weit sie sich öffnen, was sie von sich und ihren Erfahrungen in die Gruppe einbringen möchten. Daher wird u.a. auch im Rahmen des Bedürfnisfeldes der Offenheit aufgezeigt, dass vollkommene Offenheit nicht unbedingt sinnvoll und zielführend ist. So ist im Sinne des Wertequadrates von Helwig (1967) und Schulz von Thun (1989) als Ideal eine dynamische Balance anzustreben, denn jeder Wert (hier die Offenheit) kann nur dann zu einer konstruktiven Wirkung gelangen, wenn er sich in ausgehaltener Spannung (Balance) zu einem positiven Gegenwert, einer „Schwestertugend" (hier der Begrenzung; siehe auch „Bedeutung der Begrenzung" weiter unten) befindet.

Bedeutung der systemisch-konstruktivistischen Hintergrundfolie

Um der oben bereits erwähnten Subjektivität des Empfindens gerecht zu werden, wird in der gesamten Konzeption, Durchführung und Analyse der Fortbildungen eine systemisch-konstruktivistische Hintergrundfolie mitgedacht. Die Metapher der „Hintergrundfolie" soll verdeutlichen, dass der systemische Konstruktivismus unauffällig und unausgesprochen im Hintergrund bleibt, dort aber nichtsdestotrotz für die Wirksamkeit der Fortbildung essentiell ist.

Konstruktivistischen Gedanken folgend hat kein Mensch Zugriff auf die Wirklichkeit, da den Menschen keine Objektivität in der Wahrnehmung möglich ist (Roth, 1987). Die rein sensorischen Informationen der Sinnesorgane und -zellen sind dem Bewusstsein eines Menschen nicht objektiv, also vor der Verknüpfung mit individuellen Erinnerungen und Assoziationen, zugänglich (vgl. Damasio, 1997, vgl. auch Zimmer, Keßel & Schache, in diesem Band). Somit beeinflussen immer subjektive Aspekte den Wahrnehmungsprozess mit. Auch registriert der Mensch immer nur Ausschnitte der Umwelt, die er aus seiner individuellen Erfahrung heraus ergänzt und zu einem Gesamtbild zusammenfügt (vgl. Frith, 2013). Folglich kann von einer „Konstruktion der Wirklichkeit" durch das erkennende Individuum gesprochen werden (vgl. v. Glaserfeld, 1987; v. Foerster, 1995). Wenn wir unsere Wirklichkeit konstruieren, also „Erfinder unserer Wirklichkeit" (Reich, 1996, S. 83) sind, dann ist es wichtig, dass das Wissen in Form von Erlebenssituationen für die Teilnehmenden selbst erfahrbar wird, um dann in eigene Konstruktionen überführt zu werden. Die Überführung erfolgt mit Hilfe der anschließenden Reflexion, in der die Bedeutung der Erfahrung für die eigenen individuellen Interessen-, Motivations- und Gefühlslagen erfasst wird. „Es bedarf einer steten konstruktiven Aktivität in verschiedenen Rollen und unter unterschiedlichsten Beobachterperspektiven, es bedarf einer Reflexion nicht nur auf kognitive Inhalte, sondern auch auf Gefühle, Einstellungen, Wertmuster usw., also einer Kommunikation über die Beziehungsseite selbst" (Reich, 1996, S. 78; vgl. auch Schache & Künne, in diesem Band).

Im Rahmen der Fortbildung dürfen neben den konstruktivistischen Gedanken auch systemische Gedanken nicht außer Acht gelassen werden, da auch pädagogische Fachkräfte als ein Mikrosystem definiert werden können, dass in einem größeren

(Makro-)System immer mit anderen Mikrosystemen im Austausch steht (vgl. Bronfenbrenner, 1981). Insofern steht jeder Mensch als Mikrosystem in einem Wirkgeflecht eines übergeordneten Systems. Veränderungen in anderen Systemen nehmen Einfluss auf das System der einzelnen Fachkraft, d.h., dass auch Ursachen für erwünschte sowie unerwünschte Verhaltensweisen nie nur auf das einzelne Mikrosystem gerichtet betrachtet werden dürfen (vgl. das Prinzip der Zirkularität; z.B. v. Schlippe & Schweitzer, 2012). Immer müssen auch die Zusammenhänge im übergeordneten System Berücksichtigung finden. Überdies bilden auch wieder die Referierenden und Teilnehmenden ein „zirkuläres Beziehungssystem" (Reich, 1996, S.80), so dass auch auf dieser Ebene Inhalts- und Beziehungsebene miteinander verwoben sind (vgl. z.B. Reich, 2010).

Da schließlich jede pädagogische Fachkraft für sich ein Mikrosystem darstellt, gelten auch für jede einzelne Fachkraft systemische Annahmen: Da jedes System individuell entwickelt ist, reagiert es auch ebenso individuell auf Einflüsse von außen. Wissensinhalte, Erlebenssituationen oder Reflexionsfragen werden von jeder Fachkraft unterschiedlich aufgenommen und verarbeitet. Somit kann ein bestimmtes Spiel oder eine Reflexionsfrage bei einer teilnehmenden Person ganz unterschiedliche, sogar teilweise gegensätzliche Reaktionen hervorrufen als bei einer anderen. So kann die gleiche Erfahrung manch einem „wie vom Blitz getroffen" Dinge bewusst und klar werden lassen, anderen jedoch keinen Anknüpfungspunkt bieten. Damit einher geht die Folge, dass mit einer Facette niemals alle Teilnehmenden berührt werden können.

Zusammengebracht lässt sich das Gedankengut beider Perspektiven dadurch zusammen fassen, dass alle Bestandteile der Fortbildung nur Angebotscharakter haben können, da eine systemisch-konstruktivistische Pädagogik „keine Aufklärungspädagogik proklamieren [möchte], die schon *vor* Beteiligung ihrer Teilnehmer weiß, was für diese gut sein wird" (Reich, 2010, S. X; Hervorhebungen im Original).

Bedeutung der Prozessorientierung

Da folglich niemand vorhersehen kann, welche Spiele und Übungen oder Wissensaspekte in der Fortbildung bei wem welche Prozesse in Gang bringen und möglicherweise Weichen für Veränderungen im pädagogischen Handeln einleiten werden, ist ein großer und vielfältiger Fundus an Inhalten vonnöten, um für möglichst alle Teilnehmenden entsprechend passende Angebote realisieren zu können, die wiederum für jeden die geeignete, erkenntnisbringende Pertubation (Maturana & Varela, 1989) ermöglichen.

Neben einem großen Repertoire an möglichen Angeboten ist vor allem aber auch eine stetige, achtsame Reflexion der FortbildnerInnen gefragt, um einschätzen zu können, welche Teilnehmenden noch Anstöße und Impulse benötigen, und welcher Art diese sein sollten. Somit findet eine Orientierung an den einzelnen Teilnehmenden und ihren Bedürfnissen statt. Dies wiederum wird durch eine frei schwebende Form der Aufmerksamkeit aufseiten des Fortbildenden unterstützt. Diese Aufmerksamkeitsform wird Vigilanz genannt (Kuhl, 2001; Posner & Rothbart, 1992) und bezeichnet eine dauerhafte diffuse Bereitschaft für alle Information der Innen- und Außenwelt. Dabei werden die Informationen besonders hervorgehoben, die mit irgendeinem Teil des persönlichen Erlebnis- und Erfahrungsspeichers übereinstimmen und für den gerade aktiven Plan relevant scheinen (vgl. Engel & Kuhl, 2015) – also in diesem Fall solche Informationen, die für das weitere methodische Vorgehen und die Handlungsfähigkeit der FortbildnerInnen relevant sind.

> „Intuitiv motiviertes Handeln im psychomotorischen Prozess ist demnach nicht zu verwechseln mit Beliebigkeit, ausschließlich emotionsgeleitetem Handeln, sondern setzt Erfahrung, Wissen, Kenntnisse und Denken voraus, das in der Gegenwart in einer Weise zusammengesetzt wird, wie es dem diskursiven, an Nacheinander gebunden [sic] Denken nicht gelingt. Die jeweiligen Situationen werden sinnlich wahrgenommen, von Gefühlen begleitet, aber gehen zudem über diese hinaus. Das Entscheidende wird umfassend und sehr schnell erfasst. Auf diese Weise wird es möglich, so zu handeln, wie es in methodisch-didaktischen Überlegungen, mangels Unmittelbarkeit, nicht planbar ist." (Haas, 2014, S. 35f.)

Die Vigilanz operiert aus dem Hintergrund des Bewusstseins (Posner & Petersen, 1990) und wird vermittelt durch die Aktivität des SELBST. Es ist somit Selbstzugang für diese Form der Aufmerksamkeit (Kuhl, 2011; Storch & Kuhl, 2012) und für die Wahrnehmung der eigenen und fremden Bedürfnisse (Künne & Kuhl, 2014) vonnöten. Dieser Selbstzugang schließlich erfordert eine gewisse Gelassenheit der Fortbildenden, da diese den Zugang zum SELBST erst bahnt (vgl. auch Schache & Künne, in diesem Band; Keßel, Engel et al., in diesem Band). Die Aktivierung des SELBST kann wiederum den gelassenen Zustand verstärken (Kuhl, 2001). Dies mag den Fortbildenden die Gelassenheit geben, die möglicherweise geringere Kontrolle über das Geschehen in der Fortbildung auszuhalten, die aus der Orientierung an den Bedürfnissen der Teilnehmenden resultieren mag. Seewald (2007) geht noch einen Schritt weiter und empfiehlt, die geringe Kontrolle und Unsicherheit in prozessorientierten Fördersituationen nicht zu bekämpfen, sondern sogar zu begrüßen, da sie die Wachsamkeit und Beweglichkeit erhält. Daher erscheint Gelassenheit auch förderlich für die unbedingte Forderung nach Prozessorientierung, welche sich ebenso aus dem Angebotscharakter der Fortbildung ergibt.

Aufbauend auf der Pilotstudie (vgl. Sauerhering & Behrensen, in diesem Band) wurden Bedürfnisfelder formuliert und im Dialog mit Fachkräften eine Fortbildungsstruktur entwickelt (vgl. Doll & Kruse-Heine, in diesem Band). Eine gewisse Grundstruktur ist somit allen Fortbildungen zur „Selbstkompetenz" im Rahmen des beschriebenen Projektes zu eigen. Aber jede Fortbildungsreihe setzt an unterschiedlichen Stellen inhaltliche oder methodische Schwerpunkte, die sich aus der Gruppenzusammensetzung und Gruppendynamik im Verlauf der Fortbildung ergeben. Je nachdem, welche Aspekte, Themen oder methodischen Zugänge sich für die jeweilige Gruppe als effizient und effektiv für die Bearbeitung von Selbstkompetenz zeigen, kann diesen mehr Zeit eingeräumt werden oder bewusst davon Varianten entwickelt werden. Ohne bestimmte Themen oder Zugänge zu vernachlässigen, macht es Sinn, den Verlauf und die Ausgestaltung der jeweiligen Fortbildungen im Prozess immer wieder an die einzelne Gruppe anzupassen. Beim Thema Wertschätzung beispielsweise gibt es mehrere Aspekte, die sich aus der Selbstreflexion mit Hilfe eines Arbeitsblattes und dem Austausch mit der Gesamtgruppe ergeben: Wo oder von wem bekomme ich Wertschätzung? Wo oder von wem vermisse ich Wertschätzung? Wann oder wem zeige ich Wertschätzung? Wann oder wem zeige ich keine Wertschätzung? Auch wenn diese Fragen alle miteinander zu tun haben, ergibt sich meistens ein spezifischer Schwerpunkt in der Gruppe. Je nach Gruppe könnte vertiefend diskutiert werden, warum bestimmten Personen keine Wertschätzung gezeigt wird und wie bzw. ob man das ändern müsste. Ebenso wäre es möglich, vertiefend zu thematisieren, weshalb es in bestimmten Situationen so schwer fällt, Wertschätzung zu zeigen. Es wurde in den Workshops auch der Umstand länger diskutiert, dass von bestimmten Personen Wertschätzung vermisst wurde und wie damit umgegangen werden könnte bzw. wie das empfunden wird und was die Folge sein könnte. Alles sind Beispiele für verschiedene Schwerpunkte der Thematisierung des Bedürfnisfeldes „Wertschätzung" – aber letztendlich führt der Austausch in allen Fällen dazu, für dieses Thema sensibilisiert zu werden und es im Alltag stärker und ressourcenorientiert zu verankern.

Bedeutung der Begrenzung

Die systemisch-konstruktivistische Hintergrundfolie und die damit direkt verbundene Forderung nach Prozessorientierung eröffnet viel Spielraum für

Fortbildende, aber auch für die Teilnehmenden. Um dennoch einer potentiell aus dem Spielraum resultierenden Gefahr der Beliebigkeit vorzubeugen, sind bei Fortbildungen des in diesem Band beschriebenen Projekts die fünf Bedürfnisfelder als Rahmen festgeschrieben. Wie bereits beschrieben, wurden die genannten Bedürfnisfelder aus der Pilotstudie generiert und mit den Fachkräften erarbeitet. Sie bestätigten sich in den bisherigen Fortbildungen immer wieder als passend (vgl. Pöpel, in diesem Band), so dass man sich auf ihre Relevanz für pädagogische Fachkräfte berufen kann. Somit bilden die validierten Bedürfnisfelder eine Begrenzung der Flexibilität. Dieses Grundgerüst hat sich in der Praxis als sehr hilfreich und tragend gezeigt: Die Vorstrukturierung durch die Bedürfnisfelder ermöglichte immer wieder spezifische, im Verlauf aufkommende Themen in die Grundstruktur einzuordnen und damit auch eine gewisse Stringenz in den Fortbildungen trotz aller Prozessorientierung zu erhalten.

Die Orientierung an den mit den tätigen Fachkräften erarbeiteten Bedürfnisfeldern und die Festlegung auf ihre Bearbeitung bieten überdies auch den Vorteil, dass sie ein Eingehen auf mögliche unterschwellige instruktive Forderungen von Kostenträgern unmöglich machen. Die Orientierung an den individuellen und von den Teilnehmenden selbst ausgedrückten Bedürfnislagen (und gerade nicht ihrer ArbeitgeberInnen) ist eine unabdingbare Voraussetzung für die Arbeit an den Facetten der aus dem SELBST gespeisten Selbstkompetenz, denn nur so kann einer dem Selbstzugang zuzuordnenden Überprüfung standgehalten werden, die sicherstellen soll, dass die Themen und Inhalte auch mit den eigenen Zielen und Werten übereinstimmen (vgl. Kazén, Baumann & Kuhl, 2003).

Somit scheint hier gerade die Begrenzung zielführend und bedürfnisorientiert. Da also die Festlegung auf die Bedürfnisfelder eine Abgrenzung von Beliebigkeit und fremden Anforderungen ist, scheint somit das Setzen von Grenzen nicht nur ein wichtiges zu bearbeitendes Bedürfnisfeld innerhalb der Fortbildung (vgl. Doll & Kruse-Heine, in diesem Band), sondern eben auch eine wichtige Handlungsmaxime für die Fortbildenden selbst. Schließlich ist die Begrenzung der Beliebigkeit durch die behandelten Bedürfnisfelder überdies auch wichtig, um eine wissenschaftliche Vergleichbarkeit zu gewährleisten. Folglich können alle durchgeführten Fortbildungen auch dem Projekt zugeordnet werden und es war damit auch eine Vergleichbarkeit der verschiedenen Veranstaltungen innerhalb der Fortbildungsevaluationen gegeben (vgl. Pöpel, in diesem Band).

Bedeutung der Interdisziplinarität

Die Beteiligung verschiedener Fachdisziplinen zeichnete zunächst den Forschungszugang aus, der es ermöglichte Synergieeffekte zu nutzen. Der

Austausch in der Entwicklung der Fortbildungen ließ deutlich werden, dass die Zusammenarbeit mehr als nur eine Summierung der Möglichkeiten ergab. Erst die Interdisziplinarität ließ Ideen und Methoden entstehen, die in den jeweiligen Fachdisziplinen allein nicht möglich waren. So wie die Erziehungswissenschaft der psychologischen PSI-Theorie einen Praxisanbindung zur Verfügung stellt, kann durch die psychomotorischen Erlebenssituationen das SELBST der TeilnehmerInnen im Seminar aktiviert werden, was wiederum Voraussetzung ist, um nachhaltig auf der persönlichen, berufsbezogenen Ebene über Selbstkompetenz sprechen zu können (vgl. Schache & Künne, in diesem Band).

Dieser Mehrwert wurde auch in die Fortbildungen transferiert, da bei den Fortbildungen immer alle drei beteiligten Disziplinen personell vertreten sind. Der interdisziplinäre Zugang ist eine wichtige Grundbedingung für problemorientiertes Lernen, dass auch von Reusser (2005) im Verweis auf Aebli (1975) für die Lehrerausbildung als Ergänzung zum systematischen, fachspezifischen Angebot gefordert wird. Die Evaluation (vgl. Pöpel, in diesem Band) zeigt, dass die Kooperation verschiedener Wissenschaftsgebiete als sehr sinnvoll und hilfreich wahrgenommen wurde, auch in den Seminaren mit Lehramtsstudierenden.

Der Bezug aller Disziplinen auf die PSI-Theorie lässt sogar die Einordnung als Transdisziplinarität zu. In Bezug auf Jantsch (1972) wird Transdisziplinarität als „die auf gemeinsame Zwecke – common purpose – gerichtete Koordination [von] (...) Disziplinen und Interdisziplinen eines komplexen Wissenschaftssystems auf der Basis einer generalisierten Axiomatik als verbindendem Prinzip“ (zit. n. Jahn, 2008, S.1) verstanden. Die PSI-Theorie stellt hierbei als gemeinsame theoretische Basis die Axiomatik der Koordination im Sinne Jantsch dar (Engel, Gehrs & Keßel, i. Vorb.). Das heißt die PSI-Theorie ermöglicht einen gemeinsamen Verständnisrahmen im Sinne eines geteilten mentalen Modells (z.B. Klimoski & Mohammed, 1994), welches eine gemeinsame Sprache und somit die Kommunikation zwischen den Disziplinen ermöglicht, was eine unabdingbare Bedingung für gelingende Transdisziplinarität darstellt (z.B. Gibbons, Limoges, Nowotny, Schwartzman, Scott & Trow, 1994). Auch hier wird deutlich, dass das Bedürfnisfeld Kommunikation (vgl. Doll & Kruse-Heine, in diesem Band) bereits in der Entwicklung, aber auch in der Durchführung der Fortbildungen eine entscheidende Rolle spielt.

Bedeutung der Bedürfnisfelder

Das zentrale Ziel der Fortbildung ist die Förderung der Selbstkompetenz bei pädagogischen Fachkräften. Die geförderte Selbstkompetenz bei den Fachkräften wiederum wirkt auch indirekt auf die Förderung der Selbstkompetenz bei den Kindern und Jugendlichen. Diese Vermittlung von den Fachkräften auf die Kinder und Jugendlichen findet auf Basis gelungener pädagogischer Beziehungen (Künne & Kuhl, 2014) zu einem selbstkompetenten Vorbild (vgl. Kuhl & Völker, 1998; Gebauer & Hüther, 2002) statt. Führt man dieses Wirkungsmodell der Selbstkompetenzförderung konsequent weiter, lässt es sich auch in den Fortbildungskontext übertragen: So wie die Kinder und Jugendlichen Selbstkompetenz an der selbstkompetenten pädagogischen Fachkraft entwickeln können, so mögen selbstkompetente FortbildnerInnen ein Modell für teilnehmende pädagogisch Fachkräfte sein. Dabei ist natürlich die Wirkkraft eines Fortbildenden wesentlich geringer als diejenige der pädagogischen Fachkraft auf die Kinder, gerade auch deshalb, da es nur ein kurzfristiges Modell sein kann. Auch ist es nur ein mögliches Modell von vielen.

Dieser mögliche Ansatzpunkt oder Bezugspunkt für die Teilnehmenden kann und sollte aber so weit als möglich von den Fortbildenden zur Verfügung gestellt werden. Dies geht einher mit einer daraus unbedingt resultierenden Verantwortung der Fortbildenden. Diese Verantwortung kann zwar nicht bedeuten, dass es sich bei FortbildnerInnen um hundertprozentig selbstkompetente Personen handelt. Aber diese Verantwortung erfordert neben einer ständigen Weiterbildung in Bezug auf die Selbstkompetenz eine Annäherung an das Ideal der „vollständigen" Selbstkompetenz.

Eine solche Annäherung erfolgte in der vorliegenden Fortbildung über die Umsetzung der Bedürfnisfelder (vgl. Doll & Kruse-Heine, in diesem Band) im Rahmen der Fortbildungsdurchführung. So finden sich auch in der vorliegenden Rahmung die Bedürfnisfelder, welche als Inhalte thematisiert werden wieder. Das Bedürfnisfeld der Wertschätzung spiegelt sich als wichtige Komponente in der Beziehung zwischen Teilnehmenden und Fortbildenden. Auch ist eine Verbindung von Freiwilligkeit und Offenheit zur Arbeit an den eigenen Selbstkompetenz unabdingbar. Die Gelassenheit wiederum ist nicht nur Bedürfnisfeld, sondern Ausgangspunkt und Verstärker für die Prozessorientierung in der Fortbildung. Die Begrenzung der Fortbildung durch die Festlegung der Bedürfnisfelder, um so eine Abgrenzung von Beliebigkeit und fremden Anforderungen zu ermöglichen, verdeutlicht auch die Bedeutung des Setzens von Grenzen aufseiten der Fortbildenden. Schließlich ist die Kommunikation zwischen den Teilnehmenden untereinander und zur FortbildnerIn bedeutsam. Dies ist nicht nur im Hinblick auf den Erfahrungsaustausch wichtig. Die Methodik des erlebensbasierten Reflektierens ermöglicht überhaupt erst Kommunikation über bestimmte Themen. Das bedeutet, dass neben der Offenheit auch die Kommunikation für einen gelingenden Austausch möglich gemacht werden muss. Diesen Reflexionen in der Fortbildung geht immer auch die Kommunikation mit sich selbst voraus: Es geht darum, die eigenen körperlichen Signale zu hören und zu verstehen (vgl. Schache & Künne, in diesem Band). Kommunikation ist aber auch unabdingbare Voraussetzung für gelingende Transdisziplinarität, wie sie in der Fortbildung durch die AkteurInnen gelebt wird. Somit bilden die Bedürfnisfelder nicht nur die Inhalte, sondern sind überdies zentrale Bestandteile der Rahmung und somit der Gesamtkonzeption der Fortbildung.

Literatur

Aebli, H. (1975). Die Erziehungswissenschaften im Studium des Lehrers: Orientierung an praktischen Problemsituationen oder an der wissenschaftlichen Systematik? In H. Aebli & G. Steiner (Hrsg.), *Probleme der Schulpraxis und die Erziehungswissenschaften* (S. 19-28). Stuttgart: Klett.

Arnold, R. (2007). *Ich lerne, also bin ich. Eine systemisch-konstruktivistische Didaktik*. Heidelberg: Carl Auer.

Bandura, A. (1965). Influence of models' reinforcement contingencies on the acquisition of imitative responses. *Journal of Personality and Social Psychology, 1* (6), 589-595.

Bauer, J. (2008). *Prinzip Menschlichkeit. Warum wir von Natur aus kooperieren* (aktual. Taschenbucherstausgabe). München: Heyne.

Baumann, N. & Kuhl, J. (2005). Selbstregulation und Selbstkontrolle. In H. Weber & T. Rammsayer (Hrsg.), *Handbuch der Persönlichkeitspsychologie und Differentiellen Psychologie* (S. 362-373). Göttingen: Hogrefe.

Bönsch, M. (2001). In der Familie fängt alles an. Zu einer Revitalisierung der Arbeit mit den Eltern. *Förderschulmagazin, 23* (10), 5-10.

Bowlby, J. (2008). *Bindung als sichere Basis. Grundlagen und Anwendung der Bindungstheorie*. München: Ernst Reinhardt.

Bronfenbrenner, U. (1981). *Die Ökologie der menschlichen Entwicklung*. Stuttgart: Klett-Cotta.

Bucci, W. (2002). The referential process, consciousness, and the sense of self. *Psychoanalytical Inquiry, 22* (5), 776-793.

Damasio, A.R. (1997). *Descartes' Irrtum. Fühlen, Denken und das menschliche Gehirn*. München: dtv.

Engel, A.M., Gehrs, V. & Keßel, P. (i. Vorb.). Professionalisierung am eigenen Leib erfahren: Selbstkompetenz als Basis der Handlungskompetenz im Lehrerberuf.

Engel, A.M. & Kuhl, J. (2015): Personality and Planning: The Interplay Between Linear and Holistic Processing. In M.D. Mumford & M. Frese (Hrsg.), *The Psychology of Planning in Organizations. Research and Applications* (S. 58-88). New York, NY: Routledge.

Festinger, L. (1957). *A theory of cognitive dissonance.* Stanford, CA: Stanford University.

Foerster, H. v. (1995). Das Konstruieren einer Wirklichkeit. In: P. Watzlawick (Hrsg.), *Die erfundene Wirklichkeit. Wie wissen wir, was wir zu wissen glauben* (9. Aufl.) (S. 39-60). München: Piper.

Frith, C. (2013). *Wie unser Gehirn die Welt erschafft.* Berlin: Springer Spektrum.

Gebauer, K. & Hüther, G. (Hrsg.) (2002). *Kinder suchen Orientierung. Anregungen für eine sinn-stiftende Erziehung.* Düsseldorf: Walter.

Gibbons, M., Limoges, C., Nowotny, H., Schwartzman, S., Scott, P. & Trow, M. (1994). *The new production of knowledge: The dynamics of science and research in contemporary societies.* London: Sage.

Glaserfeld, E. v. (1987). Einführung in den radikalen Konstruktivismus. In E. v. Glaserfeld (Hrsg.), *Wissen, Sprache und Wirklichkeit* (S. 198-212). Braunschweig, Wiesbaden: Vieweg + Teubner.

Gutberlet, M. (2005). Empathie, Wertschätzung und Kongruenz im Personenzentrierten Ansatz: Mehr und etwas anderes als in den theorie-/ technikzentrierten Ansätzen. *Gesprächspsychotherapie und Personenzentrierte Beratung, 36*, 270-276.

Haas, R. (2014). Methodische Hinweise. In R. Haas, C. Golmert & C. Kühn, *Psychomotorische Gesundheitsförderung in der Praxis. Spiel- und Dialogräume für Erwachsene* (S. 35-54). Schorndorf: Hofmann.

Helwig, P. (1967). *Charakterologie* (2. Aufl.). Freiburg: Herder.

Jahn, T. (2008). Transdisziplinarität in der Forschungspraxis. In M. Bergmann & E. Schramm (Hrsg.), *Transdisziplinäre Forschung. Integrative Forschungsprozesse verstehen und bewerten* (S. 21-37). Frankfurt: Campus.

Jantsch, E. (1972). Towards Interdisciplinarity and Transdisciplinarity in Education and Innovation. In Centre for Educational Research and Innovation (CERI) (Hrsg.), Interdisciplinarity: Problems of Teaching and Research in Universities. Paris: OECD Publications.

Kazén, M., Baumann, N. & Kuhl, J. (2003). Self-infiltration and self-compatibility checking in dealing with unattractive tasks and unpleasant items: The moderating influence of state vs. action orientation. *Motivation and Emotion, 27*, 157-197.

Klimoski, R. & Mohammed, S. (1994). Team mental model: Construct or metaphor? *Journal of Management, 20* (2), 403-437.

Kuhl, J. (2001). *Motivation und Persönlichkeit. Interaktionen psychischer Systeme.* Göttingen: Hogrefe.

Kuhl, J. (2011). Wie funktioniert das Selbst? *Psychologie-Unterricht, 44*, 23-27.

Kuhl, J. & Alsleben, P. (2012). *Manual für die Trainingsbegleitende Osnabrücker Persönlichkeitsdiagnostik TOP* (1. limitierte Nachauflage). Münster: Sonderpunkt.

Kuhl, J., Künne, T. & Aufhammer, F. (2011). Wer sich angenommen fühlt, lernt besser: Begabungsförderung und Selbstkompetenzen. In J. Kuhl, S. Müller-Using, C. Solzbacher & W. Warnecke (Hrsg.), *Bildung braucht Beziehung. Selbstkompetenz stärken – Begabungen entfalten* (S. 15-27). Freiburg: Herder.

Kuhl, J., Schwer, C. & Solzbacher, C. (2014). Professionelle pädagogische Haltung: Persönlichkeitspsychologische Grundlagen. In C. Schwer & C. Solzbacher (Hrsg.), *Professionelle pädagogische Haltung. Historische, theoretische und empirische Zugänge zu einem viel strapazierten Begriff* (S. 79-106). Bad Heilbrunn: Klinkhardt.

Kuhl, J. & Völker, S. (1998). Entwicklung und Persönlichkeit. In H. Keller (Hrsg.), *Lehrbuch der Entwicklungspsychologie* (S. 207-240). Bern: Hans Huber.

Künne, T. & Kuhl, J. (2014). Warum die Beziehung so wichtig ist... Selbstkompetenz aus Sicht einer integrativen Persönlichkeitstheorie. In C. Solzbacher, M. Lotze & M. Sauerhering (Hrsg.), *SELBST-LERNEN-KÖNNEN: Selbstkompetenzförderung in Theorie und Praxis* (S. 21-34). Baltmannsweiler: Schneider Hohengehren.

Künne, T. & Sauerhering, M. (2012). *Selbstkompetenz(-Förderung) in KiTa und Grundschule.* Nifbe-Themenheft Nr. 4. Osnabrück: Eigenverlag.

Krus, A. (2004). *Mut zur Entwicklung. Das Konzept der psychomotorischen Entwicklungstherapie.* Schorndorf: Hofmann.

Lahninger, P. (2012). *Widerstand als Motivation. Herausforderungen konstruktiv nutzen in Moderation, Training, Teamentwicklung, Coaching, Beratung und Schule* (3. Aufl.). Münster: Ökotopia.

Martens, J.-U. & Kuhl, J. (2011). *Die Kunst der Selbstmotivierung. Neue Erkenntnisse der Motivationsforschung praktisch nutzen* (4. Aufl.). Stuttgart: Kohlhammer.

Maturana, H.R. & Varela, F.J. (1989). *Der Baum der Erkenntnis. Die biologischen Wurzeln des menschlichen Erkennens.* München: Goldmann.

Pachner, A. (2013). Selbstreflexionskompetenz. Voraussetzung für Lernen und Veränderung in der Erwachsenenbildung? *Magazin Erwachsenenbildung, 20,* 1-9.

Posner, M.I. & Petersen, S.E. (1990). The attention system of the human brain. *Annual Review of Neuroscience, 13,* 25–42.

Posner, M.I. & Rothbart, M.K. (1992). Attentional mechanisms and conscious experience. In A.D. Milner & M.D. Rugg (Hrsg.), *The neuropsychology of consciousness. Foundations of neuropsychology* (S. 91–111). San Diego, CA : Academic Press.

Reich, K. (1996). Systemisch-konstruktivistische Didaktik. Eine allgemeine Zielbestimmung. In R. Voß (Hrsg.), *Die Schule neu erfinden. Systemisch-konstruktivistische Annäherungen an Schule und Pädagogik* (S. 70-91). Neuwied: Luchterhand.

Reich, K. (2010). *Systemisch-konstruktivistische Pädagogik. Einführung in Grundlagen einer interaktionistisch-konstruktivistischen Pädagogik* (6. Aufl.). Weinheim: Beltz.

Reusser, K. (2005). Problemorientiertes Lernen – Tiefenstruktur, Gestaltungsformen, Wirkung. *Beiträge zur Lehrerbildung, 23* (2), 159-182.

Rinck, M. & Becker, E.S. (2011). Lernpsychologische Grundlagen. In H.-U. Wittchen & J. Hoyer (Hrsg.), *Klinische Psychologie & Psychotherapie* (S. 107-127). Berlin: Springer.

Robinson, S.A., Rickenbach, E.H. & Lachman, M.E. (2016). Self-regulatory strategies in daily life: Selection, optimization, and compensation and everyday memory problems. *International Journal of behavioral development*, *40* (2), 126-136.

Rogers, C. (1985). *Entwicklung der Persönlichkeit* (5. Aufl.). Stuttgart: Klett-Cotta.

Roth, G. (1987). Erkenntnis und Realität. Das reale Gehirn und seine Wirklichkeit. In S. Schmidt (Hrsg.), *Der Diskurs des Radikalen Konstruktivismus* (S. 229-255). Frankfurt: Suhrkamp.

Roth, G. (2001). *Fühlen, Denken, Handeln. Wie das Gehirn unser Verhalten steuert.* Frankfurt: Suhrkamp.

Schlippe, A. v. & Schweitzer, J. (2012). *Lehrbuch der systemischen Therapie und Beratung I: Das Grundlagenwissen.* Göttingen: Vandenhoeck & Ruprecht.

Schneewind, J., Föhring, A. & Chiles, E. (2011). Gefühle, Stress und psychische Gesundheit- Persönlichkeitsbildung von Erzieherinnen. In J. Schneewind (Hrsg.), *Persönlichkeit stärken – gesund bleiben. Kraft tanken im Erzieherinnen-Alltag.* Troisdorf: Bildungsverlag eins.

Schore, A.N. (2016). *Affect regulation and the origin of the self: The neurobiology of emotional development.* New York: Routledge.

Schulz von Thun, F. (1989). *Miteinander reden 2. Stile, Werte und Persönlichkeitsentwicklung.* Reinbek bei Hamburg: Rowohlt.

Schüßler, I. (2008). Reflexives Lernen in der Erwachsenenbildung – zwischen Irritation und Kohärenz. *bildungsforschung 5* (2). http://bildungsforschung.org/index.php/bildungsforschung/article/view/75/78 (Zugriff 03.02.2016)

Seewald, J. (2007). *Der verstehende Ansatz in Psychomotorik und Motologie.* München: Ernst Reinhardt.

Shultz, T.R., Léveillé, E. & Lepper M.R. (1999). Free choice and cognitive dissonance revisited: Choosing “lesser evils” versus “greater goods”. *Personality and Social Psychology Bulletin*, *25* (1), 40-48.

Siebert, W. (2005). *Pädagogischer Konstruktivismus. Lernzentrierte Pädagogik in Schule und Erwachsenenbildung* (3. Aufl.). Weinheim: Beltz.

Solzbacher, C. (2014). Selbstkompetenz als zentrale Dimension im Bildungsprozess. Wie lernen (besser) gelingen kann. In C. Solzbacher, M. Lotze & M. Sauerhering (Hrsg.), *SELBST-LERNEN-KÖNNEN: Selbstkompetenzförderung in Theorie und Praxis* (S. 1-19). Baltmannsweiler: Schneider Hohengehren.

Storch, M. & Kuhl, J. (2012). *Die Kraft aus dem Selbst.* Bern: Hans Huber.

Unterbrink, T., Hack, A., Pfeifer, R., Buhl-Grießhaber, V., Müller, U., Wesche, H., Frommhold, M. Scheuch, K., Seibt, R., Wirsching, M. & Bauer, J. (2007). Burnout and effort–reward-imbalance in a sample of 949 German teachers. *International Archives of Occupational and Environmental Health, 80* (5), 433-441.

Welbers, U. & Gaus, O. (Hrsg.). (2005). *The Shift from Teaching to Learning. Konstruktionsbedingungen eines Ideals.* Bielefeld: Bertelsmann.

Michaela Kruse-Heine, Peter Keßel, Anna Maria Engel, Inga Doll & Nathalie Pöpel

Methodisch-didaktische Elemente im Überblick

Aufbauend auf Schache & Künne (in diesem Band) sowie Engel & Keßel (in diesem Band) sollen im Folgenden einzelne methodisch-didaktische Elemente und Vorgaben der Workshops im Projekt konkret dargestellt werden. Dabei wird auf bewährten Methoden aufgebaut. Das Besondere ist vor allem die bewusst gewählte Kombination der Elemente und die spezifisch auf Selbstkompetenz-Fortbildungen ausgerichtete Perspektive, die für die einzelnen Punkte von Relevanz sein wird. Grundsätzlich ist zentral, dass eingesetzte Materialien zur WERT-Methodik und Rahmung der Workshops passen, also ein hohes Maß an Beteiligung und Selbstreflexion der TeilnehmerInnen ermöglichen. Es werden daher nach der Anbindung an eine Bezugstheorie nur die für diese Workshops angepassten Materialien vorgestellt bzw. einzelne bekannte Materialien (wie z.B. Gedankenschatzbuch und Arbeitsblätter) in den Zusammenhang mit der WERT-Methodik gestellt und damit verdeutlicht, welche konkreten Effekte mit dem Einsatz des jeweiligen Materials angestrebt werden.

Die PSI-Theorie als persönlichkeitspsychologische Bezugstheorie

Die im Rahmen des Forschungsprojekts angebotenen und durchgeführten Fortbildungen zur Selbstkompetenz rekurrieren immer wieder auf die Theorie der Persönlichkeits-System-Interaktionen (PSI-Theorie; Kuhl, 2001). An dieser Stelle soll lediglich der Begriff Selbstkompetenz aus Sicht dieser Theorie erläutert werden sowie ein kurzer Einblick in einzelne für die Workshops relevante Grundgedanken der PSI-Theorie gegeben werden, um die theoretische Basis nachvollziehen zu können (für weiteren Einblick in die PSI-Theorie siehe: Kuhl & Solzbacher, in diesem Band; Storch & Kuhl, 2012; Kuhl, 2001). In den Workshops wird die PSI-Theorie sehr vereinfacht dargestellt, da lediglich einige Grundgedanken zum besseren Verständnis der Relevanz eigener Selbstkompetenzen und ihres Zusammenwirkens ausreichen.

Selbstkompetenz wird im Rahmen der PSI-Theorie definiert als die Aktivierung der in einer konkreten Situation für das Individuum passenden kognitiven und motivationalen Fähigkeiten und die dazu notwendige Veränderung der entsprechenden Affektlagen (vgl. Kuhl, 2001). Kurz und vereinfacht ausgedrückt bedeutet also selbstkompetent sein, „mit seinen eigenen Gefühlen umgehen zu können“ (Solzbacher, 2014, S.1), um die der jeweiligen Situation angemessenen Fähigkeiten aktivieren zu können.

Abb. 1. Baum der Selbstkompetenzen (Engel et al., 2015, vgl. Keßel et al., 2016)

Es lassen sich viele verschiedene Facetten und Subfacetten der Selbstkompetenz differenzieren (Kuhl & Henseler, 2004). Dies kann verbildlicht werden als Baum (vgl. Abb. 1), dessen Stamm die Selbstkompetenz ist, welche sich in viele einzelne Fähigkeiten aufspaltet und sich durch diese entfaltet. Dabei ist die Selbstkompetenz in vier Facetten eingeteilt, welche im Baum die dicksten Äste bilden und die alle eine spezifische Facette der Affektregulation darstellen. Der eine Ast ist die Willensbahnung. Dies bezeichnet die Fähigkeit, gerade dann, wenn Schwierigkeiten auftauchen Energie zur Umsetzung von Absichten aufzubringen. Ein zweiter Ast ist die Selbstkontrolle, durch die persönlich relevante Aspekte vorübergehend ausgeblendet oder unterdrückt werden, wenn sie das Erreichen eines bestimmten schwierigen Ziels gefährden. Der dritte Ast ist die

Selbstregulation, bei der viele innere Stimmen (Gefühle, Gedanken, Bedürfnisse) gehört und berücksichtigt werden, bevor etwas getan wird. Ein vierter Ast schließlich ist der Selbstzugang, welcher notwendig für das Selbsterleben ist.

Selbstkompetenzen lassen sich als diejenigen Kompetenzen bezeichnen, die „von selbst", sozusagen „von innen heraus" kommen, symbolisch aus den Wurzeln des Baumes (vgl. Abb. 1). In der PSI-Theorie wird genauer expliziert, was dieses „von selbst" meint, in dem ein System beschrieben wird, welches SELBST (Künne & Kuhl, 2014; Kuhl, 2001) oder auch Extensionsgedächtnis (vgl. Kuhl, 2001) genannt wird[1]. Der Begriff des SELBST bezieht sich auf die eigene Person mitsamt all ihren Bedürfnissen, Ängsten, Vorlieben, Werten, Fähigkeiten und Eigenschaften (z.B. Kuhl, Quirin & Koole, 2015; Storch & Kuhl, 2012). Eine Hauptfunktion des SELBST ist das Fühlen als eine besondere Form der Wahrnehmung und Informationsverarbeitung (Künne & Kuhl, 2014). Beim Fühlen kann eine Person, die Aufmerksamkeit auf einen sehr ausgedehnten Bereich in der Innen- und Außenwelt ausweiten und es werden jene Merkmale hervorgehoben, die von persönlicher Bedeutung sind (Kuhl, Schwer & Solzbacher, 2014). Das SELBST ist also ein ganzheitliches Erfahrungssystem, das den Überblick über alle Lebenserfahrungen liefert, die für eine Person in der momentanen Situation relevant sein könnten. Aufgrund der immensen Ausdehnung aller gleichzeitig (d.h. parallel) berücksichtigten Erfahrungen kann das SELBST nicht vollständig bewusst werden (z.B. Storch & Kuhl, 2012). Dennoch handelt es sich um ein hochintelligentes („hochinferentes") System, welches vermutlich besonders stark durch den vorderen Teil der rechten Hemisphäre des Gehirns unterstützt wird (Kuhl et al., 2015). Das SELBST arbeitet eng zusammen mit einem weiteren intuitiven, parallel verarbeitenden System, das diejenigen Prozesse der Handlungssteuerung unterstützt, die ohne bewusste Kontrolle ablaufen. Den Teilnehmenden wird zur Veranschaulichung das SELBST als eine grüne Wiese gezeigt, auf der jeder sich seinen Bedürfnissen entsprechend verhält (vgl. Abb. 2). Ergänzend wird auch ein Bild einer ZauberIn verwendet, welche ein Wunder bewirkt, da die Arbeitsweise des SELBST nicht vollständig bewusst ist.

---

[1] Streng genommen ist das SELBST der persönlich relevante Teil des Extensionsgedächtnisses (Kuhl, 2001). Im Rahmen der Workshops wurde jedoch für eine bessere Verständlichkeit der Theorie auf eine Vereinfachung zurückgegriffen, bei der nur zwischen zwei Persönlichkeitssystemen mit den Bezeichnungen ICH (Denken, Planen und Intentionsgedächtnis) und dem SELBST (als persönliches Erfahrungsgedächtnis) unterschieden wurde.

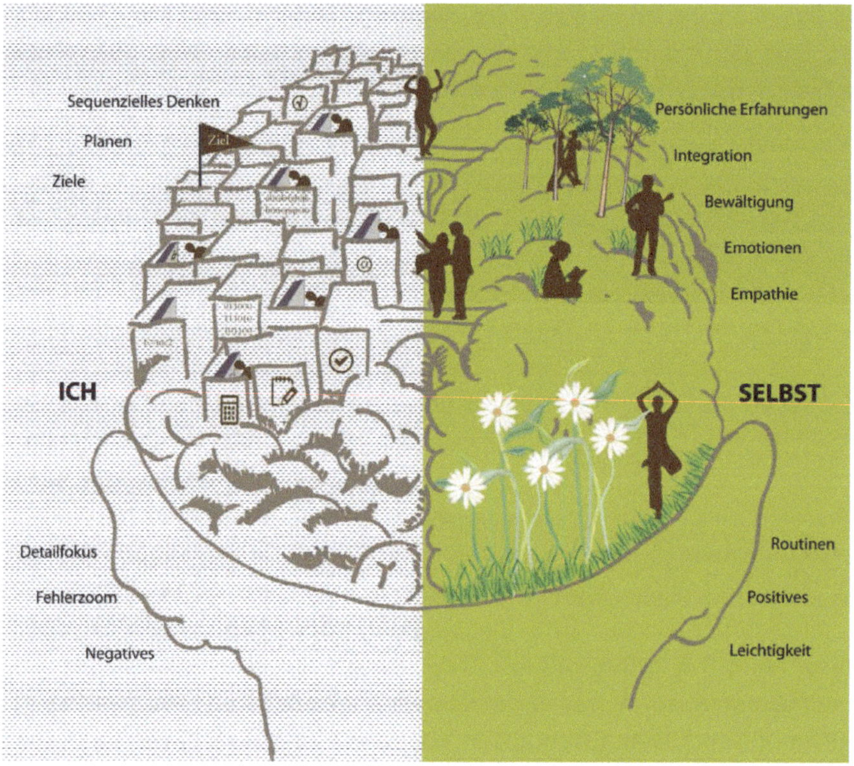

Abb. 2. Bildhafte Darstellung von ICH und SELBST

Dem SELBST gegenüber steht ein System, welches als ICH (Künne & Kuhl, 2014) oder auch Intentionsgedächtnis bezeichnet wird (vgl. Kuhl, 2001). Das ICH ist zuständig für die Repräsentation und Aufrechterhaltung von Absichten (Kuhl, 2005). Somit ist das ICH dann besonders wichtig, wenn Absichten nicht sofort in Verhalten umgesetzt werden können, weil eine passende Gelegenheit fehlt oder erst ein Problem gelöst werden muss. Das ICH wird unterstützt durch sequenziell, d.h. Schritt für Schritt arbeitende analytische Prozesse wie das Denken und das Planen sowie durch die detailfokussierte Objekterkennung (Kuhl, Schwer & Solzbacher, 2014). Es arbeitet bewusst (Künne & Kuhl, 2014) und hat einen direkten Zugang zur Welt der sprachlichen (logischen) Begriffe, während das SELBST sich eher bildhaft oder durch Metaphern ausdrückt (Kuhl, Schwer & Solzbacher, 2014). Wie das SELBST, ist auch das ICH ein hochinferentes System, welches im linken präfrontalen Cortex verortet wird (Kuhl et al., 2015). Hier wird auf das Bild eines grauen Großraumbüros zurückgegriffen, da es um das Planen und schrittweise Abarbeiten geht. Ein anderes Bild mag die SoldatIn sein, welche den Vorgaben eines Plans wie einem Befehl folgt.

Für die Arbeit während der Fortbildung findet sich im sogenannten Gedankenschatzbuch (siehe weiter unten) eine Grafik mit den zwei Hirnhälften. Die Grafik veranschaulicht neben den beiden beschriebenen Systemen überdies die Grundidee des Zusammenspiels zwischen dem SELBST und dem ICH. Die Systeme erfüllen jeweils für sich wichtige Funktionen und die Regulation von positiven und negativen Affekten aktiviert oder hemmt die Systeme. Dabei wird das SELBST besonders durch negativen Affekt wie Angst oder Unsicherheit gehemmt, während das ICH durch die Dämpfung von positiven Gefühlen in die sachliche Stimmung kommt, die für das logische Denken charakteristisch (und nützlich) ist. Das Zusammenwirken der Selbstkompetenzen in Handeln und Erleben kann nur dann gelingen, wenn die Systeme miteinander kommunizieren, beziehungsweise interagieren können. Das flexible Zusammenspiel zwischen dem linkshemisphärischen analytischen ICH und dem rechtshemisphärischen intuitiv-fühlenden SELBST ist dabei entscheidend. Dies wird verdeutlicht durch die die beiden Gehirnhälften verbindenden Brücken. Ist nachvollziehbar, wie diese Kommunikationsprozesse innerhalb einer Persönlichkeit organisiert und konditioniert sind, können daraus Erkenntnisse für persönliche Entwicklungsaufgaben abgeleitet und praxisnah vermittelt werden.

Nach einer Einführung in die Funktionsweisen der beiden Systeme ICH und SELBST wird in allen Bedürfnisfeldern immer wieder eine Verknüpfung mit dieser Bezugstheorie hergestellt und verdeutlicht. Auch auf die Grafik der beiden Hirnhälften wird in der Fortbildung immer wieder Bezug genommen, wenn die Funktionsweisen der Selbstkompetenz erläutert werden. Die Inhalte stehen damit nicht beliebig im Raum, sondern werden fest verbunden mit einem wissenschaftlichen Theoriemodell, das viele Anknüpfungsmöglichkeiten auch für alltägliche Erfahrungen im Beruf bietet (vgl. Kuhl & Solzbacher, in diesem Band).

Haus der Bedürfnisfelder

Die bereits beschriebenen Bedürfnisfelder (vgl. Doll & Kruse-Heine, in diesem Band) bilden gemeinsam das Haus der Bedürfnisfelder (vgl. Abb. 3).

Gelassenheit stellt das Fundament bzw. die Basis dar, auf dem alles andere aufbaut. Die (tragenden) Seitenwände werden von Wertschätzung und Offenheit gebildet. Sie halten das Haus zusammen. Grenzen ziehen ist ein Bedürfnisfeld, das mit dem Dach assoziiert wird, da es auch Schutz symbolisiert. Dem Fenster und der Tür wird die Kommunikation zugeordnet. Beide Symbole stehen für die Kontaktmöglichkeit zur und den Austausch mit der Außenwelt.

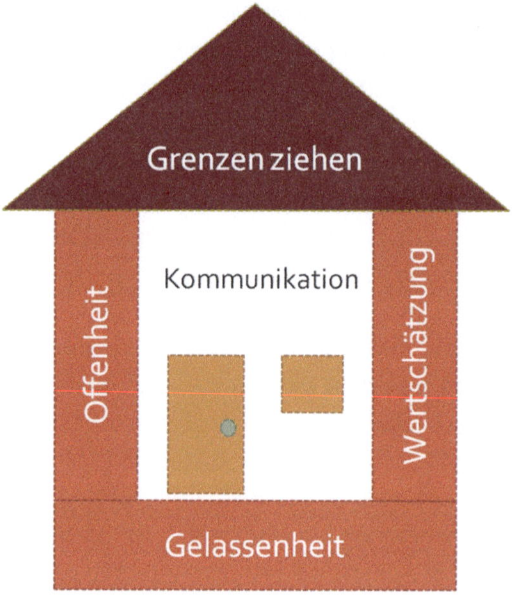

Abb. 3. Haus der Bedürfnisfelder

Bilder nehmen eine Zwischenstellung zwischen bewusster und unbewusster Ebene ein und können damit als Bindeglied zwischen sprachlichen bewussten Prozessen und vorsymbolischen Informationen dienen (Bucci, 2002; vgl. dazu auch Keßel, Engel et al., in diesem Band). Daher wurde für die Fortbildung, die methodisch die Versprachlichung unbewusster Anteile anstrebt, ein Bild gesucht, das die einzelnen Bedürfnisfelder aufgreifen und miteinander verbinden kann. Eine Konstruktion aus unterschiedlichen Bausteinen, wie ein Haus, ist dafür besonders geeignet, da die einzelnen Teile das Haus als Ganzes zusammensetzen. Jedes Teil ist unersetzlich, auch wenn die Ausgestaltung sehr unterschiedlich sein kann. Ein Haus symbolisiert für die meisten Menschen Geborgenheit und Sicherheit. Das Erleben und Bearbeiten der Inhalte in den Workshops soll auch das Aufbauen von (Selbst-)Sicherheit und einem gewisses Schutzempfinden im pädagogischen Berufsalltag ermöglichen. Dabei wird den Fragen nachgegangen: Welche Bedürfnisse habe ich, was benötige ich, um mich geschützt und sicher zu fühlen? Sicherheit und Schutz sind sehr wichtige Faktoren, um sich auf andere Menschen einlassen zu können, also auch um Kindern ein entwicklungsförderliches Gegenüber und ein positives Modell sein zu können (Maslow, 2016).

Das Haus der Bedürfnisfelder ist auf einer Metaplanwand während der gesamten Fortbildung sichtbar und begleitet die TeilnehmerInnen als roter Faden bzw. als Fahrplan durch die Fortbildung. Es wird jeweils gegen Ende der Erarbeitung jedes

Bedürfnisfeldes mit wichtigen Aspekten und /oder Erkenntnissen von den TeilnehmerInnen gefüllt, indem mit den TeilnehmerInnen Wichtiges auf Moderationskärtchen gesammelt und im Haus dokumentiert bzw. visualisiert wird. Es gibt dabei in den Rückmeldungen kein richtig oder falsch – es wird lediglich auf eine positive Formulierung geachtet. Es werden also keine belastenden Aspekte gesammelt, sondern solche, die im Nachhinein eine Erinnerung oder Hilfe sein sollen, sich ressourcenorientiert mit dem jeweiligen Bedürfnisfeld auseinandersetzen zu können. Auf diese Weise werden die bearbeiteten Inhalte noch einmal rekapituliert. Zugleich wird damit auch eine weitere Reflexionsphase initiiert, da viele TeilnehmerInnen ganz persönlich auf das Erlebte und Angestoßene zurückblicken und daraus häufig zu diesem Zeitpunkt weitere Gedanken und Überlegungen entstehen, die von den Einzelnen individuell in einem persönlichen Gedankenschatzbuch (siehe weiter unten) notiert werden können.

Im Verlauf jeder Fortbildung entsteht somit ein individuelles Haus der Fortbildungsgruppe. Häufig tauchen gleiche oder ähnliche Begriffe in mehreren Feldern des Hauses auf. Das kann (muss aber nicht) ein Hinweis darauf sein, was für die Gruppe einen sehr zentralen Aspekt darstellt und wo die fließenden Übergänge zwischen den Hauselementen bestehen.

Entscheidend für jede TeilnehmerIn ist das eigene Haus-Modell. Es ist zunächst für die Bearbeitung während des Seminars gedacht: Dabei dient ein farbiges Abbild des Modells der Erklärung der Bestandteile des Hauses in Bezug auf die beschriebenen Bedürfnisfelder. Ein zweiseitiges einfarbiges Abbild kann genutzt werden, um darin Aspekte aus der Fortbildungsgruppe und den gemeinsamen Reflexionsphasen zu sammeln, in dem jeder für sich individuell bedeutsame Aspekte notiert und dafür die Sammlung an der Metaplanwand als Impulsgeber nutzen und ergänzen kann.

Die Aufzeichnungen im Seminar stellen dann so etwas wie den Start für die Konstruktion des eigenen Hauses dar. Zum Ende der Fortbildung entwickeln die TeilnehmerInnen jeweils ein eigenes, ganz individuelles Haus der Bedürfnisfelder. Auch wenn bei der Konzeption die oben aufgeführte Zuordnung der Bedürfnisfelder zu bestimmten Teilen des Hauses gewählt wurde, kann es in dieser Phase dazu kommen, dass TeilnehmerInnen Varianten entwickeln, die sie als passender empfinden. Das wird durchaus ermöglicht und unterstützt. So kann z.B. die Wertschätzung als Fundament für das eigene Haus als besonders wichtig erachtet werden. Die ursprüngliche Zuordnung folgt den Ergebnissen der Pilotstudie (vgl. Sauerhering & Behrensen, in diesem Band), eine geänderte Zuordnung kann aber für Andere individuell ebenso sinnvoll sein.

Die Konstruktion eines persönlichen Hauses der Bedürfnisfelder ist wichtig, da die Bedürfnisfelder und ihre Umsetzung im Haus den einzelnen TeilnehmerInnen individuelle Aspekte ihrer Selbstkompetenz visualisieren können. Über die Wahrnehmung der eigenen Stärken hinaus kann eine Sensibilisierung hinsichtlich der eigenen Schwächen stattfinden. Gleichzeitig wird bewusst, welche anstehenden Herausforderungen zu meistern sind. Dieses gibt Klarheit und Orientierung, die eine notwendige Handlungsbereitschaft oder auch Weiterentwicklung generieren beziehungsweise Sicherheit für pädagogisches Handeln bieten kann.

Gedankenschatzbuch

Das Gedankenschatzbuch ist ein Reflexionsangebot für alle TeilnehmerInnen. Die Erfahrungen, die damit ermöglicht werden sollen, sind die subjektive Reflexion von Gelerntem und die Begleitung zum Expertentum des eigenen Lernprozesses bezüglich des Themas Selbstkompetenz. Darüber hinaus ist es Ziel, ein Verständnis für die Bedeutsamkeit der Reflexion des eigenen Lernprozesses zu bewirken, als Voraussetzung dafür, dass die Lernerfahrung der TeilnehmerInnen in das eigene Handeln integriert werden kann. Auch wenn das Lernen selbst oft subtil geschieht, können Lernschritte und Lernstrategien gerade durch Reflexion bewusst gemacht werden. Die Idee des Gedankenschatzbuches ist es, dass es auch über die Fortbildung hinaus für Notizen und Gedanken zum Thema Selbstkompetenz oder zur Reflexion und für Transferüberlegungen in die Praxis genutzt werden kann. Im Anschluss an die Fortbildung kann immer wieder anhand des Gedankenschatzbuches ein Rückbezug zu eigenen Aufzeichnungen oder Ideen, die im Seminar generiert oder in Erwägung gezogen worden sind, geschaffen werden. Ein Weiterarbeiten an dem Thema Selbstkompetenz und an den eigenen Erkenntnissen und Gedanken aus dem Seminar soll damit ermöglicht und nahegelegt werden. So stellt das Gedankenschatzbuch, im Sinne der Nachhaltigkeit nach der Fortbildungsteilnahme, eine Brücke zwischen den in Seminar erlernten Inhalten und der Umsetzung des Gelernten in die Praxis dar.

Konkret können Fortbildungserfahrungen und Eindrücke sowie Wissensinhalte dokumentiert werden. Eigene Ideen zu Inhalten und Strategien für die Praxis können entworfen und vermerkt werden. Persönliche Herausforderungen und Schwierigkeiten zum Thema können gesammelt werden. Konkrete Fragen können formuliert und beantwortet werden, wie beispielweise: Was habe ich Neues gelernt? Woran will ich weiterarbeiten? Was möchte ich anwenden? Was fand ich hilfreich? Was war besonders interessant? Welche Fragen sind noch offen geblieben und was möchte ich weiter vertiefen?

Wie intensiv das Buch genutzt wird, ist jede(r) TeilnehmerIn selbst verantwortet, es ist als Angebot gedacht, welches grundsätzliche Impulse geben soll eigene Reflexionen zu stärken. Die Art und Weise der Reflexion soll dabei nicht ausschlaggebend sein. Grundsätzlich sind Reflexionen, in Form sozialer Interaktion zwischen TeilnehmerInnen und ReferentInnen, in das gesamte didaktische Setting eingebettet.

Die Bereitstellung eines solchen Gedankenschatzbuches wurde als wichtig erachtet, um eine angemessene Wertschätzung der eigenen, privaten Gedanken zu verdeutlichen. Ein gebundenes Heft statt einer losen Blattsammlung soll das ebenso transportieren wie die farbigen Abbildungen am Anfang des Heftes. Die restlichen Seiten des Heftes sind weiß gehalten, damit hier genügend Raum für schriftliche Aufzeichnungen, eigene Skizzen oder Darstellungen von Zusammenhängen zur Verfügung steht.

Arbeitsblätter und Sozialformen

Für die Reflexions- und Transferphasen wurden Arbeitsblätter entworfen. Sie sollen eine selbständige Auseinandersetzung mit verschiedenen Themen ermöglichen. Die Arbeitsblätter können später außerhalb der Fortbildung immer wieder als Grundlage zur eigenen Arbeit an dem Thema herangezogen werden. Sie sollen nicht als lästige Pflicht, sondern vielmehr als wertvolle Grundlage für Diskussionen und die Weiterarbeit an den Themen gesehen und eingeführt werden.

Im Sinne einer Methodenvielfalt ist dabei ein Wechsel der Sozialform vorgesehen. Manche Arbeitsblätter sind für die Einzelarbeit konzipiert: Das hat den Vorteil, dass sich alle TeilnehmerInnen für sich intensiv, geschützt und selbstkritisch mit den einzelnen Punkten beschäftigen können. Gerade wenn KollegInnen mit in der Fortbildungsgruppe sind, könnten Einzelne im Gruppengespräch zurückhaltender oder weniger offen sein. Wenn Fragen auch in den privaten Bereich gehen wie beispielsweise „In welcher Situation mit der Familie war ich das letzte Mal richtig gelassen“, sollte allen TeilnehmerInnen freigestellt sein, wie viel sie individuell von sich preisgeben möchten. So können Reflexionsfragen zum Privatleben, aber auch zu Belastungen und Empfindungen im Berufsalltag im Rahmen der Fortbildung, die notwendigerweise thematisiert werden, diskret behandelt werden. Dabei stellt die Einzelarbeit sicher, dass jeder sich ehrlich mit solchen Fragen auseinander setzen kann, ohne es in der Gesamtgruppe äußern zu müssen. Diese Möglichkeit der absoluten Offenheit ist für die Reflexion unbedingt notwendig, um einen Selbstzugang zu ermöglichen.

Einige Arbeitsblätter sind auch für die Partnerarbeit konzipiert, damit eigene Überlegungen durch Impulse in Form anderer Gedanken von außen angereichert werden können. Durch die sehr kleine Gruppe ist dennoch ein gewisses Maß an Privatsphäre gewahrt, um offen sein zu können. Gleichzeitig sind die Einzelnen auch aufgefordert, sich in dieser Sozialform nach außen zu öffnen, also aus ihren eigenen zirkulierenden Vorstellungen mitunter auszusteigen. Dieser Austausch im kleinen Rahmen, z.B. zur Frage „Was trägt grundsätzlich bei mir dazu bei, gelassen zu sein? Um gelassen zu sein, brauche ich...", kann auch helfen, sich eigener Strategien oder Angewohnheiten bewusst zu werden, die in der Einzelarbeit möglicherweise gar nicht thematisiert worden wären.

Einige Aufgaben werden auch in Kleingruppen durchgeführt, wenn zum Beispiel bei einer Übung zum aktiven Zuhören drei verschiedene Rollen übernommen werden müssen, damit die Aufgabe effektiv ausprobiert werden kann.

Ein häufiger Wechsel der Gruppen- und Partnerkonstellationen wird nicht erzwungen, aber immer wieder als erstrebenswert formuliert. Dahinter stehen nicht nur gruppendynamische Motive, sondern auch der Gedanke, im Rahmen einer Fortbildung zum Thema „Selbstkompetenz" möglichst viele verschiedene Menschen und ihre Persönlichkeit kennenzulernen. Es ist ein wichtiger Bestandteil der Fortbildungen, den TeilnehmerInnen das Bewusstsein für die eigenen Selbstkompetenzen zu schärfen, ihnen aber auch deutlich werden zu lassen, dass Menschen sehr unterschiedlich aufgestellt sein können und damit auch in vielen Konstellationen selbstkompetent sind. Damit soll aus der eigenen Erfahrung heraus auch deutlich werden, dass es nicht darum gehen kann, eine „richtige" Form von Selbstkompetenz zu entwickeln, sondern eine individuell passende zu finden und daran für sich zu arbeiten. Dabei können die verschiedenen Modelle der Selbstkompetenz und der Austausch mit anderen pädagogischen Fachkräften sehr unterstützend und erleichternd sein.

Mit den Ergebnissen der Einzel- und Kleingruppenarbeiten wird in vielen Fällen auch in der Großgruppe weitergearbeitet. Hier bringen alle natürlich nur das ein, was sie jeweils öffentlich machen wollen und können. Es wird bei den Arbeitsergebnissen immer zwischen dem privaten und dem öffentlichen Anteil unterschieden: Die Arbeitsblattergebnisse bleiben privat, die Aspekte, die in der Gruppe weiterdiskutiert oder ausgetauscht werden sollen, tauchen in einer (der Fortbildungsgruppe) öffentlichen Sammlung am Flip-Chart o.Ä. auf.

Reflexionsgespräche

Im Zentrum der Selbstreflexion steht die Selbstbeobachtung des eigenen Verhaltens, der eigenen Gedanken und Gefühle, wofür ein gewisses Maß an Selbstaufmerksamkeit Voraussetzung ist (Greif, 2008). Selbstreflexion ermöglicht zu hinterfragen, was konkret die eigenen mehr oder weniger angemessenen Verhaltensweisen in verschiedenen Situationen des Alltags auslöst. Selbstreflexion hat das Potenzial einen Zugang zum höheren Lernen und zur bewussten Veränderung des eigenen Handelns zu eröffnen (Greif, 2008), wodurch dann aktive Lebensgestaltung möglich wird. Die Bewusstmachung der eigenen Verhaltens- und Reaktionsmustern ist hier der Schlüssel für Veränderungen. Im Trubel des (Berufs-) Alltags ist es oft eine Herausforderung, die notwendige Ruhe und Muße zur Selbstreflexion zu finden. Deshalb wird im Seminar bewusst Zeit und Raum geschaffen eigene Vorstellungen, Glaubenssätze und Haltungen zu betrachten. Dabei stehen die folgenden Fragen im Vordergrund:

- Was hat das jeweilige Thema mit mir persönlich zu tun?
- Welche Einstellungen, Werte und Überzeugungen bezüglich des Themas prägen mein alltägliches Verhalten? Welchen Einfluss haben diese auf meine beruflichen Handlungen?
- Was möchte ich auf welche Art verändern, was möchte ich beibehalten?

Für DozentInnen in der Reflexionsbegleitung sind zudem Meta-Fragen relevant, die im Prozess immer mitlaufen und Einfluss auf mögliche Impulse und den weiteren Verlauf des Austauschs haben. Beispiele dafür wären:

- Was sind Themen, die bei den TeilnehmerInnen innerhalb der Gesamtgruppe entstehen?
- Welche Äußerungen kommen häufig? Entsteht ein Austausch zwischen den TeilnehmerInnen?
- Muss zwischen verschiedenen Erfahrungen und Auffassungen vermittelt werden oder wird zunehmend vom Thema des Seminars abgekommen?
- Sind Einzelne nicht an dem Austausch beteiligt – weil andere großen Redeanteil haben oder weil sie sich nicht einbringen möchten?

Wichtig ist immer zu beachten, dass jede Diskussion, jedes Gespräch anders verläuft. Diese Eigendynamik ist aber unbedingt wünschenswert, so lange am Thema im weiteren Sinne gearbeitet wird, also das Thema Selbstkompetenz bzw. eines der Bedürfnisfelder immer wieder in den Blick gerät.

Bestandsaufnahme der eigenen Selbstkompetenz

Die PSI-Theorie wir durch die Entwicklungsorientierte Systemdiagnostik (EOS; Kuhl & Henseler, 2003) ergänzt, die anhand standardisierter Messverfahren eine Vielzahl an Kompetenzen, Persönlichkeitsfacetten und Motiven erfassen kann. In der Fortbildung wird nur auf das Selbststeuerungsinventar (SSI-K-3, Kuhl & Alsleben, 2012) zurückgegriffen, welches Bestandteil der EOS-Diagnostik ist (vgl. dazu Schache & Künne, in diesem Band) und die im Baum der Selbstkompetenzen genannten Facetten erfasst. Genauere Informationen zu den einzelnen Bestandteilen finden sich in Kuhl und Alsleben (2012).

Die Ergebnisse können als Grundlage für Beratung und Trainings genutzt werden. Die Teilnahme an der Diagnostik ist für die TeilnehmerInnen freiwillig. Da die Befragung eine Online-Befragung ist, gibt es bei einigen TeilnehmerInnen Bedenken bzgl. der Datensicherheit im Internet. Ebenso muss die Sorge besprochen werden, dass Arbeitgeber von den Daten Kenntnis bekommen könnten, was natürlich nicht akzeptabel wäre. Es wird daher in der gemeinsamen Seminarzeit der ersten Workshoptage durch einen wertschätzenden Beziehungsaufbau ein Vertrauen in die FortbildnerInnen und das Projekt geschaffen und eine Diagnostik-Teilnahme lediglich empfohlen.

Die Diagnostik kann von den TeilnehmerInnen innerhalb der mehrwöchigen Pause zwischen den Fortbildungsteilen (siehe weiter unten) ausgefüllt werden. Beim zweiten Teil der Fortbildung können sie dann ihre mit einem anonymisierten Kürzel chiffrierte Auswertung in Empfang nehmen. Diese einzige Kopie, die von einem externen Institut erstellt wird (www.impart.de), verbleibt dann auch bei der/dem jeweiligen TeilnehmerIn. Im Rahmen des Seminars gibt es zum Verständnis des eigenen Ergebnisses eine allgemeine Erläuterung zu den Auswertungsprotokollen. Zudem werden die SSI-K-Daten in anonymisierter Form vom Institut für Motivations- und Persönlichkeitsentwicklung Assessment Research und Training (Impart) an die Projektevaluationsstelle weitergeleitet und dort ausgewertet. Die Projektevaluierende ist kein Mitglied des DozentInnenteams, so dass die anonymisierte Datenverarbeitung an dieser Stelle gewährleistet ist.

Die Diagnostik ist eine Möglichkeit der Bestandsaufnahme der eigenen Selbstkompetenzen. Dabei besteht die Besonderheit dieser Diagnostik darin, dass nicht nur Ausprägung der individuellen Selbststeuerungskompetenzen in Vergleich zur Norm gesetzt wird, sondern auch in Bezug zum subjektiven Empfinden des vorhandenen Bedrohungs- und Belastungslevels. Das heißt, es geht um die Frage, ob die eigenen Selbststeuerungskompetenzen stark genug entwickelt sind, um das selbst erlebte Maß an Bedrohungs- und Belastungsstress im Alltag erfolgreich zu bewältigen. Bedrohungsstress schätzt dabei den aus der momentanen Lebenssituation resultierenden Stress ein, welcher sich aus den gegenwärtigen Lebensumständen ergibt – wie beispielsweise durch Veränderungen, Unsicherheitsmomente oder unwägbare Risiken (Kuhl & Alsleben, 2012). Belastungen sind schwierige Vorhaben, unerledigte Absichten, Pflichten etc., „kurz, alle mehr oder weniger ‚unangenehmen' Vorhaben" (Kuhl & Alsleben, 2012, S. 45), die das ICH belasten. Vor allem die Berücksichtigung der aktuell empfundenen Bedrohungs- und Belastungslage in der Auswertung kann helfen, sich der persönlichen Herausforderungen klarer zu werden und auch Ansatzpunkte für notwendige Veränderungen zu finden. Selbststeuerungskompetenzen können ein Leben lang entwickelt und trainiert werden (Diamond & Aspinwall, 2003). Dies macht die Bewusstmachung, Reflexion und Erkenntnis als erste Schritte für Veränderung besonders wichtig (vgl. Schache & Künne, in diesem Band).

Rückbezüge und Modularisierung

Seminartage mit Rückbezügen zu vorangegangenen Einheiten zu Beginn eines Seminartages ist ein häufiges Vorgehen, um am zuvor Erarbeiteten anknüpfen zu können. Für die Selbstkompetenz-Fortbildungen gilt dies im besonderen Maße, da es keine isolierten Inhalte gibt, deren vereinzelte Vermittlung angestrebt wird. Rekurrierend auf die PSI-Theorie (siehe oben) gehören alle Inhalte in ein Geflecht, das als Ganzes gedacht werden muss (vgl. Kuhl, 2001). Zur Bearbeitung der Bedürfnisfelder wird der Blick immer auf einen Aspekt nach dem anderen gelegt. Diese Dinge werden dann aber mosaikartig in das Gesamtkonstrukt der Selbstkompetenz integriert, um ein Gesamtbild als Produkt der Fortbildung zu erhalten. Insofern ist auch der Rückbezug am Beginn des Tages nicht nur als thematischer Einstieg zu sehen, sondern als Grundlage, um dann weiter an dem Haus der Bedürfnisfelder (siehe oben) zu arbeiten.

Eine Fortbildungsteilung auf zwei Blöcke von jeweils eineinhalb Tagen ist aus dem Dialog mit Fachkräften in der Pilotphase entstanden (vgl. Doll & Kruse-Heine, in diesem Band). Zunächst sollte damit den Bedürfnissen der Fachkräfte entgegengekommen werden und eine Teilnahme organisatorisch realistisch sein. Eine Durchführung der Fortbildung zu den Selbstkompetenzen im Block, also ohne mehrwöchige Unterbrechung, ist nicht erstrebenswert, da die Pause auch einen prozessualen Sinn erfüllt. Häufig gelingt der Transfer erlernter Dinge im Alltag nicht auf Anhieb. Nach Fortbildungen kommen viele Fachkräfte motiviert und voller Tatendrang zurück an den Arbeitsplatz, verlieren diesen Elan aber innerhalb weniger Tage. Diese Erfahrungen mit Widerständen und Umsetzungsschwierigkeiten können dann wiederum im zweiten Teil der

Fortbildung aufgegriffen, aus der Perspektive der PSI-Theorie beleuchtet und bearbeitet werden. Auch wenn beim zweiten Fortbildungsblock die Bedürfnisfelder größtenteils andere als im ersten Block sind, ist ein Rückbezug auf bereits thematisierte Bedürfnisfelder jederzeit möglich und auch immer wieder explizit so vorgesehen. So werden die verschiedenen Bedürfnisfelder wiederkehrend miteinander verknüpft, um das übergeordnete Ziel der Workshops, die Auseinandersetzung mit der eigenen Selbstkompetenz aktiv zu unterstützen. Dem Thema *Offenheit* folgt beispielsweise *Wertschätzung*, was dann auch mit Hilfe eines Modells und eines Arbeitsblattes „Wertschätzung und Offenheit" inhaltlich in Verbindung gebracht wird. In dem Modell wird deutlich gemacht, dass Offenheit ohne Wertschätzung ebenso problematisch ist wie Wertschätzung ohne Offenheit, also beide Qualitäten in der Verknüpfung erst positiv wirksam werden. Das zugehörige Arbeitsblatt wiederum ermöglicht dann den Transfer der Theorie in den individuellen Lebensbezug unter besonderer Berücksichtigung des beruflichen Alltags.

Eine inhaltliche Klammer zwischen beiden Fortbildungsteilen stellt das Bedürfnisfeld *Gelassenheit* dar (vgl. dazu Keßel, Engel et al., in diesem Band). Gelassenheit hat sich als relativ zentrales Thema für die pädagogischen Fachkräfte herauskristallisiert (vgl. dazu auch Schache & Künne, in diesem Band; Pöpel, in diesem Band), weshalb es auch zeitlich einen größeren Raum in der Fortbildung einnimmt. Mit diesem Thema endet der erste Fortbildungsblock, der Zweite beginnt weiterführend wieder mit diesem Thema. Dadurch ist es relativ unproblematisch, thematisch einen Rückbezug zum ersten Fortbildungsteil herzustellen. Während im ersten Fortbildungsblock das Thema noch sehr positiv bearbeitet wird (z.B. durch das Erleben von Entspannungsformen und dem Finden von assoziativen Bildern der eigenen Gelassenheit), liegt der Schwerpunkt im zweiten Teil zunächst auf dem Verlust von Gelassenheit. Erfahrungen mangelnder Gelassenheit werden erlebbar gemacht und thematisiert. Hier können dann auch Schwierigkeiten in der Umsetzung in den Berufsalltag der pädagogischen Fachkräfte aufgegriffen und thematisiert werden.

Im Hinblick auf die Selbstkompetenz der FortbildungsteilnehmerInnen ist ebenso eine Pause zwischen den Fortbildungsteilen relevant. Selbstkompetenz braucht Zeit und weitere Erfahrungen, um sich zu entwickeln. Kuhl (2001) leitet dies aus der Verarbeitungsweise konnektionistischer Netzwerke ab und konstatiert, dass „solche persönlichkeitsrelevanten Leistungen nicht ‚vom Himmel fallen', sondern durch einen z.T. langwierigen Prozeß erlernt werden müssen" (ebd., S. 352). In den Fortbildungen können im geschützten Rahmen Erfahrungen gemacht oder bearbeitet werden, dadurch finden aber in einem Menschen nicht automatisch sofort Veränderungen statt. Dafür sind weiter Lebenserfahrungen nötig, die durch die Sensibilisierung für Selbstkompetenz mit einer verstärkten Selbstreflexion erlebt werden und damit das allmähliche Adjustieren des neuronalen Netzwerks ermöglichen (ebd.). Daran erst kann der einzelne Mensch nachhaltig wachsen, also in seiner Persönlichkeit gestärkt werden.

Seminarauswertung

Neben der Ergebnissicherung zu jedem Bedürfnisfeld im gemeinsamen Haus der Bedürfnisfelder (siehe oben) endet jeder Fortbildungstag mit einer Reflexionsrunde zur Seminarauswertung (formative Evaluation, vgl. Bortz & Döring, 2007). Damit soll sichergestellt werden, dass bisher Unausgesprochenes Raum findet und die Fortbildung aus einer Meta-Ebene heraus eingeordnet wird. Die Rückmeldungen können eine prozessorientierte Arbeitsweise (vgl. Engel & Keßel, in diesem Band) unterstützen und helfen einzuschätzen, ob die Art des Arbeitens, das Tempo und viele andere Aspekte (die nicht das Thema Selbstkompetenz direkt betreffen) den Bedürfnissen der Einzelnen in der Gruppe entgegenkommen und Veränderungen, welcher Art auch immer, getroffen werden sollten. Da die gesamte Zeit intensiv an dem Thema der Selbstkompetenz gearbeitet wird, können diese Rückmeldungen auch helfen, inhaltlich bessere Abstimmungen mit der Gruppe zu treffen, falls das vorher nicht thematisiert werden konnte, aber gewünscht ist. Möglichkeiten für Auswertungsrunden – wie z.B. Dartpfeile auf einer Zielscheibe zu positionieren (je hilfreicher/passender eine Einheit war, desto mehr wird der Pfeil als Volltreffer verortet) oder Schatzkästchen und Mülleimer (Aspekte der Einheit, die man sich bewahren möchte, kommen kommentiert ins Schatzkästchen – Dinge, die störten oder nicht mitgenommen werden möchten, landen im Mülleimer) – finden sich in einschlägiger Literatur und können z.B. bei Gilsdorf und Kistner (2014, 2015a, 2015b) gefunden werden. Welche Auswertungsform jeweils zum Abschluss gewählt wird, entscheidet sich normalerweise aus dem Prozess heraus, je nach dem, was zum Tagesverlauf besonders passend erscheint.

Am Ende der gesamten Fortbildung werden alle TeilnehmerInnen gebeten, ihren persönlichen Selbstkompetenz-Film weiterzudrehen. Es soll überlegt und formuliert werden, wie für jeden Einzelnen die Auseinandersetzung mit den Selbstkompetenzen weitergehen wird bzw. soll. Dabei geht es darum, dass die TeilnehmerInnen motiviert werden, im übertragenen Sinne ihr eigenes Drehbuch zu schreiben und zum Abschluss der gesamten Gruppe einen Blick darauf zu gewähren. Die Metapher vom eigenen Drehbuch soll den Impuls geben, dass die TeilnehmerInnen jede(r) für sich AkteurInnen ihrer Selbstkompetenz sind und sich Unterstützung und Hilfe holen können, wie es im Laufe der Fortbildung auch immer wieder erarbeitet wird. Dadurch können auch die Kinder im pädagogischen Setting einem positiven und aktiven Selbstkompetenz-Modell begegnen. Neben diesem Vorgehen findet auch noch eine summative (vgl. Bortz & Döring, 2007) Veranstaltungsevaluation in Fragebogenform statt, die die subjektive Nutzenbewertung, aber auch Lernzuwächse und Motivationsveränderungen zu erfassen versucht. Details dazu finden sich bei Pöpel (in diesem Band).

Literatur

Bortz, J. & Döring, N. (2007). *Forschungsmethoden und Evaluation für Human- und Sozialwissenschaftler.* Berlin, Heidelberg: Springer.

Bucci, W. (2002). The referential process, consciousness, and the sense of self. *Psychoanalytical Inquiry, 22* (5), 776-793.

Diamond, L.M. & Aspinwall, L.G. (2003). Emotion regulation across the life span: An integrative perspective emphasizing self-regulation, positive affect, and dyadic processes. *Motivation and Emotion, 27* (2), 125-156.

Engel, A., Pöpel, N., Keßel, P. & Kruse-Heine, M. (2015). *Baum der Selbstkompetenzen.* Unveröffentlichtes Arbeitspapier aus dem Projekt „(Selbst-) kompetent bilden – Kinder nachhaltig stärken". Universität Osnabrück.

Gilsdorf, R. & Kistner, G. (2014). *Kooperative Abenteuerspiele 3* (2. Aufl.). Seelze: Klett Kallmeyer.

Gilsdorf, R. & Kistner, G. (2015a). *Kooperative Abenteuerspiele 1* (22. Aufl.). Seelze: Klett Kallmeyer.

Gilsdorf, R. & Kistner, G. (2015b). *Kooperative Abenteuerspiele 2* (10. Aufl.). Seelze: Klett Kallmeyer.

Greif, S. (2008). *Coaching und ergebnisorientierte Selbstreflexion.* Göttingen: Hogrefe.

Keßel, P., Kruse-Heine, M. & Engel, A.M. (2016). Das aktuelle Stichwort: Selbstkompetenzen. *motorik*, 39 (3), 150-152.

Künne, T. & Kuhl, J. (2014). Warum die Beziehung so wichtig ist... Selbstkompetenz aus Sicht einer integrativen Persönlichkeitstheorie. In C. Solzbacher, M. Lotze & M. Sauerhering (Hrsg.), *SELBST-LERNEN-KÖNNEN: Selbstkompetenzförderung in Theorie und Praxis* (S. 21-34). Baltmannsweiler: Schneider Hohengehren.

Kuhl, J. (2001). *Motivation und Persönlichkeit. Interaktionen psychischer Systeme.* Göttingen: Hogrefe.

Kuhl, J. (2005). *Eine neue Persönlichkeitstheorie.* Osnabrück: Universität Osnabrück. http://www.psi-schweiz.ch/wp-content/uploads/PSI-light_Kuhl2005.pdf (Zugriff 15.03.2016)

Kuhl, J. & Alsleben, P. (2012). *Manual für die Trainingsbegleitende Osnabrücker Persönlichkeitsdiagnostik TOP* (1. limitierte Nachauflage). Münster: Sonderpunkt.

Kuhl, J. & Henseler, W. (2003). Entwicklungsorientiertes Scanning (EOS). In L. v. Rosenstiel & J. Erpenbeck (Hrsg.), *Handbuch der Kompetenzmessung* (S. 428-453). Heidelberg: Spektrum.

Kuhl, J. & Henseler, W. (2004). Systemdiagnostik: Assessment und Förderung persönlicher Kompetenzen. In J. Wegge & K.-H. Schmidt (Hrsg.), *Förderung von Arbeitsmotivation und Gesundheit in Organisationen* (S. 125-142). Göttingen: Hogrefe.

Kuhl, J., Quirin, M. & Koole, S.L. (2015). Being someone: The integrated self as a neuropsychological system. *Social and Personality Psychology Compass*, *9* (3), 115-132.

Kuhl, J., Schwer, C. & Solzbacher, C. (2014). Professionelle pädagogische Haltung: Persönlichkeitspsychologische Grundlagen. In C. Schwer & C. Solzbacher (Hrsg.), *Professionelle pädagogische Haltung. Historische, theoretische und empirische Zugänge zu einem viel strapazierten Begriff* (S. 79-106). Bad Heilbrunn: Klinkhardt.

Maslow, A.H. (2016). *Motivation und Persönlichkeit* (14. Aufl.). Reinbek bei Hamburg: Rowohlt.

Solzbacher, C. (2014). Selbstkompetenz als zentrale Dimension im Bildungsprozess: Wie lernen (besser) gelingen kann. In C. Solzbacher, M. Lotze & M. Sauerhering (Hrsg.), *SELBST-LERNEN-KÖNNEN: Selbstkompetenzförderung in Theorie und Praxis* (S. 1-20). Baltmannsweiler: Schneider Hohengehren.

Storch, M. & Kuhl, J. (2012). *Die Kraft aus dem Selbst: Sieben PsychoGyms für das Unbewusste.* Bern: Huber.

Peter Keßel, Anna Maria Engel, Michaela Kruse-Heine, Inga Doll & Fiona Martzy

Das Bedürfnisfeld „Gelassenheit" in der Praxis: Eine exemplarische Darstellung der Methodik

Das Bedürfnisfeld „Gelassenheit", wird an dieser Stelle exemplarisch für die konkrete Arbeitsweise in den Seminaren vorgestellt. Dieses Bedürfnisfeld wurde ausgewählt, weil es in Form des Fundaments des Hauses der Bedürfnisfelder (vgl. Kruse-Heine et al., in diesem Band) als ein sehr relevantes Thema der Selbstkompetenzfortbildung angesehen wird, was auch die Rückmeldungen der TeilnehmerInnen bestätigten (vgl. Pöpel, in diesem Band). Auf das Thema der Gelassenheit wird mit dem Blick durch die Selbstkompetenzbrille geschaut und dabei unter anderem folgenden Fragestellungen nachgegangen: Wie stehen Gelassenheit und Selbstkompetenz in Beziehung? Wie lässt sich Gelassenheit herstellen? Was sind individuelle Bedingungen und Strategien, um einen gelassenen Zustand herzustellen? Wie lassen sich diese in den Alltag integrieren?

Die vorliegende Darstellung beinhaltet die meisten Inhalte aller Bereiche der WERT-Methodik (vgl. Schache & Künne, in diesem Band), die in den bisherigen Workshops zur Gelassenheit zur Anwendung kamen. Bei Engel & Keßel (in diesem Band) und Kruse-Heine et al. (in diesem Band) sind viele grundlegende Erläuterungen und Hinweise zu finden, die als Voraussetzung für eine sinnvolle Umsetzung der dargestellten Inhalte zu verstehen sind. Bei Engel & Keßel (in diesem Band) wird das Verständnis dafür geschaffen, wie mit den Anregungen und Ideen prozessorientiert umgegangen werden muss und wie jeder Workshop immer wieder von Neuem auf eine spezifische Gruppe angepasst wird. Von daher kommen beispielsweise nicht alle aufgeführten Inhalte, Erlebenssituationen und Arbeitsblätter immer zum Einsatz. Obwohl sich in den bisherigen Workshops einige dargestellte Inhalte eher als zentral und damit verbindlich zeigten, wird an dieser Stelle auf eine Unterscheidung verbindlicher und unverbindlicher Anteile verzichtet, da andere DozentInnen, Schwerpunkte, Gruppen(konstellationen) immer wieder andere Prozessverläufe generieren werden und sich dadurch möglicherweise auch inhaltliche Verbindlichkeiten verschieben. Lediglich die gleichberechtigte Berücksichtigung aller WERT-Bausteine wird an dieser Stelle vorausgesetzt, da sie für die WERT-Methodik konstituierend ist. Die Darstellung ist somit als Best Practice Beispiel einer konkreten Umsetzung der WERT-Methodik zu verstehen und ermöglicht in der Gesamtdarstellung auch ein Verständnis für das langsame Aufbauen eines Themenkomplexes (am Beispiel der Gelassenheit) und das

Ineinandergreifen der vier theoretischen und praktischen WERT-Bausteine. Der Sinn oder die Begründung für die Nutzung einzelner didaktischer Materialien oder auch grundsätzliche Hinweise für die konkrete Reflexionsbegleitung werden bei Kruse-Heine et al. (in diesem Band) ausführlicher dargestellt. Darauf wird an dieser Stelle der besseren Lesbarkeit wegen ebenso verzichtet.

Persönliche Bilder der Gelassenheit

Eingeleitet wird die Arbeit am Bedürfnisfeld der Gelassenheit mit einer Entspannungsübung in Form einer Phantasiereise.

<u>Am Strand</u>

„War einer von Euch schon einmal am Meer? Gab es dort einen Sandstrand? –Egal, ob ihr Strände aus eigener Erfahrung kennt oder nicht: In der Geschichte, die ich euch gleich erzählen werde, könnt ihr erleben, wie es ist, an einem wunderbaren Sandstrand zu sein. Alles, was ihr dafür braucht, ist eure Fantasie. Legt euch ganz bequem auf den Rücken. ... Die Arme liegen neben dem Körper, die Beine sind lang ausgestreckt. ...
Ganz locker und entspannt liegst du da. ... Schließe deine Augen. ... Vielleicht willst du deine Lage noch einmal ein wenig verändern, damit du es ganz bequem hast. ... Wenn du so weit bist, gehe mit deiner Aufmerksamkeit zu deinem Atem ... beobachte, wie er ganz von selbst kommt und geht ... ein und aus ... ein und aus. ...

Stell dir vor, du stehst mit deinen nackten Füßen im warmen weichen Sand. ... Du lässt den Blick schweifen über den goldgelben Strand ... und das tiefblaue Meer. ... Ein Gefühl von Ruhe und Freiheit erfüllt dich und lässt deinen Atem noch tiefer und leichter fließen, ... ganz von selbst ... ein ... und aus. So weit das Auge reicht, siehst du nur Sand und Meer. ... Vielleicht sind da noch andere Menschen in deiner Nähe, vielleicht hast du den Strand aber auch für dich alleine, wenn du das hier lieber magst. ... Nur ein Schwarm Seevögel spielt nicht weit von dir mit den Wellen. ... Du bekommst Lust, am Strand entlang zu laufen ... die Vögel zeigen dir den Weg ... starten und landen, immer ein Stück voraus. ... Vielleicht schlenderst du einfach so dahin und spürst den Sand unter deinen Füßen ... vielleicht möchtest du auch rennen und hüpfen, dich drehen und im Sand herumtollen. Niemand sagt dir, was du zu tun hast. Du allein entscheidest. ... Nach einer Weile wirst du müde. ... Du legst dich hin und merkst, wie dein Körper ein kleines Stück in den Sand einsinkt und einen

Abdruck hinterlässt. Du spürst genau deinen Kopf, ... deine Arme, ... Rücken, Po und Beine, wie sie im warmen Sand aufliegen und gehalten werden. Arme und Beine sind angenehm schwer und warm. ...Wärmende Sonnenstrahlen umhüllen dich ... ein sanfter Wind streichelt dein Gesicht. ... Die Luft schmeckt frisch und salzig. ... Du schaust verträumt in den blauen Himmel ... deine Augen verfolgen kleine weiße Wölkchen, die langsam vorbeiziehen, als hätten sie alle Zeit der Welt. ... Auch du hast Zeit und Ruhe. ... Zeit, den Wellen zu lauschen, wie sie gleichmäßig kommen und gehen ... genau wie dein Atem ... gleichmäßig ein und aus. ... Eine Weile bleibst du noch liegen und ruhst dich aus ... genießt dieses wohlige Gefühl von Ruhe und Entspannung im weichen, warmen Sand. Komm nun langsam, in deinem Tempo, zurück in diesem Raum. ... Bewege deine Finger und Füße ... Streck und räkele dich, als wärst du gerade aufgewacht. ... Atme tief ein und aus ... öffne deine Augen. ... Streck dich noch einmal richtig, bis du wieder ganz wach bist.“

(Quante, 2008, 228f)

Eine angenehme und wertschätzende Atmosphäre in der Fortbildung kann bereits grundlegend ein Gefühl von Gelassenheit entstehen lassen. Dieses soll durch die Entspannungsübung weiter unterstützt und verstärkt werden. Eine Phantasiereise kann möglicherweise auch helfen, zu Gelassenheit zurück zu finden und unterstützt ein Wohlgefühl im morgendlichen Ankommen.

Darüber hinaus ist diese imaginative Entspannungsform notwendig, um die folgenden Übungen mit den Bildkarten des Zürcher-Ressourcenmodells (ZRM) mental vorzubereiten, da die Arbeit mit den Bildern und die damit zusammenhängende persönliche Auswahl eines Bildes einen entspannten, introvertierten Zustand erfordert (vgl. Krause & Storch, 2010). Die Phantasiereise ermöglicht einen moderat tiefen, körperorientierten Selbstzugang. Folglich können die TeilnehmerInnen anschließend sehr bei sich und ihren Bildern sein. Daran wird im Folgenden direkt angeknüpft, weshalb es keine eigene direkt anschließende Reflexionsphase zu dieser Entspannungsmaßnahme gibt, um den Zustand durch reflexive und somit kognitive Methoden nicht wieder zu verändern.

Direkt an die Entspannungsübung schließt sich der Einsatz der Bildkarten des Zürcher-Ressourcenmodells nach Krause und Storch (2010) an (vgl. Martens & Kuhl, 2009). Das Vorgehen dieser Übung findet in adaptierter Form statt, d.h.

einige Bestandteile werden wie bei Krause und Storch (2010) vorgeschlagen, umgesetzt, andere hingegen werden mit veränderten Vorgehensweise zum Einsatz gebracht. Diese Veränderung wird an den entsprechenden Stellen begründet.

Für die Übung werden die Bildkarten der ZRM-Bildkartei auf dem Boden gut sichtbar ausgelegt und die Teilnehmenden werden gebeten die Bilder aufmerksam ohne gegenseitigen Austausch anzusehen. Sie wählen nach eigenem Bauchgefühl, dasjenige Bild aus, das für sie individuell zum Thema der Gelassenheit besonders passend ist. Es handelt sich also nach Krause und Storch (2010) um eine themenspezifische Bildwahl. Dabei dienen die folgenden Leitfragen als Hilfestellung:

- Welches Bild passt für mich zu Gelassenheit, einer gelassenen Haltung?
- Welches Bild spricht mich in diesem Zusammenhang an?

Zielperspektive: Orientiert an der Arbeit mit unbewussten psychischen Anteilen dienen die ausgelegten Bilder als Stimulus, um die somatischen Marker (Damasio, 1994; Storch, 2008) der Teilnehmenden auszulösen. Bei somatischen Markern handelt es sich um Bewertungssignale, die das Unbewusste erzeugt, welche aber wiederum in Form diffuser Basalaffekte im Sinne einer dualen Bewertung (mag ich, mag ich nicht) bewusst wahrnehmbar sind. Diese Basalaffekte drücken sich als objektiv messbare körperliche Signale aus, die vom Menschen als Körperempfindungen und/oder starkes Gefühl wahrgenommen werden können. Ein positiver somatischer Marker gibt somit die Bewertung wieder, dass das jeweilige allgemeine Ziel vom Extensionsgedächtnis, dem SELBST, als erstrebenswert eingestuft wird. Er ist somit ein „(...) Hinweis auf Bedeutsames im Unbewussten" (Bruggmann & Storch, 2011) und erleichtert den Zugang zum Selbsterleben. Somatische Marker stehen wiederum in Zusammenhang mit einem unmittelbar erlebten „felt sense of self" (Gendlin, 1998) bzw. dem Identitätserleben im Sinne von Blasi (1988). Wichtig ist, dass die Auswahl möglichst nach dem Gefühl und nicht nach dem Verstand erfolgt (vgl. Krause & Storch, 2010).

Haben alle Teilnehmenden eine Bildkarte gewählt, sollen die somatischen Reaktionen und die damit zusammenhängenden unbewussten Bedürfnisse in Sprache umgesetzt werden. Hierfür werden die Teilnehmenden in Einzelarbeit aufgefordert für fünf bis zehn Minuten eigene Assoziationen zu dem gewählten Bild zu sammeln. Dieses Sammeln geschieht völlig frei und kann alle Sinneskanäle ansprechen. Bei den Assoziationen kann es sich um Beobachtungen, Ideen, Phantasien und Gefühle handeln, die sich auf das Thema oder aber die formale Gestaltung des Bildes beziehen. Die Methodik findet auf einem Arbeitsblatt statt und wird als Ideenkorb (Krause & Storch, 2010) bezeichnet, da es sich um einen Korb voller Ideen handelt. Dabei verstärkt der Begriff der „Idee“ das kreative Vorgehen. Bei diesem Schritt handelt es sich um die erste Anpassung der Übung. Es wird die Einzelarbeit anders als in der Ursprungsmethode vor die anschließende Kleingruppenarbeit gezogen, um die eigenen Assoziationen nicht durch diejenigen der späteren Hilfspersonen zu überschreiben.

Mein Ideenkorb

Für sich: Freies Sammeln aller Assoziationen (ca. 10 min)

- Völlig Frei
- Alle möglichen Sinneskanäle ansprechen
- Einbeziehen von Beobachtungen, Farben, Ideen, Fantasien, Gefühlen

Zielperspektive: Durch die Bilderkartei soll es zu einer Anregung bildhafter Vorstellung kommen, die in Form eines abgewandelten Brainstormings das Sammeln von Assoziationen ermöglichen (Hellmann, 2007).

In einem weiteren Schritt wird der Ideenkorb in Kleingruppen (bestehend aus drei Personen) weiter gefüllt. In der konkreten Übung gibt es zwei als Hilfspersonen benannte Personen, da mit ihrer Hilfe möglichst viele weitere Ideen zu dem Bild generiert werden. Die erste Hilfsperson wird gebeten, wiederum freie Assoziationen zum Bild des Gegenübers zu nennen. Wichtig ist hierbei insbesondere der Fokus auf Ressourcenorientierung, da das „Bild für die Hauptperson bedeutsam und wertvoll und eine Quelle (...) von Ressourcen, darstellt“ (Krause & Storch, 2010, S. 44). Die zweite Hilfsperson protokolliert die Ideen und achtet auf das Einhalten der 10-minütigen Zeit. Die Hauptperson, die das Bild ausgewählt hatte, wird wiederum aufgefordert während des Nennens der Angebote durch Hilfsperson 1 auf ihre somatischen Marker zu achten. Hierbei handelt es sich im Spezifischen um eine Adaptation der Übung „Die Arbeit mit dem

Ideenkorb“ (Krause & Storch, 2010). Die Adaptation bezieht sich auf die Rollenverteilung innerhalb der Übung, welche in dem Sinne angepasst wurde, dass die Person des „Ideengebers“ (Krause & Storch, 2010, S. 44) nicht gleichzeitig mit den weiteren Aufgaben des Protokollierens und Zeitkontrollierens betraut wird. Diese Veränderung der Übung folgt den Annahmen der PSI-Theorie (Theorie der Persönlichkeits-System-Interaktionen; Kuhl, 2001), die das SELBST eher mit kreativen Prozessen (hier dem Sammeln von Assoziationen) und das ICH mit sprachlichen, bewussten und sequenziellen Prozessen (wie hier dem Schreiben und Kontrollieren) verbindet. Gerade die Aufgabe des Achtens auf die Zeit ist eine Tätigkeit, die mit der fokussierten Aufmerksamkeit des ICH verknüpft ist (Kuhl, Schwer & Solzbacher, 2014). Die Übung wird in dieser Konstellation für jedes Bild mit einem Wechsel der Rollen durchgeführt, so dass jede Hauptperson ihren Ideenkorb mit neuen Ideen erhält. Durch die so erfolgenden Angebote der Anderen erhält die Hauptperson eine reichere und tiefergehende Vorstellung von ihrem Bild, ihrer persönlichen Gelassenheit. Wichtig ist, dass es nicht zur Diskussion zwischen den Personen kommt, damit der kreative Prozess nicht durch kognitive und kontrollierende Prozesse gestört wird (vgl. Krause & Storch, 2010).

Abschließend trifft jede Hauptperson eine Auswahl aus den Assoziationen zu den Bildern anhand ihrer damit verbundenen somatischen Marker, in dem sie die für sie wichtigsten Assoziationen markiert. Dies sollte zeitnah geschehen, damit sich die Person noch an ihre somatischen Marker während des Ideengebens durch die Hilfsperson erinnert. Gleichzeitig bietet es sich an, diese Markierung allein vorzunehmen, um ein mögliches Gefühl der Wertung gegenüber den IdeengeberInnen zu vermeiden. Da die Hauptperson anders als in der von Krause und Storch (2010) vorgeschlagenen Reinform der Übung ja bereits während des Ideengebens auf die eigenen somatischen Marker geachtet hat, sollte die Auswertung in diesem Schritt recht schnell gehen.

Die Arbeit mit dem Ideenkorb

Kleingruppenarbeit zu Dritt (10 min pro Person/Bild)

- Hilfsperson 1: Ressourcenorientierte Assoziationen
- Hilfsperson 2: Protokollieren aller Assoziationen & Achten auf die Zeit
- Hauptperson: Achtet sorgfältig auf somatische Marker

Zielperspektive: Ziel dieser gesamten Übungs-Einheit ist in Anlehnung an Jung (1976) der Prozess der Amplifikation, bei dem ein Symbol aus dem Unbewussten (hier das gewählte Bild) mit bewussten Ideen angereichert wird. Die Angebote werden zudem durch die somatischen Marker der Hauptperson als Bewertungssignale aus dem Unbewussten ausgewertet. Es findet ein verknüpfender Rückmeldeprozess zwischen bewusster und unbewusster Informationsverarbeitung statt (Krause & Storch, 2010).

Körperliches Wahrnehmen eigener Gelassenheit

Zwei Erlebenssituationen, die in den Workshops das Thema Gelassenheit am eigenen Körper wahrnehmbar und damit reflektierbar machen sollen, führen im Seminar weiter und folgen der Arbeit mit dem Ideenkorb.

Position der Gelassenheit

Dieses Spiel ist eine Abwandlung des in der Psychomotorik häufig beschriebenen Bildhauer- oder Skulpturen-Spiels. Möglichst immer 3 Personen finden sich in einer Kleingruppe zusammen. Abwechselnd sind alle je einmal Skulptur, BildhauerIn und Modell. Das Modell begibt sich in eine Position bzw. Körperhaltung, die für ihn oder sie Gelassenheit „verkörpert“. Der Auftrag könnte dazu lauten: „Suche dir eine Position oder Körperhaltung in der du dich vollkommen gelassen fühlst oder die deine Gelassenheit ausdrückt.“ Der oder die BildhauerIn darf das Modell zunächst nicht sehen, weshalb ein großes luftdurchlässiges, nicht transparentes Tuch (z.B. Schwungtuch) über das Modell in Position gelegt wird. Der oder die BildhauerIn beginnt nun mit einem vorsichtigen und behutsamen Ertasten durch das Tuch hindurch, um sich eine Vorstellung von der Körperhaltung des Modells zu machen. Sobald er oder sie eine Vorstellung entwickelt hat, kann begonnen werden, die Skulptur (die dritte Person der Kleingruppe) in die gleiche Position zu bewegen. Das kann beschreibend aber auch durch umsichtiges In-Position-Bringen erfolgen. Die schaffende Person kann sich immer wieder am Modell durch das Tuch tastend vergewissern oder weitere Details in Erfahrung bringen. Sollte der oder die BildhauerIn der Meinung sein, dass die Skulptur die gleiche Körperhaltung wie das Modell eingenommen hat, kann das Tuch gelüftet werden und es wird überprüft, inwieweit Übereinstimmung besteht.

Es hat sich als hilfreich erwiesen, wenn die Kleingruppen bei Erwachsenen möglichst nicht gemischtgeschlechtlich sind, da dies sonst beim Ertasten, das durch die Tuchbedeckung nicht vollständig kontrollierbar ist, die Teilnahme als unangenehm empfunden oder ganz abgelehnt werden kann. Eine Möglichkeit wäre es auch, dass ein einzelner Mann oder eine einzelne Frau in der Gruppe sich eher als Skulptur (also dritte Person) zur Verfügung stellt, damit wenigstens in dieser Rolle partizipiert werden kann.

Mögliche Reflexionsfragen: Wie haben Sie die verschiedenen Positionen empfunden? Fühlten sich Positionen der Gelassenheit der anderen auch gut für Sie an? Welche kleineren oder größeren Unterschiede in den Positionen der verschiedenen Modelle gab es? Wie gelassen oder entspannend fühlen sich die Gelassenheitspositionen der anderen für Sie an und woran würden Sie das festmachen? Gibt es für Sie bestimmte Situationen, in denen die jeweiligen Positionen bevorzugt eingenommen werden? Welchen Grund könnte das für Sie haben – hilft das für irgendetwas? Woran machen Sie Gelassenheit körperlich fest?

Zielperspektive: Im ursprünglichen Spiel geht es um Aspekte der Körpererfahrung, dennoch kommt häufig etwas Wettbewerb auf, es möglichst präzise zu schaffen. Das kann bei der Verwandlung in die „Position der Gelassenheit" passieren, ist aber nicht Zweck des Spiels. Vielmehr geht es um eine Bewusstmachung der eigenen Positionen der Gelassenheit: Gibt es so etwas für mich, wie fühlt es sich an und woran mache ich das fest? Das wird auch in den Reflexionsfragen deutlich. Ein weiterer Aspekt ist aber der, dass andere Menschen andere Körperhaltungen mit Gelassenheit assoziieren. Ein Nachspüren „fremder" Gelassenheitspositionen kann Differenzerfahrungen ermöglichen oder auch das eigene Repertoire dieser Positionen erweitern. Aus Differenzen und dem Austausch darüber kann ein Bewusstsein entstehen, wie unterschiedlich die Wahrnehmungen verschiedener Menschen, aber auch deren Vorlieben und Bedürfnisse sein können. Dies kann das Verständnis und die Empathiefähigkeit für andere Menschen stärken.

Bewegungsparcours

Paarweise führen sich die TeilnehmerInnen gegenseitig durch einen kleinen selbstgestalteten Parcours, wobei die folgende Person die Augen geschlossen hält. Dafür werden zwei Gruppen gebildet: alle zunächst Führenden bleiben im Raum, während alle Folgenden zunächst den Raum verlassen. Die Führenden bauen im Raum einen kleinen Bewegungsparcours auf: Tische, Pinnwände, Stühle und ein paar Tücher können schon ausreichen, mit mehr Bewegungs- und Spielmaterialien wird es aber abwechslungsreicher. Beim Bau des Parcours ist unbedingt zu beachten, dass es keine ernsthaft gefährlichen Stellen gibt, dennoch eine gewisse Abwechslung möglich bleibt, damit es für die Mitspielenden nicht zu schnell langweilig wird. Wichtig ist, dass die Gegebenheiten ein Verändern der Fortbewegungsart erzwingen, dass also mal gekrabbelt oder gekrochen werden oder man den Kopf einziehen muss. Es kann auch mal über etwas drüber gelaufen oder geklettert werden. Als sinnvoll erweist es sich ebenso, keinen Weg von A nach B, wie sonst häufig bei einem Parcours, zu bauen, sondern mehrere Elemente zu schaffen, die anschließend in beliebiger Reihenfolge partnerweise erforscht und ausprobiert werden können. Sonst könnten Wartezeiten entstehen, die es unbedingt zu vermeiden gilt.

Ist der Parcours fertig gebaut, werden die folgenden PartnerInnen, die jetzt die Augen geschlossen halten, jeweils am Eingang abgeholt und individuell von ihrer Partnerperson durch den Parcours geführt. Nach 4-5 Minuten gibt es ein Signal, so dass alle folgenden Personen ihre Augen wieder öffnen und sich orientieren können. Dann tauschen die beiden PartnerInnen die Rollen, jetzt führt also die andere Person und baut mit den anderen Führenden zunächst einen neuen, veränderten Bewegungsparcours, bevor die Wartenden wiederum mit geschlossenen Augen den führenden Personen folgen.

Das besondere an diesem Parcours ist ein Spezialauftrag, den die Führenden jeweils bekommen, ohne dass die Folgenden davon wissen: Im ersten Durchgang sollen die Führenden extrem übervorsichtig und übertrieben besorgt sein: sie sollen ständig bedacht sein, dass der oder die PartnerIn sich an etwas stößt, sich übernimmt oder zu schnell geht – und dies auch in der Begleitung äußern. Damit soll also versucht werden, die folgenden TeilnehmerInnen eher zu verunsichern, was am ehesten funktionieren kann, wenn die PartnerInnen sich kaum oder gar nicht kennen. In der zweiten Runde werden die Rollen getauscht und die Aufgabe für die Führenden ist eine andere: sie sollen sehr unterstützend wirken und den Folgenden immer das Gefühl geben, dass sie sich keine Sorgen machen müssen und dass sie das sehr gut so machen würden und sie notfalls jederzeit zur Stelle sind. Wichtig ist in beiden Runden, dass die Folgenden jeweils wissen, dass die Führenden eine spezielle Aufgabe haben, die sie in keiner Weise bloßstellen oder zu ihrem Nachteil sein soll.

Mögliche Reflexionsfragen: Wie ist es den Folgenden körperlich gegangen? Wie hat sich das Folgen mit geschlossenen Augen angefühlt? Fühlten sich alle jederzeit sicher und gut begleitet? Gab es Momente die eher unangenehm oder etwas verunsichernd waren? Wo konkret wurde das dann (körperlich) gespürt? Woran kann das gelegen haben? Hat das an eine vergleichbare Erfahrung erinnert? Wie wurde in der Übungssituation damit umgegangen? Wurde bemerkt, dass die Führenden eine spezielle Aufgabe hatten? War das in der zweiten Gruppe auch so? Wie wurde der Unterschied wahrgenommen bzw. was war anders? War eine Art der Begleitung angenehmer als die andere – und warum? Konnte jemand spüren, was die überbehütende Begleitung in der ersten Runde mit ihm oder ihr gemacht hat? Hat die Art der Begleitung Einfluss auf das eigene Verhalten? Was macht das mit der eigenen Person? Kennt jemand so etwas aus dem pädagogischen Alltag? Inwiefern könnte die Bewusstmachung dieser Zusammenhänge für den pädagogischen Alltag eine Rolle spielen?

Zielperspektive: Das gegenseitige Führen ist eine beliebte Vertrauensübung, bei der es um die Erfahrung eines Grundprinzips zwischenmenschlicher Interaktion geht: Das Führen im Sinne von Verantwortung übernehmen und das Folgen im Sinne von sich führen lassen (Haas, 1999, S. 221). Während dieser Übung darf es in keinem Moment zu einem ernsthaften Gefühl der Angst oder Sorge kommen, da sonst bei den Folgenden ein Gefühl von Täuschung und Vertrauensmissbrauch aufkommen könnte. Das „Überbehüten“ der ersten Führenden wird erfahrungsgemäß selten als authentisch wahrgenommen, vor allem wenn man sich im Seminar schon etwas kennengelernt hat. Mit dieser Übung und der dadurch erfahrenen Differenz zwischen den beiden Runden wird trotz gewechselter Rollen und verschiedenen Aufgaben bewusst, wie viel Auswirkung die Art und Weise der

Begleitung haben kann. Den MitspielerInnen wird deutlich, wie sehr sich die Stimmung oder Gelassenheit bzw. Nicht-Gelassenheit auf andere Menschen übertragen kann und wie so etwas jeweils empfunden wird. Ungeachtet der bewusst begrenzten Ernsthaftigkeit der Übung wird dies dennoch klar, da vielen aus der eigenen Biografie und oft auch aus der beruflichen Erfahrung heraus Situationen in Erinnerung kommen, in denen sie gespürt haben, wie sehr Gelassenheit aber auch das Gegenteil „anstecken“ kann. Das sind wichtige Erkenntnisse im Hinblick auf kollegialen Austausch und die Zusammenarbeit in einem pädagogischen Team.

Gelassenheit zwischen ICH und SELBST

Den beschriebenen Erlebenssituationen folgt eine theoretische Anbindung der körperlichen Erfahrungen und deren Reflexion an die Arbeit mit dem SELBST und dem ICH, die sich als roter Faden durch das Seminar zieht (vgl. Kruse-Heine et al., in diesem Band). Hierbei erfolgt in einem ersten Schritt ein Rückgriff auf die zu Beginn dargestellte Arbeitsweise des SELBST, die in Bezug auf die Thematik der Gelassenheit nochmal genauer expliziert wird.

Gelassenheit durch Selbstzugang

Was macht das SELBST?

- Netzwerk persönlicher (positiver & negativer) Erfahrungen
- Überblick über die Gesamtheit eigener Bedürfnisse, Ängste, Vorlieben & Werte
- nicht vollständig bewusst

➔ Integration von unangenehmen Erfahrungen wie Misserfolg oder Kritik

➔ Integration von widersprüchlichen Aspekten und Wahrnehmungen bzw. Empfindungen

Zielperspektive: Ziel ist es in diesem Abschnitt aufzuzeigen, dass nicht nur – wie eingangs beschrieben – Entspannung den Zugang zum SELBST bahnt (s.o. Phantasiereise), sondern dass auch die Aktivierung des SELBST einen entspannten Zustand bewirken kann, da die Wirkung von Makrosystem und Affektlage reziprok zu verstehen ist (Kuhl, 2001). Dies kann durch zwei besondere Aspekte des SELBST erläutert werden, die beide eine Art der Integration ermöglichen. Da ist zum einen die Integration von negativen Erfahrungen und Misserfolg als eine Form der nachhaltigen Bewältigung (Engel & Kuhl, 2015; Künne & Kuhl, 2014). „Ein negatives Ereignis bleibt nicht einseitig negativ, wenn es mit allen persönlichen Erfahrungen in Kontakt kommt. Es wird relativiert. Man sieht auch positive Seiten an derselben Sache oder man sieht zumindest andere positive Erlebnisse, die dieses eine negative Erlebnis aufwiegen“ (Martens & Kuhl, 2009, S. 70). Zum anderen kann das SELBST auch eine Integration von Widersprüchlichem ermöglichen: „So kann beispielsweise ein Freund – ebenso wie die Person selbst – z.B. liebenswerte und negative Eigenschaften haben, ohne dass dadurch die Freundschaft (bzw. der Selbstwert) jedes Mal in Zweifel gezogen wird, wenn die negativen Seiten zu Tage treten“ (Kuhl & Alsleben, 2010, S. 44). Übertragen auf das pädagogische Arbeitsfeld könnte das heißen, dass eine Fachkraft das Verhalten eines Kindes durchaus als anstrengend und herausfordernd empfinden kann, sich aber ebenso einiger liebenswerter Eigenschaften des Kindes und schöner Situationen mit dem Kind bewusst ist. Dann hilft das SELBST in schwierigen Situationen mit dem Kind immer auch das Ganze im Blick zu behalten und mit dem Kind positiv in der Beziehung zu bleiben. Das parallel arbeitende Wissensnetzwerk des SELBST berücksichtigt also viele Gesichtspunkte gleichzeitig, sodass die negativen Erfahrungen durch positive relativiert werden können (z.B. Kuhl, Schwer & Solzbacher, 2014).

Den „positiven“ Aspekten des SELBST werden kontrastierend Zustände gegenüber gestellt, die einen mangelnden Selbstzugang bedingen.

Mangelnder Selbstzugang

- Durch Selbstkontrolle & einseitige Zielverfolgung
- Angst, Stress und andere negative Gefühle

Zielperspektive: Es gibt verschiedene Zustände, die den Selbstzugang hemmen, was vorübergehend sogar hilfreich kann. Selbstkontrolle, d.h. die Hemmung des SELBST durch das analytische ICH (Kuhl & Alsleben, 2010) ist notwendig bei der Zielverfolgung. Will ich ein Ziel erreichen, darf ich mich, nachdem ich mich für eine Alternative entschieden habe, nicht von allen Reizen und Alternativen aus der Innen- und Außenwelt, die die Wachsamkeit des SELBST zur Verfügung stellt (Kuhl, Schwer & Solzbacher, 2014), ablenken lassen. Die Hemmung des Selbstzugangs wird aber immer dann kritisch, wenn es zu einseitiger Zielverfolgung und damit dauerhafter Selbstkontrolle kommt (Kuhl & Alsleben, 2010). Wenn der Selbstzugang dauerhaft nicht vorhanden ist, werden oft Dinge getan, „die nur momentanen eigenen oder fremden Einzelinteressen entsprechen, andere Selbstaspekte aber verletzen, so dass einem das eigene Verhalten später „leidtut“ oder man nicht voll hinter früheren Entscheidungen steht“ (Kuhl & Alsleben, 2010, S. 44). Auch Stress, Angst und andere negative Gefühle können die Selbstwahrnehmung hemmen (Kuhl & Alsleben, 2010). Wie bei der Selbstkontrolle auch, kann dies kurzfristig sinnvoll sein, da negative Gefühle als

Indikatoren für „verletzende“ Situationen dienen können. Das SELBST wird gehemmt, um die Verletzung nicht ungefiltert ans SELBST heranzulassen (vgl. Befunde zur Vulnerabilität des SELBST indiziert durch Symptomverschlimmerung bei hoher Selbstkomplexität: Linville, 1985).

Wenn wir also im Stress oder der Zielverfolgung des „Großraumbüros“ (als Bild des ICH, vgl. Abb. 2 in Kruse-Heine et al., in diesem Band) unterzugehen drohen, ist es wichtig, dass wir die Brücke des Selbstzugangs nutzen, um wieder auf die „grüne Spielwiese“ unseres SELBST zu gelangen. Gestärkt können (und müssen) wir dann wieder ins Großraumbüro zurückkehren, um unsere langfristigen Ziele zu erreichen und insbesondere in unserem beruflichen Alltag handlungsfähig zu bleiben (vgl. Engel, Gehrs & Keßel, i. Vorb.).

Abschließend soll nun noch auf die Frage eingegangen werden, wie der Selbstzugang erreicht, erhalten und gefördert werden kann. Dies geschieht durch einen Rückbezug auf die im Seminar durchgeführten Übungen und Methoden, die ja der Förderung des Selbstzuganges dienten, ohne dass dies unbedingt den Teilnehmenden explizit gemacht wurde.

Reflexion Selbstzugang

- „Bei sich sein“ durch Entspannung (Kuhl, 2001)
- Bilder als „Sprache des Selbst“ (Bucci, 2002)
- Körperempfindung und Skulptur als „Leiblichkeit des Selbst“ (vgl. Bechara & Damasio, 2005; Nietzsche, 2005)

Zielperspektive: Es sollen hiermit Wege aufgezeigt werden, wie man ins SELBST kommt. Dabei findet immer ein direkter Bezug zu den vorangegangenen Übungen statt. So kann man sich durch Entspannungsübungen wie die Phantasiereise den Zugang ins SELBST bahnen (Kuhl, 2001). Die Technik dient somit als Hilfestellung. Die Arbeit mit Bildern – wie dies in der Übung zum Ideenkorb umgesetzt wurde – nutzt die Sprache des SELBST. Sie ermöglicht einen sogenannten „referentiellen Prozess“ nach Bucci (2002) einzuleiten, bei dem es zur Verknüpfung von vorsymbolischer Information (körperliche Empfindungen und Basalaffekten), die unterhalb der Bewusstseinsschwelle angesiedelt wird, und symbolischer Information (Buchstaben und Worte), welche bewusstseinspflichtig ist, kommt. Laut der Multiple Code Theory (Bucci, 2002) nehmen Bilder eine Zwischenstellung zwischen bewusster und unbewusster Ebene ein, indem sie auf der einen Seite bewusstseinsfähig sind und durch Sprache hervorgerufen werden können. Auf der anderen Seite können sie aber auch von unbewusst arbeitenden vorsymbolischen Prozessen hervorgebracht werden. Somit ermöglichen sie den Informationsfluss zwischen ICH und SELBST, welcher die Abstimmung der explizit gefassten Ziele mit dem Erfahrungswissen des SELBST ermöglicht. Schließlich greifen die psychomotorischen Übungen durch Körperempfindungen auf die „Leiblichkeit des Selbst" (vgl. Bechara & Damasio, 2005; Engel & Kuhl, 2015) zurück.

Zum Abschluss dieser Einheit bekommen die TeilnehmerInnen die Möglichkeit anhand eines Arbeitsblattes Reflexionen zu den persönlichen Bedingungen und Strategien bezüglich der eigenen Gelassenheit vorzunehmen.

Dazu erhalten Sie Zeit, das bisher Erfahrene und Besprochene auf sich selbst zu beziehen und konkret festzuhalten, was sie persönlich benötigen, um gelassen zu sein. Hier können die Bedürfnisse der einzelnen Teilnehmer sehr variieren. Auch die Strategien, die verfolgt werden, um Gelassenheit herzustellen, sind sehr unterschiedlich. In einem weiteren Schritt übertragen die TeilnehmerInnen ihre Ideen auf die Arbeit in ihrer Einrichtung: Welche Bedingungen und Strategien braucht es dort, um gelassen arbeiten und Beziehung gestalten zu können? Ob im Anschluss an die Bearbeitung der Arbeitsblätter oder eines Arbeitsblatts ein offener Austausch in der Gruppe angeboten werden soll, hängt von der Einschätzung der Gruppe, der individuellen Bedürfnisse und dem aktuellen Arbeitsmodus im Workshop ab:

- **Arbeitsblatt „Um gelassen zu sein, brauche ich..."** Dieser zu ergänzende Satz soll die Möglichkeit eröffnen sich in der Einzelarbeit der Voraussetzungen bewusst zu werden, die man als grundlegend notwendig empfindet, um gelassen zu sein oder zu werden. In der Bearbeitung geht es mehr um eine Sammlung von Reflexionsgedanken und Transferideen, die sich individuell aus dem bisher Gehörten, Erlebten und Gespürten ergeben haben.
- **Arbeitsblätter „In welchen Situationen mit Kindern, Eltern, KollegInnen war ich das letzte Mal richtig gelassen?"** und **„Was habe ich konkret dazu beigetragen (wie habe ich mich verhalten), dass ich in der Situation besonders gelassen war?"** Mit Hilfe dieses Arbeitsblatts und seiner Fragestellung soll ein positiver Blick auf das Erleben eigener Gelassenheit im beruflichen Kontext ermöglicht werden. Dabei soll möglichst für jedes Feld (Kinder, Eltern, KollegInnen) ein Beispiel gefunden

werden. Hierfür bietet sich Partnerarbeit an, da der Austausch helfen kann, solche Situationen ins Gedächtnis zu rufen. Es bietet sich dabei auch an, dass jeweils beide beteiligten Personen aus unterschiedlichen Institutionen sind, da Einblicke in andere Einrichtungen den Austausch erweitern können. Insgesamt wird mit diesem Arbeitsblatt der Rückbezug zur eigenen pädagogischen Arbeit hergestellt, um den es in diesen Workshops immer gehen soll.

- **Arbeitsblatt „Gelassene Einrichtung: Was trägt von außen zur Gelassenheit bei bzw. wie müsste meine Einrichtung sein, damit ich gelassen sein kann?"** Bei der Fragestellung des letzten Arbeitsblatts dieser Reflexions- und Transferphase geht es um die individuelle Vision einer optimal gelassenen Einrichtung. Die Sammlung unterschiedlichster Faktoren seitens der Kollegenschaft, Kinder und Eltern, aber auch der Atmosphäre, Räumlichkeiten, Lernumgebung und Struktur sollen Ansatzpunkte für Strategien verdeutlichen, was relevante Bedingungen und Maßnahmen in der eigenen Einrichtung sein könnten, um Gelassenheit am Arbeitsplatz zu ermöglichen. Dabei kann dem Brainstorming in Einzelarbeit durchaus eine Phase der Machbarkeitsüberprüfung folgen, diese Beschränkung sollte aber erst nach dem freien Assoziieren erfolgen, um auch ungewöhnlichen Dingen und Wünschen eine Chance zu geben.

Gelassenheit bewusst machen

Nach Eigenreflexion zu Bedingungen der persönlichen Gelassenheit wird mit den TeilnehmerInnen ein weiterer Schwerpunkt der Gelassenheitsthematik erarbeitet, in dem es um die verschiedenen Zustände von Gelassenheit geht und wie sich diese auf das eigene Handeln auswirken können. Dazu werden folgende einstimmende Übungen angeboten:

Sich selbst zehn Minuten etwas „Gutes tun"

Alle TeilnehmerInnen werden aufgefordert, die folgenden zehn Minuten zu nutzen, sich etwas „Gutes" zu tun. Sie dürfen dafür den Seminarraum verlassen, werden aber gebeten, nach der vereinbarten Zeit wieder im Seminarraum zu erscheinen. Es sollte keine Einschränkungen geben, worum es sich bei dem Guten handelt.

Direkt nach dem Wieder-Zusammenkommen der Gruppe werden für den Austausch Kleingruppen gebildet. In den Gruppen wird sich jeweils gegenseitig erzählt, was die TeilnehmerInnen Gutes für sich getan haben. Anschließend überlegt jeder für sich in der Kleingruppe, was für eine Strategie oder übergeordnete Motivation hinter der eigenen Verwöhnung stecken könnte. Dabei können die anderen in der Gruppe möglicherweise helfen.

Wenn alle Kleingruppen fertig sind, werden in der gesamten Runde die Ergebnisse der Gruppenarbeit zusammen getragen: Welche Strategien konnten identifiziert werden oder werden vermutet, um Gelassenheit herzustellen? Gibt es Überschneidungen oder können einzelne Strategien unter eine allgemeinere, übergeordnete Strategie zusammengefasst werden? Es sollte ein Sammlung auf dem Flipchart entstehen, die verschiedene Strategien der TeilnehmerInnen auflistet. Diese kann durchaus inspirierend sein, falls Einzelne auf der Suche nach Strategien sind oder neue Wege für sich ausprobieren möchten.

Um das Thema weiter zu vertiefen, kann auch die folgende Übung umgesetzt werden, die darauf zielt sich gegenseitig etwas Gutes zu tun.

Wichteln

Alle MitspielerInnen schreiben ihren eigenen Namen auf ein Los (vorbereitete, leere Zettel gleicher Größe etc.). Die Lose werden eingesammelt und gemischt, bevor alle jeweils ein Los davon ziehen. Keiner sollte seinen eigenen Namen ziehen, sonst müssen ein paar Lose nochmal neu gezogen werden. Die Idee ist nun, dass alle TeilnehmerInnen jeweils der Person, deren Zettel er oder sie gezogen hat, im Laufe des restlichen Tages (mindestens ein halber Tag sollte dafür noch zur Verfügung stehen) unauffällig etwas Gutes tut. Das muss und soll gar nichts „Großes“ sein.

<u>Zielperspektive</u>: Bei diesem kleinen Auftrag kann bewusst erlebt werden, wie positiv Kleinigkeiten oder auch nur Höflichkeitsformen wirken können. Da alle TeilnehmerInnen wissen, dass ihnen im Laufe des Tages etwas Gutes getan werden soll, werden sie im Normalfall suchend offen dafür sein und

möglicherweise viel anderes „Gutes“, was als solches möglicherweise gar nicht explizit gemeint war, bewusst registrieren. „Gutes“ tun, ohne daraus einen Auftragsdruck zu entwickeln, kann eine gelassene Atmosphäre schaffen. Gelassenheit kann in dieser Atmosphäre anstecken und weitergegeben werden und nicht zuletzt auch als eine Form der Wertschätzung empfunden werden. Diese erlebte Wertschätzung wiederum kann auch zur Entwicklung von Gelassenheit beitragen: Im Rückbezug zur PSI-Theorie bedeutet das, dass mir etwas Gutes getan wird (Wertschätzung), wodurch ich positive Emotionen habe (Freude). Freude als positiver Affekt kann Selbstberuhigung positiv verstärken bzw. negativen Affekt herabregulieren (Kuhl, 2001), was dann wieder zu einer größeren Gelassenheit führen kann. Dieses Wissen wird nicht direkt in Kombination mit dem Angebot besprochen, kann aber zu einem späteren Zeitpunkt in Reflexionsgesprächen eingebunden werden.

Nach einer längeren Phase biografischer und erfahrungsbezogener Angebote zum Thema schließt ein theoretischer Input mit einer Definition von Gelassenheit an.

Definition

„Gelassenheit ist ein komplexes Konstrukt, eine Haltung, eine Tugend, eine Lebenskunst. Sie lässt sich sinnvoll nur im Verein mit anderen Haltungen betrachten. Gelassenheit geht einher mit einem Bündel von Fähigkeiten, die im Kontakt und Austausch mit mir selbst und meiner Mitwelt entstanden sind und entstehen.“

(Rahm, 2008, S. 32)

Zielperspektive: Gelassenheit ist ein komplexes Konstrukt. Sie ist Haltung, Tugend, Lebenskunst. Der Begriff der „(Lebens)Kunst“ zeigt auf, dass Gelassenheit wie *Kunst* sehr individuell ist. Gleichzeitig zeigt der Begriff „Leben(skunst)“, dass Gelassenheit etwas ist, was ein ganzes *Leben* erarbeitet werden kann. Dies gibt die Freiheit nicht perfekt sein zu müssen, macht aber gleichzeitig deutlich, dass es in Bezug auf dieses Thema möglich ist lebenslang daran zu arbeiten. Innerhalb der

Definition wird ebenfalls deutlich, dass sich viele religiöse und spirituelle Strömungen, aber auch bereits die antiken Philosophen mit dem Thema der Gelassenheit auseinandergesetzt haben (vgl. Rahm, 2008). So ist Achtsamkeit und Offenheit im Kontakt mit einer Person selbst und ihrer Mitwelt zentraler Bestandteil des Buddhismus, insbesondere des Zen-Buddhismus, was in dem Satzteil „im Kontakt und Austausch mit mir selbst und meiner Mitwelt“ ausgedrückt wird. Auch haben z.B. die Stoiker sich mit der Thematik der inneren Ruhe und dem vernunftgeleiteten Umgang mit Affekten beschäftigt. Gelassenheit soll im Sinne der Stoiker letztlich dazu dienen, mit den Affekten und Herausforderungen im Leben umzugehen und das individuelle Potenzial zu entfalten, und das in einer für einen selbst und seine Möglichkeiten angemessenen Art und Weise. Auch die christliche Mystik (z.B. Johannes Eckhart) hat die Gelassenheit tangiert. Sie sprechen vom Geborgensein im Urgrund des Lebens. Gelassenheit entsteht auf der Basis von Bindungssicherheit und bewirkt Bindungssicherheit und geht einher mit der Zuversicht, dass Gelassenheit auf irgendeine Weise immer wieder möglich sein wird.

In der Definition wird auch benannt, dass Gelassenheit einher geht mit einem Bündel von Fähigkeiten (vgl. Rahm, 2008), von denen hier einige, die aus dem SELBST gespeist werden, genannt sein sollen:

- Fähigkeit aus guten und schlechten Erfahrungen zu lernen
- Fähigkeit sich einen Grund für Hoffnung zu erarbeiten
- Fähigkeit sich und anderen zu verzeihen
- Neugierde, Empathie und Engagement für sich selbst und seine Mitwelt

Schließlich lohnt es an dieser Stelle zu erwähnen, dass es sich bei der Gelassenheit um einen relativen Begriff handelt: Ob ein bestimmter Zustand als gelassen gilt, hängt von der jeweiligen Situation ab (vgl. Wagner, 2007).

Zur Verdeutlichung dieser Situationsabhängigkeit und der Subjektivität wird eine kleine Aufgabe gegeben, die sich mit unterschiedlichen Spannungszuständen befasst.

Luftballon aufpusten

Alle erhalten jeweils einen Luftballon mit der Aufgabe, ihn so aufzupusten, dass er für sich selbst Gelassenheit symbolisiert. Es geht nicht um den aktuellen eigenen Zustand von Gelassenheit, sondern darum, dass der Ballon in seinem Zustand ein Symbol für Gelassenheit sein soll.
Anschließend sollen die Teilnehmenden die Konsistenz und Spannkraft ihres aufgeblasenen Gelassenheitsballons nochmal tastend erspüren und „begreifen".

Mögliche Reflexionsfragen: Passt der Zustand für die eigene Vorstellung von Gelassenheit? Waren die Ballons der anderen eventuell etwas verunsichernd? Kann vielleicht jemand begründen, warum er oder sie genau diesen Zustand des Ballons gewählt hat? Wie fühlt sich Gelassenheit körperlich an? Kann man das an einem gewissen Anspannungs- oder Entspannungsgrad des Körpers festmachen? Ist es möglich, dass jeder einen anderen Spannungszustand als gelassen empfindet? Hat jemand bei anderen schon mal beobachtet oder wahrgenommen, dass sie einen anderen Zustand als gelassen empfinden als man selbst? Stört das in der Zusammenarbeit?

Zielperspektive: Für eine Vorstellung von Gelassenheit existieren von Mensch zu Mensch unterschiedliche Bilder. Der eigene körperlich-seelische (psychosomatische) Spannungszustand spielt für den Grad von Gelassenheit eine zentrale Rolle. Wie viel Anspannung oder Entspannung als gelassen empfunden wird ist ebenfalls subjektiv. Bei dieser Übung kann anhand der verschieden stark aufgepusteten Ballons ein Austausch über diese subjektiven Ansichten von optimaler Gelassenheit eine Diskussion angestoßen werden, die im folgenden Wissensinput zum Psychotonusmodell wieder aufgegriffen werden kann.

Zustände von Anspannung und Gelassenheit

Bezugnehmend auf die Luftballon-Aufgabe wird im Folgeschritt des Psychotonus-Modell (nach Wagner, 2007) vorgestellt. Psychotonus (von griechisch: Tonus = Spannung) ist ein Oberbegriff für die Gesamtheit unterschiedlicher mentaler und psychischer Zustände. Er beschreibt den jeweiligen mentalen Zustand eines Individuums im Gesamtzusammenhang seiner jeweiligen kognitiven, affektiven und körperlichen Verfassung. In ihrer Entwicklung ihres Modells nahm Wagner (2007) Bezug auf Sokrates, der die menschliche Seele als Wagen beschrieb, der von zwei geflügelten Pferden gezogen und von einem Lenker gesteuert wird. Sokrates Schüler Platon hat dies weiter ausdifferenziert, indem er die drei Bestandteile des Wagens als drei Teile einer Seele interpretiert. Der Lenker ist die menschliche Vernunft, die Pferde stellen die Energiequelle dar und zwar in Form von Mut und Begierde. Mut wird verstanden als Anstrengung oder Volition (Willenshandlung). Hier nennt Wagner (2007) Verben wie etwas *willentlich tun*, *angestrengt nachdenken*, *sich beherrschen*. Demgegenüber steht Begierde als unvernünftige Energie, die durch Impulsivität gekennzeichnet ist: *sich zu etwas hinreißen lassen, etwas wider besseren Wissens tun, sich einer Versuchung hingeben, unüberlegt handeln*. Eine genauere Diskussion des Modells in Zusammenhang mit der Luftballon-Übung findet sich bei Doll & Engel (2015).

Eine Veranschaulichung dazu gibt es über eine kurze Geschichte von Hanson (2013, S. 57f.). Ein ganz normaler Tag wird in zwei Variationen von Gelassen- und Ungelassenheit erzählt. Darin wird beschrieben wie gelassen oder ungelassen ein normaler Alltag sich abhängig von der eigenen Bewertung von Situationen anfühlen kann. Dabei wird mit der Geschichte darauf verwiesen, dass es möglich ist die Neuroplastizität des eigenen Gehirns zu nutzen um Bewertungen bewusst zu steuern. Es wird beschrieben, dass eigene Erfahrungen, Denken und subjektives Fühlen Einfluss auf die Struktur des Gehirns nehmen. Das Gehirn neigt zu einer negativen Verzerrung und konzentriert sich damit tendenziell auf negative Aspekte als Überbleibsel aus urzeitlichen Zusammenhängen in der sich der Mensch noch vor lebensbedrohlichen Gefahren schützen musste. Durch bewusstes aufnehmen und wahrnehmen positiver Erfahrungen, auch über Körperwahrnehmung spürbar, lässt sich die Struktur des Gehirns beeinflussen, um mehr Wohlbefinden und Gelassenheit zu stärken und negativen Erfahrungen die Macht zu nehmen.

In einem weiteren Theorie-Input wird das Stufenmodell der Gelassenheit von Wagner (2007, vgl. Tab. 1) vorgestellt. Als Nullpunkt auf Stufe 4 (in der Mitte der Tabelle) dient ein Zustand, der im Alltagsverständnis weder als gelassen noch als ungelassen gilt. Wagner bezeichnet ihn als Alltagswachbewusstsein: Die Person ist wach, aufnahmefähig und in der Lage sich zu entscheiden und willentlich zu handeln ohne eine spürbare innere Blockade. Die höheren Stufen beschreiben zunehmende Anspannung, Erregung und Konflikthaftigkeit, wohingegen die absteigenden Stufen zunehmende Gelassenheit kennzeichnen. Eine genaue Beschreibung der Stufen findet sich bei Wagner (2007).

Tab. 1. *Stufenmodell der Gelassenheit (adaptiert nach Wagner, 2007, S. 22)*

Stufe	Tonuszustand
7	**Eskalierender akuter Konflikt** (Panik, Verzweiflung, ...)
6	**Akuter Konflikt** (Entscheidungsdilemma, Angst, ...)
5	**Volition, Impulsivität** (Anstrengung, Widerstand, ...)
4	**Alltagswachbewusstsein** (ohne merklichen inneren Widerstand)
3	**Beginnende Entspannung** (Abnehmende Erregung, fehlende aktive Volitionsprozesse, ...)
2	**Versunkenheit, Flow-Erleben** (große innere Klarheit, Einssein, ...)
1	**Absolute innere Ruhe** (Zeitlosigkeit, innere Leere, Ichlosigkeit, ...)

Zielperspektive: Die Stufen stellen theoretisch voneinander abgrenzbare Zustände dar, auch wenn die Übergänge empirisch eher fließend sind. Das heißt, das Modell dient einer möglichen (Selbst-) Kategorisierung, um die Komplexität des Konstrukts der Gelassenheit zu reduzieren. Im Zentrum der Beschreibung steht der jeweilige Bewusstseinszustand, d.h. die Qualität des bewussten Denkens, Erlebens und Fühlens, so dass den Teilnehmenden eine Möglichkeit geboten wird, für sich selbst zu klassifizieren, welcher Zustand für sie in welchen Situationen individuell passend erscheint.

Um ein körperliches Gespür für verschiedene Zustände von Gelassenheit (weiter-) zu entwickeln, können verschiedene Körpersensibilisierungsübungen eingesetzt werden. Dazu sind körperorientierte Achtsamkeitsübungen eine Möglichkeit. Einige

Beispiele dafür sind bei Haas, Golmert und Kühn (2014) und Hausmann und Neddermeyer (2011) zu finden, die folgende Anleitung ist nach einer Übung von Mazzola und Rusterholz (2013, S. 31) adaptiert:

Diese Übung wird im Stehen auf beiden Beinen durchgeführt:

„Suchen Sie sich einen sicheren Stand, die Füße leicht auseinander, die Beine in den Knien leicht gebeugt, der Oberkörper wird aufrecht gehalten. Achten Sie darauf, dass es eine angenehme Haltung für Sie ist, es soll nicht anstrengen … und lassen Sie den Atem gleichmäßig und tief fließen… ein und aus. Der Atem fließt bis in die Finger- und Zehenspitzen, er strömt durch den ganzen Körper. … Achten Sie nun besonders auf Ihre Füße … Wo sind Kontaktstellen zum Boden spürbar … wie fühlt sich der Kontakt an … und wie fühlt sich die Verteilung des Körpergewichts auf beiden Füßen an, ist es gleichmäßig verteilt? … Gehen Sie mit Ihrer Aufmerksamkeit nun zum rechten Fuß ... wie verteilt sich hier das Gewicht … achten Sie darauf wie viel Druck auf der Ferse liegt, auf dem Fußballen, auf den Fußaußenkanten und an den Zehen. Wie fühlt sich das an? Nehmen Sie nur wahr, ohne zu bewerten. Wenn Sie sich ein Gesamtbild Ihres rechten Fußes erspüren konnten, gehen Sie nun mit Ihrer ganzen Aufmerksamkeit zum linken Fuß. … Wie verteilt sich hier das Körpergewicht auf dem Fuß? … Achten Sie auch hier auf den Druck, den Sie auf Ihrer Ferse, auf den Fußballen, den Fußkanten und an den Zehen spüren. Nehmen Sie die Empfindungen achtsam war … ohne sie zu bewerten. Achten Sie für einen Moment nur auf Ihre Füße und wie der Kontakt mit dem Boden sich anfühlt. … Schalten Sie für einen Moment die Außenwelt ab und bleiben Sie mit Ihrer ganzen Aufmerksamkeit nur bei Ihren Füßen. … Kommen Sie nun zurück mit Ihrer Wahrnehmung zu Ihrem Atem … und spüren Sie wie er durch den gesamten Körper fließt, bis in die Finger- und Fußspitzen, wie der Rumpf sich beim Atmen ausdehnt und wieder zusammenzieht. … Atmen Sie noch einige Male ruhig und tief und aus und spüren nochmal in Ihre Bodenhaftung hinein …“

Bei Ungeübten sollte dieses Angebot nicht zu langsam gemacht werden, damit die Aufmerksamkeit auch über die gesamte Übungsspanne gehalten werden kann (vgl. Hausmann & Neddermeyer, 2011)

Mögliche Reflexionsfragen: Wird eine solche (körperorientierte) Übung als angenehm empfunden? Fällt es leicht sich darauf einzulassen? Wurde im eigenen Körper etwas gespürt? Wurde etwas gespürt, das sonst vielleicht nicht bewusst wird? Gibt es berufliche Situationen, in denen man ganz bewusst seine Körpersignale ignoriert oder verdrängt? Ist so eine Übung eher hilfreich, um die eigene Gelassenheit wiederzufinden oder kann es dabei sogar hinderlich sein? Kann so etwas im Alltag helfen? Wie kann so etwas helfen? Sind ritualisierte Zeitpunkte sinnvoll für diese Übungen oder kann es sogar situativ angewendet? Inwiefern kann es einem in stressigen Situationen helfen? Was braucht man, um so etwas umzusetzen bzw. was hindert einen daran?

Zielperspektive: Durch körperorientierte Achtsamkeitsübungen kann die Körperwahrnehmung sensibilisiert und das Körperbewusstsein verstärkt werden. Dabei wird die Aufmerksamkeit gezielt auf den eigenen Körper gelenkt und oft werden auch spezifische Körperregionen wechselnd fokussiert. Solche Übungen und Erfahrungen mit diesen Übungen können hilfreich sein, um über einen achtsamen Umgang mit dem eigenen Spannungszustand, mehr Selbststeuerung und damit mehr Gelassenheit im eigenen Leben zu erreichen. Es soll eine Nähe und Vertrautheit mit dem eigenen Körper (zurück-)gewonnen werden, um sich darüber letztlich einen Zugang zum SELBST zu eröffnen und zu erhalten. Von Vorteil ist die einfache Umsetzungsmöglichkeit im eigenen Alltag, da solche Übungen ohne großen Zeit- und Materialaufwand auch jederzeit alleine durchgeführt werden können und damit ein Selbstzugang (wieder-)hergestellt werden kann.

Ein weitere Möglichkeit sind die Mentastics-Übungen nach Milton Trager (Trager & Guadagno Hammond, 1996): Es sind Körperwahrnehmungsübungen, die sich mit der Frage beschäftigen: Was wäre leichter? Es ermöglicht die Anstrengung oder Mühelosigkeit von Bewegungen zu erspüren und verschiedenen Zuständen von Gelassenheit nachzuspüren. Dazu wird in dieser Übung das Gewicht eines Armes erfühlt. Wahrgenommen wird beispielsweise, wie er aus der Schulter herabhängt. Dann wird dieser Arm ca. 10-20 cm angehoben und wieder fallen gelassen und ausgependelt. Mögliche Reflexionsfragen sind dabei: Wir frei war das Fallen? Der Vorgang wird wiederholt mit den Fragen: Was wäre freier? Und noch freier? Und noch freier als es jetzt aktuell fühlbar ist? Manchen TeilnehmerInnen helfen Bilder wie: Wie würde es sich anfühlen, wie ein Pferd absichtlich mit dem Schweif zu schwingen? Es wird fortgefahren, bis sich eine sanfte Welle Richtung Schulter ausbreitet. Anschließend folgt eine wegwerfende Handbewegung, als würde ein „Ach was" ausgesprochen werden. Auch hier begleiten die Fragen: Was wäre freier? Wie antwortet der Körper? Wichtig ist es, Pausen zu machen, um die

Veränderungen spüren zu können. Die Arme werden miteinander verglichen, um den möglichen Unterschied zwischen dem Leichten und weniger Leichten oder Festem zu fühlen. Abschließend wird der andere Arm gleichermaßen bewegt. Ziel der Übung ist es, stärker mit sich und dem eigenen Fühlen in Verbindung kommen zu können.

Gelassenheitskonflikte im Fokus

Nach der langen Auseinandersetzung mit dem Spüren und Reflektieren eigener Gelassenheit und dem Thematisieren der Spannungszustände mit dem Fokus auf Gelassenheit wird der Blick nun auf (Stress-)Situationen gerichtet, in denen Gelassenheit abhanden kommen kann. Die folgende Erfahrungssituation hat das Potenzial, das Verlieren der eigenen Gelassenheit zu spüren, ohne übermäßig in Stress zu geraten. Ebenso eröffnet sie die Möglichkeit zum Austausch über die Unterschiedlichkeit von Reaktionsweisen in solchen Situationen.

Flummi-Übung oder das „Magic Ei“

Die MitspielerInnen stellen sich in einem Innenstirnkreis so auf, dass zwischen den Nachbarn jeweils ca. ein halber Meter Platz bleibt, um eine gewisse Bewegungsfreiheit zu gewährleisten, ohne große Lücken entstehen zu lassen. Ein größerer Flummi (ca. 5cm Durchmesser) wird mit jeweils einmaligen Auftippen auf dem Boden von einer Person zur nächsten quer durch den Kreis geworfen. Da dieser Beginn auch der Gewöhnung an das Spielmaterial dient, sollten möglichst alle MitspielerInnen den Ball mehrfach gefangen und weitergeworfen haben. Es wird dann der Gruppe vorgeschlagen, beim Hin- und Herwerfen des Flummis mitzuzählen und zu versuchen ohne Unterbrechung durch doppelte Bodenberührungen oder misslingendes Fangen auf 15 oder 20 Fänge zu kommen. Meistens wird diese Ziel ohne größere Schwierigkeiten erreicht. Sollte das dennoch der Fall sein, müsste versucht werden, die Bedingungen zu vereinfachen und es mehrfach zu versuchen, bis ein Erfolgserlebnis in der Gruppe erreicht wird. In einem zweiten Durchgang wird nun ein anderer Flummi ins Spiel gebracht, der eiförmig ist, wodurch sein Auf- und Weiterspringen kaum zu beeinflussen und einzuschätzen ist. Auch mit diesem neuen Spielmaterial wird eine Proberunde durchgeführt, die allerdings kaum zur vollständigen Sicherheit mit dem Flummi führen wird. Aber zumindest sollte dabei jeder ein Gefühl dafür gewinnen können, was ihn oder sie erwartet. In Abhängigkeit der eingeschätzten Leistungsmöglichkeit und -bereitschaft der Gruppe wird nun ein Ziel vorgegeben, wie oft dieser eiförmige Gummiball geworfen und gefangen werden muss, um das Spiel zu beenden. Hier ist eine empathische, achtsame Begleitung dahingehend notwendig, als dass keine einzelne Person bloß gestellt werden soll und das Ziel möglichst als Gruppe erreicht werden sollte. Notfalls kann das Spiel auch ohne Erfolgserlebnis beendet werden, wenn die Leitung sich sicher ist, dass es für alle Beteiligten in Ordnung und nicht allzu frustrierend ist. Das ist ein Ergebnis von Abwägungen, die Fingerspitzengefühl und Erfahrung erfordern. Wichtig ist dabei, dass lange genug gespielt wird, um allen MitspielerInnen auch das Wahrnehmen eigener Emotionen und körperlicher Regungen bezüglich des Spiels zu ermöglichen. Keinesfalls darf beim ersten Aufkommen von Unlust abgebrochen werden. Auch das können wichtige Erfahrungen für die Mitspielenden sein, auf die wertvolle, individuelle Rückbezüge möglich sind.

Variationen: Je nach Einschätzung der Stimmung in der Gruppe (mit Rücksichtnahme auf jede einzelne MitspielerIn) kann das Tempo erhöht werden oder anderweitig Stress evoziert werden, z.B. durch Bemerkungen wie „Bei den anderen Gruppen war das immer kein Problem, die haben das viel schneller geschafft,", „20 Fänge haben bisher alle Gruppen geschafft", mit Kindern geht das immer viel einfacher" oder „Strengt Euch doch mal an". Dabei ist immer zu berücksichtigen, dass mit solchen Äußerungen auch Bewertung in die Situation gebracht wird, was so nicht zur allgemeinen Rahmung des Seminars passt (vgl. Engel & Keßel, in diesem Band). Im Verlauf der Reflexion muss die Stressinduktion unbedingt auch thematisiert werden, um deutlich zu machen, dass damit bezweckt wurde, Erinnerungen an vergleichbare Situationen hervorzurufen, mit Kindern oder anderen Menschen ein solcher Umgang nicht wünschenswert ist.

Bei mehr als zwölf TeilnehmerInnen sollte in Betracht gezogen werden, zwei Spielkreise mit jeweils eigenen Flummis zu bilden. Sonst besteht die Gefahr, dass einige nicht am Spiel beteiligt sind, in der großen Gruppe untergehen. Das ist deshalb zu vermeiden, da nur eine aktive Beteiligung an den Erfahrungssituationen auch leibliche Erinnerungen hervorrufen kann, auf die in der Reflexion zurückgegriffen werden soll. Durch zwei parallel spielende Gruppen kann auch noch eine andere Stress-Dynamik entstehen, da die beiden Gruppen immer mitbekommen, was die jeweils andere Gruppe bereits geschafft hat. Wie gehen die Gruppen jeweils mit dieser Situation um?

Mögliche Reflexionsfragen: Wie ging es den Einzelnen in der Spielsituation? Hat jemand körperlich Veränderungen gemerkt? Gab es einen Punkt, an dem es unangenehm wurde? Und woran wird das festgemacht? Hat jemand Stress empfunden? Wie macht sich Stress bemerkbar? Welche Impulse wurden verspürt? Bis wann wurde eher Gelassenheit empfunden? Wer fühlte sich nicht gestresst und warum? Wie wird mit neuen Situationen umgegangen: ist jemand eher positiv gespannt oder negativ verspannt („Oje – was wohl sein wird?“)? Wenn etwas nicht so klappt – verkrampft man dann? Woran ist zu spüren, dass man langsam verkrampft? Was machen Kommentare von außen, lässt man sich unter Druck setzen? Was macht der Druck mit einem?

Zielperspektive: In diesem Spiel mit dem Flummi in der Gruppe geht es zum einen darum, sich ein Gefühl dafür in Erinnerung zu rufen, wie sich Stress körperlich-leiblich anfühlt. Das kann und wird von Mensch zu Mensch sehr unterschiedlich sein. Interessant und nicht zu bewerten sind dabei auch die verschiedenen Strategien: Zähle ich einfach weiter, obwohl der Ball den Boden zweimal berührte – verändere ich also die Regeln zu meinen Gunsten? Oder spiele ich einfach lustlos mit und strenge mich gar nicht an, damit sich bei mir dieses Stressgefühl gar nicht einstellen kann – schütze ich mich auf diese Weise oder vermeide ich solche Situationen einfach? Der Flummi kann für die TeilnehmerInnen als Metapher für das reale Leben stehen: Man ist auf alles vorbereitet und plant, dass alles rund läuft (so wie der erste Flummi rund und einigermaßen berechenbar ist), in der Realität kommt dann aber alles anders, der zweite Flummi springt nicht so, wie man es möchte, es bleibt unberechenbar. Was macht das mit einem selbst? Wie geht man damit um?

Im Anschluss an die Flummi-Übung bietet sich ein theoretischer Input zu verschiedenen Konfliktarten an, die sich zumeist alle in der metaphorischen Übung finden lassen. Eine genauere Zusammenführung der Übung mit den Konfliktarten findet sich bei Doll & Engel (2015). Hier wird auf eine Auswahl von Imperativverletzungskonflikten (Wagner, 2007) zurückgegriffen. In ihrer Theorie subjektiver Imperative (Wagner, 2007) sind unter anderen drei Grundformen von Konflikten genannt.

Konflikte

- Entscheidungskonflikte: „Was soll ich nur tun?“
- Umsetzungskonflikte: „Ich weiß, was ich tun sollte – schaffe es aber nicht!“
- Realitätskonflikt: „Die Welt ist nicht so, wie sie sein sollte!“

Bei einem Entscheidungs- oder Imperativkonflikt drehen sich die Gedanken um zwei einander widersprechende Imperative. Subjektive Imperative sind dabei verstanden als Sollvorstellungen, die im Individuum mit einem Gefühl von „muss“ bzw. „darf nicht“ verbunden sind (Wagner, 2008). Bei einem Realitätskonflikt ist die Wirklichkeit (möglicherweise) nicht so, wie sie sein müsste oder sollte. Bei einem Umsetzungs- oder Undurchführbarkeitskonflikt fehlen die Handlungen zur Erreichung des subjektiven Sollzustands.

Nach der Vorstellung der verschiedenen Konfliktarten wird genauer auf die Merkmale dieser Konflikte eingegangen. Hierbei wird auf die drei Aspekte „Denk-Knoten“, das „Muss-Darf-nicht-Syndrom“ und die Rolle der „Subkognition“ eingegangen. Denk-Knoten bezeichnen das Phänomen, dass die Gedanken im Kreis drehen und keine Lösung in Sicht scheint, so dass Handlungen und klare Gedanken blockiert sind. Beim Muss-Darf-nicht-Syndrom ist laut Wagner (2008) das wichtigste Merkmal „das (subjektive) Gefühl von „so muss es sein“ bzw. „das darf nicht geschehen“ – und zwar unabhängig davon, ob dies rational begründet ist oder nicht“ (Wagner, 2008, S. 144). Eine Subkognition beschreibt das implizite Bewusstsein, dass es sein kann, „dass das, was nicht geschehen darf, geschieht“ (Wagner, 2008, S. 145).

Merkmale von Konflikten

- Denk-Knoten
- Muss-Darf-nicht-Syndrom
- Subkognition: Meist im Hintergrund die Erkenntnis, dass es sein kann oder gar so ist

(Adaptiert nach Wagner, 2008)

Zielperspektive: Beide beschriebenen theoretischen Inputs sollen die Anbindung der in der Flummi-Übung erfahrenen Aspekte an Wagners Forschung (siehe oben) herstellen, um den Teilnehmenden die Relevanz und Transferierbarkeit der Erlebnisse in ihren Berufsalltag aufzuzeigen. Auch mag der theoretische Rahmen das frühzeitigere Erkennen von eigenen Konfliktsituationen ermöglichen, um dann möglicherweise die später erarbeiteten (neuen) Umgangsweisen in der direkten Situation besser zugänglich zu haben.

Anschließend folgt wiederum ein theoretischer Input, der aus zwei aufeinanderfolgenden Teilen besteht. In einem ersten Schritt werden Konfliktumgehungsstrategien vorgestellt, die häufig die erste Reaktion auf auftretende Konflikte darstellen. Dabei kennzeichnen sich Konfliktumgehungsstrategien durch bestimmte Umgangsweisen mit dem jeweiligen Konflikt. Diese Umgangsweisen dienen dazu den Konflikt zu vermeiden ohne sich mit ihm direkt konfrontieren zu müssen (vgl. Wagner, 2008). Auch hier wird der Einheitlichkeit zugutekommend auf eine Übersicht von Wagner (2007) Bezug genommen. Es könnte sich aber beispielsweise auch auf eine Übersicht von Vermeidungsstrategien bzw. Abwehrmechanismen nach Freud (vgl. Freud, 1984) oder Ähnliches bezogen werden.

Konfliktumgehungsstrategien

- ignorieren: von etwas anderem sprechen
- herunter spielen: „ach, so wichtig ist das auch wieder nicht“
- aufbauschen: „das ist aber wirklich schlimm“
- theoretisieren: „daran ist meine Erziehung schuld“
- sich eine andere Realität wünschen: „ach, wenn es doch vorüber oder anders wäre“
- durch Handeln Konflikt vermeiden: „ich werde mich einfach krank melden“

(Adaptiert nach Wagner, 2007)

In dem zweiten Schritt wird dann die Auseinandersetzung mit dem Konflikt den Konfliktumgehungsstrategien kontrastierend gegenübergestellt. Häufig lassen sich die gleichen Themen innerhalb von Konfliktkernen finden, wenn man sich mit den Ursachen von Konflikten auseinandersetzt (Beck & Freeman, 1990). Es sind die Gefühle, nicht liebenswert, wertlos und hilflos zu sein, die sich in Variationen zeigen. Um mehr Gelassenheit entwickeln zu können, ist es sinnvoll, sich regelmäßig mit den eigenen Konfliktkernen auseinanderzusetzen. Dabei ist die Akzeptanz der Aussage „Es darf sein, es kann sein, es ist so“ (vgl. Wagner, 2008) ein wichtiger Schritt (vgl. Doll & Engel, 2015).

Auseinandersetzung mit dem Konflikt

- Den Konflikt-Kern gelassen anschauen: sich dem inneren Problem stellen.
- Der Subkognition „es darf sein, es kann sein, es ist so“ gelassen ins Auge blicken.

Zielperspektive: Ziel ist es einerseits aufzuzeigen, dass Konfliktumgehungsstrategien den Konflikt nur umgehen, ihn und seine Ursachen aber nicht langfristig lösen (vgl. Wagner, 2008). Laut Wagner (2008) handelt es sich hierbei um „Teillösungsstrategien zu einer Bewältigung des Konfliktzustands, ohne diesen wirklich zu beenden“ (Wagner, 2008, S. 145). Gleichzeitig scheint das Umgehen aber durchaus in bestimmten Situationen angebracht, in denen die situativen und individuellen Ressourcen zur Auseinandersetzung mit dem Konflikt nicht genügen. Es bedarf gewisser Bedingungen, um sich einen Konflikt aufmerksam anzuschauen (vgl. Wagner, 2007). Wie diese Bedingungen geschaffen werden können, wird kurz in einem Beitrag von Doll und Engel (2015) skizziert.

Im Weiteren kann bei Bedarf und bei Vorhandensein zeitlicher Ressourcen innerhalb des Seminarplanes noch auf eine Methode zur Auseinandersetzung mit Konflikten eingegangen werden. Wagner (2007) beschreibt hierfür die Methode des Konstatierenden Aufmerksamen Wahrnehmens (KAW). KAW bedeutet, die Aufmerksamkeit auf eine Kognition, einen Gedanken, in diesem Falle zu dem vorliegenden Konflikt, zu fokussieren. Dabei sind laut der Autorin sechs Merkmale einzuhalten:

Sechs Merkmale des Konstatierenden Aufmerksamen Wahrnehmens (KAW)

- konstatierend: „so ist es“
- konstanter Fokus
- weitgestellt & andere inhaltliche Kognitionen nicht aktiv ausblendend
- wahrnehmend
- ohne aktiv-bewusst nach einer Problemlösung zu suchen

(Adaptiert nach Wagner, 2007)

Konstatierend bedeutet in diesem Zusammenhang, dass die Wahrnehmung weder ausgeblendet noch abgewertet, sondern explizit wahrgenommen wird. Dabei soll ein konstanter Fokus gewahrt werden, was heißt, dass der Gedanke festgehalten wird. Innerhalb des Gedankens darf aber wiederum der Fokus erweitert werden, was bedeutet, dass in Bezug auf den Gedanken auch andere inhaltliche Kognitionen am Rande des Bewusstseins nicht aktiv ausgeblendet werden. Wahrnehmend schließt daran an, da es darum geht, wirklich hinzuschauen, hinzuhören oder hineinspüren statt zu repetieren. Zentral ist, dass währenddessen nicht aktiv-bewusst nach einer Problemlösung gesucht wird, wonach wir Menschen meist streben. Falls dies passiert, kann es auf einen späteren Zeitpunkt vertagt werden.

Zielperspektive: Ziel der Methode ist es, durch Auflösung innerer Konflikte und mentaler Blockaden Gelassenheit und Handlungsfähigkeit wiederzugewinnen. Dabei kann der Kern des Konflikts ausfindig gemacht werden. Dies kann alternativ auch durch die Bearbeitung eines Arbeitsblattes in Zweiergruppen geschehen, wobei es sich um eine abgewandelte und damit niederschwellige Form der Introvision (Wagner, 2008) handelt. Dabei werden dem konstatierenden Wahrnehmen zwei weitere Schritte vorgeschaltet: In einem ersten Schritt werden die konfliktrelevanten Kognitionen aktiviert. Es handelt sich um jene Kognitionen, die einer Person in der jeweiligen Situation automatisch „durch den Kopf gehen“ – das kann neben einem Gedanken auch ein Bild oder eine Empfindung sein. In einem zweiten Schritt werden daraus die subjektiven Imperative herausgehört. Dann folgt als drittes die Methode der KAW, um anschließend dann die Imperativkette bis an ihren Anfangspunkt, den sogenannten Kernimperativ zurückzuverfolgen. Leitfrage ist dann in mehreren Schritten: „Was ist daran das

Unangenehme für Sie?" Einen Kernimperativ erkennt man daran, dass die Vorstellung, dieser Imperativ könnte nicht eingehalten werden, subjektiv mit einem stark ausgeprägten negativen Gefühl verbunden ist. Auch beim Verfolgen der Imperativkette gelangt eine Person meist zu den bereits erwähnten Konfliktthemen von Beck und Freeman (1990) als genannte Konfliktkerne. In einem Zwischenschritt zwischen KAW und der Zurückverfolgung werden die genannten Konfliktumgehungsstrategien aktiv unterbunden.

Zur abschließenden Reflexion und Transferanbahnung werden folgende Fragen auf einer Flip-Chart für die Arbeit in Kleingruppen notiert:

- Was bedeutet eine gelassene Haltung für mich im Alltag?
- Was kann ich dafür tun?
- Welche konkreten Schritte könnte ich in der nächsten Woche umsetzen?

Die Ergebnisse werden jeweils von den Kleingruppen im Plenum vorgestellt. Dabei werden weiterführende Fragen thematisiert, z.B. ob es Überschneidungen innerhalb der Gruppe gibt, welche Themen möglicherweise erst durch den Austausch in der Kleingruppe bewusst geworden sind und ob es Vorhaben gibt die vermutlich schwerer oder leichter fallen bzw. was (oder wer) dabei helfen könnte.

Vor der Ergebnissicherung mit dem Haus der Bedürfnisfelder kann eine Geschichte nochmals den Wert von Gelassenheit verdeutlichen und zum Umdenken anregen. Dazu eignen sich insbesondere Geschichten aus dem Taoismus oder dem Zen-Buddhismus. In den Workshops wurde dazu aus dem Buch „Ein Pandabär im Garten" (Muth, 2007) die Geschichte „Der Bauer im Glück" oder „Eine schwere Last" vorgelesen. Eine moderne Adaption der zen-buddhistischen Geschichte „Eine schwere Last" (ebd.) lautet wie folgt:

Der hilfsbereite Fischer

„An der Küste einer Insel regnet es seit Tagen, sämtliche Wege sind vom Sommerregen überflutet, auf dem unebenen Uferweg am Hafen bilden sich tiefe Pfützen. Zwei Fischer arbeiten unbeirrt in ihrem Ölzeug weiter und überprüfen ihre Netze. Ein kleines Passagierschiff legt kurz an und setzt eine junge Familie am Anleger ab. Etwas verzweifelt bleiben die

Eltern mit Ihrem Kind und dem Gepäck am Hafenbecken stehen: der Weg hinüber zum nächstgelegenen Gasthaus ist mehr als knöcheltief vom Wasser überspült und ein Weg herum scheint nicht erkennbar zu sein. Die scheinbar schlecht gelaunten Eltern stehen zwar unter ihren Schirmen mehr oder weniger trocken am Hafen, aber das Schuhwerk ist alles andere als regentauglich. Nach einigem Gezeter und Vorwürfen in alle Richtungen reicht es dem älteren Fischer: er geht hinüber zu den Dreien und ohne große Worte trägt er zunächst das Kind hinüber zum wärmenden Gasthaus, auch die Mutter und schließlich der Vater lassen sich nach einigem Gejammer samt Gepäck von dem kräftigen Fischer nacheinander über die Pfütze tragen. Ohne jedes Dankeswort verschwindet die kleine Familie weiterhin meckernd und fluchend in dem Gasthaus. Der Fischer nimmt unbeeindruckt wieder seine Arbeit auf. Als später beide Fischer wieder auf Fangfahrt den Hafen verlassen bricht der Jüngere sein Schweigen: „Also denen hätte ich nicht geholfen. Immer diese Touristen, kommen hierher und machen uns die ganze Ruhe kaputt. Wie konntest Du nur alle über die Pfütze tragen, obwohl sie nicht einmal ein Wort oder eine Geste des Dankes für Dich übrig hatten?“ „Ich habe die Leute und Ihr Gepäck vor einigen Stunden vor dem Gasthaus abgesetzt“, antwortet da der Ältere von beiden. „Warum trägst du die Leute immer noch mit dir herum?“.

Schließlich werden die Ergebnisse der verschiedenen Seminareinheiten im gemeinsamen Haus der Bedürfnisfelder und im persönlichen Gedankenschatzbuch (vgl. Kruse-Heine et al., in diesem Band) der TeilnehmerInnen festgehalten. So können die individuellen Resultate, Ideen und Strategien zum Thema Gelassenheit als Gruppenergebnis, aber auch für jeden Einzelnen in seiner persönlichen Bedeutsamkeit dokumentiert werden.

Literatur

Bechara, A. & Damasio, A.R. (2005). The somatic marker hypothesis: A neural theory of economic decision. *Games and Economic Behavior, 52* (2), 336-372.

Beck, A.T. & Freeman, A.M. (1990). *Cognitive therapy of personality disorders.* New York: Guilford Press.

Blasi, A. (1988). Identity and the Development of the Self. In D. Lapsley & F. Power (Hrsg.), *Self, Ego and Identity: Integrative approaches* (S. 226-243). New York: Springer.

Bruggmann, N. & Storch, M. (2011). Das Zürcher Ressourcen Modell ZRM® in der Sozialen Praxis: Veränderungsprozesse lustvoll und wirksam gestalten. In V. Begemann & S. Rietmann (Hrsg.), *Soziale Praxis gestalten: Orientierungen für ein gelingendes Handeln* (S. 87-103). Stuttgart: Kohlhammer.

Bucci, W. (2002). The referential process, consciousness, and the sense of self. *Psychoanalytical Inquiry, 22* (5), 776-793.

Damasio, A.R. (1994). *Descartes' Irrtum. Fühlen, Denken und das menschliche Gehirn.* München: List.

Doll, I. & Engel A. (2015). Innere Stärke nutzen – Selbstkompetenz im beruflichen Alltag. In I. Hunger & R. Zimmer (Hrsg.), *Bewegungschancen bilden* (S. 110-115). Schorndorf: Hofmann.

Engel, A.M., Gehrs, V. & Keßel, P. (i. Vorb.). Professionalisierung am eigenen Leib erfahren: Selbstkompetenz als Basis der Handlungskompetenz im Lehrerberuf.

Engel, A.M. & Kuhl, J. (2015). Personality and planning: The interplay between linear and holistic processing. In M.D. Mumford & M. Frese (Hrsg.), *The Psychology of Planning in Organizations Research and Applications* (S. 58-88). *New York: Routledge.*

Freud, A. (1984). *Das Ich und die Abwehrmechanismen* (23. Aufl.). Frankfurt a. M.: Fischer.

Gendlin, E.T. (1998). *Focusing-orientierte Psychotherapie: ein Handbuch der erlebensbezogenen Methode.* München: Pfeiffer.

Haas, R. (1999). *Entwicklung und Bewegung. Der Entwurf einer angewandten Motologie des Erwachsenenalters.* Schorndorf: Hofmann.

Haas, R., Golmert, C. & Kühn, C. (2014). *Psychomotorische Gesundheitsförderung in der Praxis. Spiel- und Dialogräume für Erwachsene.* Schorndorf: Hofmann.

Hanson, R. (2013). *Denken wie ein Buddha. Gelassenheit und innere Stärke durch Gelassenheit.* München: Irisiana.

Hausmann, B. & Neddermeyer, R. (2011). *BewegtSein. Integrative Bewegungs- und Leibtherapie in der Praxis. Erlebnisaktivierung und Persönlichkeitsentwicklung.* Wiesbaden: Reichert.

Hellmann, L. (2007). *Der Ideenkorb im Training mit dem Zürcher Ressourcen Modell ZRM. Ein Vergleich zwischen der Ideenkorb-Technik und dem Brainstorming.* Seminararbeit, Universität Zürich. http://zrm.ch/download/seminararbeiten/Seminararbeit_Ideenkorb.pdf (Zugriff 10.03.2012)

Jung, C.G. (1976). *Die Archetypen und das kollektive Unbewusste. Gesammelte Werke 9/1*. Olten: Walter.

Krause, F. & Storch, M. (2010). *Ressourcen aktivieren mit dem Unbewussten.* Bern: Huber.

Künne, T. & Kuhl, J. (2014). Warum die Beziehung so wichtig ist... Selbstkompetenz aus Sicht einer integrativen Persönlichkeitstheorie. In C. Solzbacher, M. Lotze & M. Sauerhering (Hrsg.), *SELBST-LERNEN-KÖNNEN: Selbstkompetenzförderung in Theorie und Praxis* (S. 21-34). Baltmannsweiler: Schneider Hohengehren.

Kuhl, J. (2001). *Motivation und Persönlichkeit: Interaktionen psychischer Systeme.* Göttingen: Hogrefe.

Kuhl, J. & Alsleben, P. (2010). TOP-Manual für die Trainingsbegleitende Osnabrücker Persönlichkeitsdiagnostik. Münster: Sonderpunkt.

Kuhl, J., Schwer, C. & Solzbacher, C. (2014). Professionelle pädagogische Haltung: Persönlichkeitspsychologische Grundlagen. In C. Schwer & C. Solzbacher (Hrsg.), *Professionelle pädagogische Haltung. Historische, theoretische und empirische Zugänge zu einem viel strapazierten Begriff* (S. 79-106). Bad Heilbrunn: Klinkhardt.

Linville, P.W. (1985). Self-complexity and affective extremity: Don't put all of your eggs in one cognitive basket. *Social Cognition, 3* (1), 94-120.

Martens, J.-U. & Kuhl, J. (2009). *Die Kunst der Selbstmotivierung: Neue Erkenntnisse der Motivationsforschung praktisch nutzen* (3., aktual. u. erweit. Aufl.). Stuttgart: Kohlhammer.

Mazzola, N. & Rusterholz, B. (2013). *Achtsamkeit für LehrerInnen. Wege aus der Stressfalle.* München: Ernst Reinhardt.

Muth, J.J. (2007). *Ein Pandabär im Garten. Drei kleine Weisheiten.* Düsseldorf: Patmos/Sauerländer.

Nietzsche, F. (2005). *Also sprach Zarathustra I-IV.* München: Deutscher Taschenbuch Verlag.

Quante, S. (2008). *Was Kindern gut tut* (3. Auflage). Dortmund: Borgmann.

Rahm, D. (2008). Gelassenheit. In A. Auhagen (Hrsg.), *Positive Psychologie. Anleitung zum „besseren" Leben* (S. 31-49). Weinheim: Beltz

Storch, M. (2008). *Rauchpause. Wie das Unbewusste dabei hilft, das Rauchen zu vergessen.* Bern: Huber.

Trager, M. & Guadagno Hammond, C. (1996). *Meditation und Bewegung. Trager Mentastics.* München: Hugendubel.

Wagner, A.C. (2007). *Gelassenheit durch Auflösung innerer Konflikte: Mentale Selbstregulation und Introvision.* Stuttgart: Kohlhammer.

Wagner, A.C. (2008). Gelassenheit und Handlungsfähigkeit durch Introvision als Methode der mentalen Selbstregulation – eine Einführung. *Gruppendynamik und Organisationsberatung, 39* (2), 135-149.

Nathalie Pöpel

Evaluation der Fortbildungen: Ergebnisse, Perspektiven, Ausblicke

Einleitung

Um die Effekte und den Nutzen der besuchten Fortbildung zu untersuchen, wurden zwischen 2013 und 2015 neun Fortbildungsdurchgänge evaluiert. Die für die in diesem Band dargestellten Inhalte der Workshops zentralen Befunde sollen in diesem Kapitel kurz zusammengefasst werden.

Ziel der Fortbildung ist die Förderung der Selbstkompetenzen von PädagogInnen, die sich in Folge davon positiv auf das Selbstkompetenzerleben sowie die pädagogische Qualität auswirken sollen. Um dies zu untersuchen wurden einige evaluative Fragen zum erlebten Nutzen der Fortbildung formuliert. Die Items und Skalen wurden den Evaluationsebenen Reaktion, Lernen und Transfer zugeordnet (vgl. Kirkpatrick, 1976; Kirkpatrick & Kirkpatrick, 2006; Lipowsky & Rzejak, 2012). Zudem wurde der Frage nachgegangen, ob Effektivität und Nutzenbewertung von der pädagogischen Funktion der Teilnehmenden (Schul- vs. Elementarfachkraft) beeinflusst wird.

Methode

Fortbildungsformate

Es gab zwei *zeitlich* unterschiedliche Fortbildungsformate. Für professionell tätige PädagogInnen und Auszubildende einer ErzieherInnenschule wurden zwei Blöcke à 1,5 Tage im Abstand von ca. 4-6 Wochen angeboten. Für Studierende wurden mehrere kürzere Workshopblöcke über den Verlauf eines Semesters durchgeführt.

Wie bei Doll und Kruse-Heine (in diesem Band) dargelegt wird, setzt sich das Fortbildungsangebot *inhaltlich* aus fünf Bedürfnisfeldern zusammen (Offenheit, Wertschätzung, Gelassenheit, Grenzen setzen und Kommunikation), die das „Haus der Bedürfnisfelder" ausmachen. Jedes Bedürfnisfeld wird mittels der Methodik-Bausteine Wissen, Erleben, Reflexion und Transfer (WERT) behandelt. Das *Ausmaß* sowie die *inhaltlichen Schwerpunkte* innerhalb der fünf Themenfelder werden dabei dynamisch an die jeweiligen aktuellen Bedürfnisse der TeilnehmerInnen angepasst, wobei die WERT-Methodik in jedem Fall obligatorisch ist. Es handelt sich somit um ein lernerzentriertes Konzept, das aktives Lernen fördert.

Teilnehmende

Es konnten die Daten von insgesamt 91 Teilnehmenden erfasst werden. Alle waren in Osnabrück oder im Osnabrücker Umland professionell tätig (Profis) oder in Ausbildung befindlich (Auszubildende).

Im Rahmen von fünf Fortbildungsdurchgängen wurden 58 Datensätze von Profi-Fachkräften erhoben. Die Profistichprobe besteht aus zwei Männern und 55 Frauen, eine Person machte keine Angabe zum Geschlecht. Die Teilnehmenden sind im Durchschnitt 45 Jahre alt (*SD* = 10 Jahre) und weisen rund 19 Jahre an Berufserfahrung auf (*SD* = 10 Jahre). Zweiundzwanzig von ihnen sind LehrerInnen, 24 ErzieherInnen und 12 Personen gehören anderen pädagogischen Berufen an (z.B. SchulpsychologInnen, SozialpädagogInnen, HeilerzieherInnen). Bei drei Kursen nahmen gemischte Professionsgruppen teil (PädagogInnen aus KiTa und Schule), in zwei anderen ausschließlich PädagogInnen aus dem Schulbereich. Von den Befragten arbeiten 74% hauptsächlich mit Kindern im Alter von 0 bis 14 Jahren, 3% arbeiten ausschließlich mit Jugendlichen, 9% arbeiten mit Kindern und Jugendlichen gleichermaßen. Für 14% liegen keine Angaben dazu vor.

Bei den 33 untersuchten Auszubildenden handelt es sich um 8 SchülerInnen einer Fachschule für Sozial- und Heilpädagogik und um 25 Lehramts- bzw. Erziehungswissenschaftenstudierende der Universität Osnabrück. Es flossen zwei Universitäts- und ein Fachschulkurs in die Evaluation ein. Insgesamt nahmen 8 Männer und 25 Frauen mit einem Durchschnittsalter von 25 Jahren (*SD* = 6,4) und einer durchschnittlichen Berufserfahrung von 3,5 Jahren (*SD* = 2,0) teil. Die Berufserfahrung der Auszubildenden bezog sich auf pädagogische Tätigkeiten im Ausbildungs-, Freizeit- und Ehrenamtsbereich (z.B. KindertrainerIn im Sportbereich, Hausaufgabenbetreuung, Babysitten u.ä.).

Instrumente

Allgemeine Evaluationsfragen

Dazu wurden drei geschlossene Fragen zur subjektiven Nützlichkeit der Teilnahme (*Die Teilnahme an der Fortbildung hilft mir, meine Arbeit besser zu bewältigen; Die Teilnahme an der Fortbildung hilft mir, meine Kinder besser zu fördern; Die Inhalte des Workshops sind von praktischem Nutzen für mich*) und eine zur Zufriedenheit mit dem Transfer seit dem 1. Workshop gestellt (*Ich bin zufrieden mit der Umsetzung der Workshopinhalte in meiner pädagogischen Arbeit*).

In drei offenen Fragen wurden die individuell wichtigsten Inhalte (*Was von den Fortbildungsinhalten war besonders wichtig für Sie?*), die Transferpläne (*Welche Aspekte der Fortbildungsinhalte haben Sie sich für Ihren pädagogischen Alltag vorgenommen umzusetzen?*) und Kritik an der Veranstaltung erfasst (*Was hätten Sie sich vielleicht anders gewünscht?*).

Zuordnung der Skalen und Items zu den Evaluationsebenen

Auf der *Reaktionsebene* wurden die drei geschlossenen Items zur Nützlichkeit und die beiden offenen Items zu den wichtigen Inhalten und der Kritik aus den allgemeinen Evaluationsfragen am Ende des letzten Workshops analysiert.

Auf der *Transferebene* wurde die Zufriedenheit mit dem eigenen Transferverhalten sowie die zukünftige Transferabsicht von selbstgewählten Inhalten am Ende des letzten Workshops erhoben.

Auf der *Lernebene* (vgl. Lipowsky & Rzejak, 2012) wurde für die Evaluation ein Aspekt thematisiert, der direkt das explizite Lernziel des Workshops anspricht: Aus den Fragen zur erlebten Selbstkompetenz als pädagogische Fachkraft (Künne & Engel, 2013) wurde ein Item ausgewählt, das sich in besonderer Weise auf das Ziel der Fortbildung bezog. Dieses Item betrifft die Reflexion über Selbstkompetenzen (*Ich weiß, was Selbstkompetenz für mich und mein Handeln bedeutet*). Der Grad der Zustimmung wird auf einer Skala zwischen 0 und 3 angegeben.

Durchführung

Nach Abschluss der Fortbildung wurden allen TeilnehmerInnen die oben aufgeführten allgemeinen Evaluationsfragen vorgelegt. Die zentrale Frage nach der Reflexionsbereitschaft wurde sowohl vor als auch nach der Durchführung der Fortbildung gestellt. Die Teilnahme an der Untersuchung war freiwillig. Die evaluierende Person gehörte nicht dem DozentInnenteam an. Den Teilnehmenden wurde auf diesem Weg eine anonyme Datenverarbeitung garantiert, da die DozentInnen keine individuellen Werte oder Aussagen sondern nur Gruppenauswertungen nach Beendigung des letzten Workshoptermins rückgemeldet bekamen.

Ergebnisse

Aufgrund der unterschiedlichen Gruppengrößen, Berufserfahrung und Zielgruppenarbeit werden die quantitativen Datensätze für die Profis und Auszubildenden separat analysiert und ausschließlich deskriptiv miteinander verglichen.

Reaktionsebenen

Allgemeiner Nutzen

Es zeigt sich, dass sowohl die Profis als auch die Auszubildenden die Fortbildungsteilnahme als sehr positiv bewertet haben. Auf einer Skala von 0 (trifft nicht zu) bis 3 (trifft genau zu) beurteilten die Profis den praktischen Nutzen der Workshopinhalte im Mittel mit 2.19 Punkten, die Auszubildenden liegen mit 2.76 Punkten nah beim Maximalwert. Bei den Fragen, ob die Teilnahme an der Fortbildung dabei hilft, die Kinder besser zu fördern bzw. die Arbeit besser zu bewältigen, antworteten die Profis im Schnitt mit einem Wert von 1.99 bzw. 2.16, die Auszubildenden jeweils mit 2.5. Der Nutzen der Fortbildungsteilnahme wird somit deutlich über dem Skalenmittelwert von 1.5 bewertet, wobei deskriptiv die Auszubildenden noch mehr von der Teilnahme profitieren als die Profis (vgl. Abb. 1).

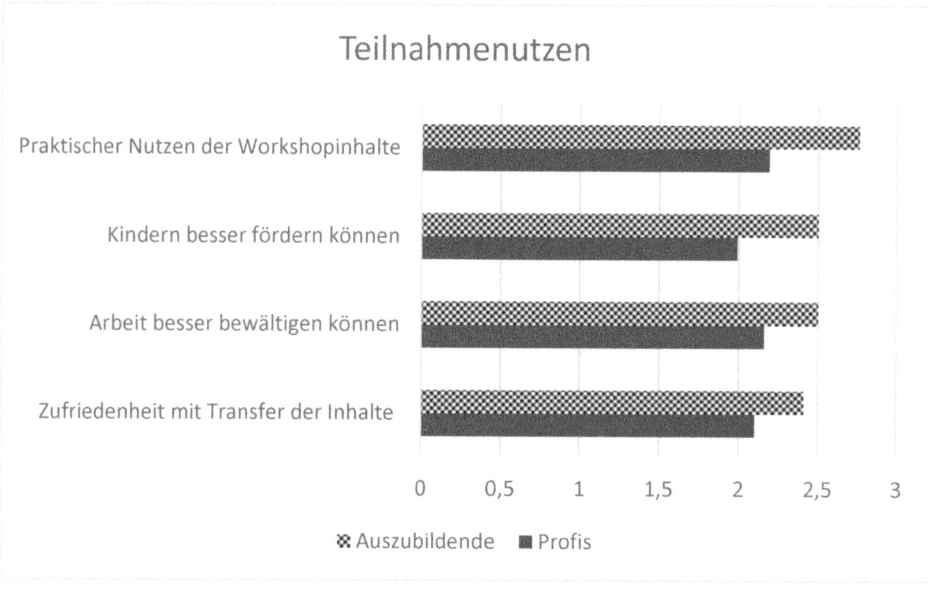

Abb. 1. Bewertung des Teilnahmenutzens

Spezifischer inhaltlicher Nutzen

Auf die Frage, welche Inhalte der Fortbildung für die Teilnehmenden am wichtigsten waren, wurden von 73 Personen (Profis und Auszubildende zusammen) insgesamt 141 Nennungen angeführt, z.B.: *„Die Vielseitigkeit aufzuzeigen wie man sich reflektieren kann, wie wichtig die eigenen Persönlichkeitsmerkmale wie auch Stärken und Schwächen sind, um sich und* *andere voranzubringen"* oder auch *„Mehr Gelassenheit zu üben, um allen in meinem Umfeld auch eine Chance zu geben. Z.B. Mitarbeitern – Eltern. Bei Kindern praktiziere ich es schon mehr".*

Die Nennungen wurden von dem evaluierenden Teammitglied in inhaltliche Cluster kodiert. Dabei wurde jede Nennung nur jeweils einer Kategorie zugeordnet.

Bei den Profis stachen vor allem Inputs zum Haus der Bedürfnisfelder und den einzelnen Bedürfnisfeldern heraus (über 43% der Nennungen). Bei den Feldern dominierten vor allem *Grenzen ziehen* mit 11 % und *Gelassenheit* mit 9%. Des Weiteren wurden die wissenschaftlichen und theoretischen Hintergrundinputs mit 12% der Nennungen für besonders wichtig erachtet, gefolgt von den Selbsterfahrungs- und Selbstreflexionsaspekten (11%). Mit 7 bis 8 % der Nennungen wurde jeweils das praktische Arbeiten im Kurs und die Verknüpfung von Theorie und Praxis herausgestellt.

In der Auszubildendengruppe wurden ebenfalls das Bedürfnisfelderhaus bzw. einzelne Bedürfnisfelder besonders häufig als wichtigster Fortbildungsinhalt angeführt (34% der Nennungen), wobei die Fähigkeit zum *Grenzen ziehen* auch hier den Spitzenreiter bildete (12% aller Nennungen). Daneben waren vor allem die Möglichkeit für Selbsterfahrung und Selbstreflexion bedeutsam (18% der Nennungen), sowie das praktische Arbeiten (12%) und das erworbene Wissen über Selbstkompetenzen (8%).

Änderungswünsche

Zu der Frage ob sich die Teilnehmenden im Rückblick etwas an der Fortbildung anders gewünscht hätten (Kritik), wurden nur wenige Anmerkungen formuliert (29 Nennungen von 27 Personen). Diese Nennungen wurden erneut in inhaltliche Cluster kodiert.

Bei den Profis gab es 24 kritische Nennungen von 22 Personen. Davon bezogen sich 60% auf den Wunsch, noch mehr Praxis und konkrete Handlungstipps zu erhalten und 32% auf den Wunsch einer zeitlich strafferen Struktur (z.B. weniger Pausen). Bei den Auszubildenden wurde fünfmal eine Kritik zu unterschiedlichen Einzelaspekten geäußert.

Transferebene

Des Weiteren sind die Teilnehmenden durchaus zufrieden mit der Umsetzung der Workshopinhalte in ihrer pädagogische Arbeit. Auf der Skala von 0 bis 3 geben die Profis im Schnitt 2.10 Punkte (SD = .74) an Zufriedenheit an, die Auszubildenden im Schnitt 2.41 (SD = .49; vgl. Abb. 1).

Auf die offene Frage, welche Workshopinhalte die Teilnehmenden in ihrem pädagogischen Alltag umsetzen wollen, haben 71 Personen (Profis und Auszubildende zusammen) insgesamt 128 Vorsätze angeführt, wie z.B. folgenden: *„Vorgenommen habe ich mir mehr auf die Kompetenzen einzugehen, mehr für mich selbst zu reflektieren und auch an meinen Schwächen zu arbeiten und sie nicht nur negativ zu sehen. Dafür muss ich länger nachdenken"*.

Alle Aussagen wurden erneut inhaltlich kategorisiert.

Die Profis haben sich vor allem vorgenommen, die Anregungen zur *Gelassenheit* (25% aller Nennungen) und zum *Grenzen ziehen* (23%) in ihrem pädagogischen Alltag umzusetzen. Zudem wollen sie wertschätzender mit Kindern, Kollegen und Eltern umgehen (11%) und mehr über ihr eigenes Tun reflektieren und auf das eigene Bauchgefühl hören (9%).

Bei den Auszubildenden dominieren ebenfalls die Kompetenzbausteine (40%), insbesondere *Grenzen ziehen* (17%) und *Gelassenheit* (11%), gefolgt von dem Einsatz von Spielen und Übungen in der eigenen pädagogischen Arbeit (11%), sowie mehr Selbstreflexion und Selbstwahrnehmung zu betreiben (9%).

Lernebene

Wissen um die Bedeutung von Selbstkompetenzen

Das Wissen um die Bedeutung von Selbstkompetenzen für das pädagogische Handeln, das mit der Frage nach der Reflexionsbereitschaft erfasst wurde, hat vom ersten bis zum letzten Workshoptermin in beiden Gruppen statistisch signifikant zugenommen (t_{46} = -4,71, p < .001 für Profis und t_{22} = -5,71, p < .001, für Azubis). Bei den Profis nahm das Wissen im Schnitt um 0.43 Punkte zu (von 2.04 (.42) bis 2.47 (.50)), bei den Auszubildenden sogar um 0.76 Punkte (von 1.83 (.72) bis 2.59 (.49)).

Pädagogische Funktion

Um eventuelle Unterschiede zwischen den Profi-LehrerInnen (N = 22, 21 Frauen) und Profi-Erzieherinnen (N = 23, ausschließlich Frauen) bzgl. des Nutzens und der Effektivität der Fortbildung zu untersuchen, wurden unabhängige t-Tests für die Aspekte Alter, Berufsjahre, allgemeine Evaluationsfragen und die Transferfrage berechnet.

Die Gruppen unterscheiden sich nicht bezüglich ihres Lebensalters: *MW* $Alter_L$ = 43 (*SD* = 9); *MW* $Alter_E$ = 47 (*SD* = 10), allerdings verfügen die Erzieherinnen mit durchschnittlich 22 Jahren Berufspraxis (*SD* = 10) über rund sieben Jahre mehr Erfahrung als die LehrerInnen mit durchschnittlich 15 Jahren (*SD* = 8; T_{44} = -2.525, p < .016). Von den LehrerInnen arbeiten 86% mit Kindern bis 14 Jahre, bei den Erzieherinnen sind es 95%.

Bei den Allgemeinen Nutzen- und Transferfragen profitieren die Erzieherinnen signifikant mehr von der Teilnahme als die LehrerInnen (zwischen .55 und .85 höhere Itempunktwerte; vgl. Tab. 1). Die Erzieherinnen sind somit deutlich zufriedener mit dem Transfer der Inhalte in ihre Arbeit, sowie dem Nutzen, den die Teilnahme an der Fortbildung für die Arbeit mit den Kindern bringt.

Tab. 1. *Allgemeine Evaluations- und Transferfragen nach pädagogischer Funktion separiert*

Items & Skalen	**LehrerInnen** *MW (SD)*	**Erzieherinnen** *MW (SD)*	**t-Test**
Allg. Evaluations- & Transferfragen (T2)			
Teilnahme hilft, Arbeit besser zu bewältigen	1.76 (.54) [a]	2.61 (.61) [b]	t_{37}= -4.626; p < .001
Teilnahme hilft, Kinder besser zu fördern	1.66 (.57) [c]	2.28 (.70) [b]	t_{36}= -3.002; p < .006
Inhalte sind von praktischem Nutzen	1.93 (.60) [a]	2.53 (.84) [d]	t_{38}= -2.610; p < .014
Zufriedenheit mit Transfer	1.78 (.70) [c]	2.33 (.69) [b]	t_{36}= -2.484; p < .019

Anmerkungen: [a] N = 21. [b] N = 18. [c] N = 20. [d] N = 19.

Insgesamt lässt sich festhalten, dass die Erzieherinnen angeben, auf der Reaktions- und Transferebene von der Teilnahme signifikant mehr profitiert zu haben als dies für LehrerInnen der Fall ist. Die beiden Gruppen unterscheiden sich nicht bezüglich ihres Alters, allerdings weisen die Erzieherinnen mehr Berufspraxis auf als die LehrerInnen. Die Elementarpädagoginnen geben somit an, deutlich mehr Gewinn aus der Fortbildung zu ziehen als dies für LehrerInnen der Fall ist.

Diskussion

Die Teilnahme an der Fortbildung „(Selbst-)kompetent bilden – Kinder nachhaltig stärken" hat sich bei den professionellen und auch bei den angehenden PädagogInnen als gewinnbringend und sinnvoll für die pädagogische Arbeit erwiesen. Dies zeigt sich vor allem auf der Reaktionsebene zum bewerteten Nutzen. Dabei kommt insbesondere den Bedürfnisfeldern *Gelassenheit* und *Grenzen ziehen* zentrale Bedeutung zu. Zudem ist es für Profis und Auszubildende in der Fortbildung gleichermaßen wichtig, sich selbst reflektieren zu können und eine Verknüpfung von wissenschaftlich fundierter Theorie und praktisch umsetzbaren Inhalten zu erleben.

Die behandelten Themen aus den Bedürfnisfeldern sowie die WERT-Methodik, die die praktischen und theoretischen Inhalte mittels Reflexion an das persönliche Erleben und Arbeiten andockt, sind somit auf hohes Interesse der Teilnehmenden gestoßen. Dies zeigt sich auch daran, dass sich die wenigen angeführten Kritikpunkte vor allem auf Veränderungen des zeitlichen Formats und dem Wunsch nach noch mehr Praxisanteilen beziehen. Anregungen zum Streichen von Inhalten oder Kritik an den Arbeitstechniken tauchten nicht auf.

Auf der Transferebene zeigt sich darüber hinaus eine gute Zufriedenheit mit der bisherigen Umsetzung von Fortbildungsinhalten in die eigene Arbeit, so dass hier ebenfalls kein Anlass für eine Veränderung der Transferanregungen im Seminar besteht. Die Pläne für weitere Umsetzungen beziehen sich vor allem auf die Bedürfnisfelder *Gelassenheit* und *Grenzen ziehen*, die auch als Spitzenreiter bei der Benennung der wichtigsten Inhalte der Fortbildung bei Profis und Auszubildenden genannt wurden.

Auf der Reaktions- und Transferebene ist die Fortbildung somit von Profis und Auszubildenden als gewinnbringend und nützlich bewertet worden. Auf der Lernebene zeigen sich hoch signifikante Veränderungen im Wissen um die Bedeutung von Selbstkompetenzen für das eigene Handeln, die sich als Hinweis auf die durch die Fortbildung angeregte Reflexion über Selbstkompetenzen interpretieren lässt. Diese Reflexion soll sich ja mittel- und langfristig günstig auf die weitere Entwicklung von pädagogisch relevanten Selbstkompetenzen auswirken.

Für die Gruppe der professionell Tätigen ergaben sich durch die getrennten Analysen für Elementar- und SchulpädagogInnen interessante Erkenntnisse. So gaben die Erzieherinnen auf allen Dimensionen an, deutlich mehr von der Fortbildungsteilnahme zu profitieren als die LehrerInnen.

Möglicherweise unterscheiden sich LehrerInnen und ErzieherInnen bezüglich der Teilnahmemotivation. Bei der Durchführung der Seminare konnten die DozentInnen feststellen, dass die Bereitschaft zur aktiven Mitarbeit und persönlich-erlebnismäßigen Einlassung auf die Themen bei den LehrerInnen häufig geringer ausfiel als bei den ErzieherInnen. Eventuell sind die SchulpädagogInnen im Vergleich zu den ErzieherInnen etwas häufiger extrinsisch motiviert gewesen, z.B. wenn sie mit ihrer Teilnahme den Erwartungen ihrer Schulleitung entsprachen oder wenn sie ihrer gesetzlichen Fortbildungspflicht nachkamen. Da es für ErzieherInnen keine solche Fortbildungspflicht gibt, ist die Vermutung plausibel, dass sie intrinsisch motiviert teilnahmen. Das Ausmaß der Motivation und die damit zusammenhängende Bereitschaft, sich auch erlebnismäßig auf die Seminarthemen einzulassen, könnten die Nutzenbewertung hier beeinflusst haben. Um dies systematisch untersuchen zu können, sollte bei zukünftigen Evaluationen das Ausmaß des intrinsischen und extrinsischen Interesses in den Fragebögen mit erhoben werden.

Abschließend lässt sich festhalten, dass die Profis und die Auszubildenden vor allem auf der Reaktionsebene einen gewinnbringenden Nutzen aus der Teilnahme gezogen haben, wobei dieser für die in Ausbildung Befindlichen deskriptiv größer ausfiel. Beide Gruppen erweiterten ihr kognitives Wissen bzgl. der Relevanz von Selbstkompetenzen. Dabei profitierten die Erzieherinnen nach eigenem Urteil deutlich mehr von der Fortbildungsteilnahme als die LehrerInnen, was allerdings an einer unterschiedlichen Teilnahmemotivation gelegen haben könnte.

Kritik und Ausblick

Trotz der positiven Gesamtbilanz müssen einige Einschränkungen bei der Interpretation der Ergebnisse beachtet werden.

Zum einen war für die Absicherung der Befunde keine Kontroll-Wartegruppe zum Vergleich verfügbar. Somit können die Lerneffekte nicht eindeutig auf die Fortbildungsteilnahme zurückgeführt werden. Dies sollte in zukünftigen Evaluationen im Untersuchungsdesign beachtet werden, wenn die Untersuchungsbedingungen es zulassen.

Zum anderen handelt es sich um nicht-repräsentative und kleine Stichproben, sowohl bei den Profis als auch bei den Auszubildenden, so dass von diesen Ergebnissen noch nicht endgültig auf die Gruppe der PädagogInnen geschlossen werden sollte.

Ferner ist auf der Evaluationsebene ausschließlich die subjektive Beurteilung erfasst worden. Die Wirkung der Fortbildungsteilnahme auf das tatsächliche pädagogische Verhalten wurde noch nicht untersucht, ebenso wenig die Effekte auf die Selbstkompetenzen der Kinder und Jugendlichen. Da dies methodisch, finanziell und personell sehr aufwendig ist, werden diese Ebenen zwar generell selten evaluiert (Lipkowski & Rzejak, 2012), es wäre aber wünschenswert, dafür in zukünftigen Untersuchungen der Selbstkompetenz-Fortbildung zusätzliche Ressourcen verfügbar zu machen. Obwohl die Reflexion der TeilnehmerInnen über ihre Selbstkompetenzen nach eigenen Angaben deutlich zugenommen hat, steht die Auswirkung dieser gesteigerten Reflexion auf die mittel- und langfristig erwarteten Veränderungen der subjektiv und objektiv zu erfassenden Selbstkompetenzen noch aus. Diese Frage kann in entsprechenden Längsschnittstudien untersucht werden. In einem solchen Projekt wäre es sinnvoll, weitere Trainingsangebote zur Entwicklung von pädagogisch relevanten Selbstkompetenzen einzubinden, sodass auch mit mittel- und langfristigen Auswirkungen auf die Entwicklung von Selbstkompetenzen gerechnet werden kann.

Zudem sollte die Teilnahmemotivation in zukünftigen Untersuchungen mit berücksichtigt werden, um zu überprüfen, worauf die gefundenen Nutzenunterschiede zwischen ErzieherInnen und LehrerInnen rückführbar sind. In zukünftigen Kursevaluationen könnte z.B. vor Beginn der Fortbildung das Ausmaß der extrinsischen und intrinsischen Teilnahmemotivation zusätzlich mit erhoben werden. Nur so kann endgültig beurteilt werden, ob der in dieser Stichprobe festgestellte geringere Nutzen der Fortbildungsteilnahme bei den LehrerInnen auf die ungünstige Teilnahmemotivation oder auf eine ungünstige Passung der Fortbildungsinhalte und -formate für diese Zielgruppe zurückzuführen ist.

Literatur

Kirkpatrick, D.L. (1976). *Evaluation of training.* In R.L. Craig (Hrsg.), *Training and Development Handbook – A Guide to Human Resource Development* (S. 301-319). New York, NY: McGraw-Hill.

Kirkpatrick, D.L. & Kirkpatrick, J.D. (2006). *Evaluating training programs: the four levels* (3rd ed.). San Francisco, CA: Berrett-Koehler.

Künne, T. & Engel, A. (2013). *Fragebogen zum Selbstkompetenzerleben von pädagogischen Fachkräften.* Unveröffentlichter Fragebogen, Universität Osnabrück.

Lipowski, F. & Rzejak, D. (2012). Lehrerinnen und Lehrer als Lerner – Wann gelingt der Rollentausch? Merkmale und Wirkungen wirksamer Lehrerfortbildungen. *Schulpädagogik heute, 5* (3), 1–17.

Peter Keßel, Michaela Kruse-Heine & Anna Maria Engel

Impulse für die LehrerInnenausbildung

Wie für alle pädagogischen Fachkräfte ist Selbstkompetenz auch für Lehrkräfte von grundlegender Bedeutung (vgl. Kuhl, Künne & Aufhammer, 2011; Künne & Kuhl, 2014). Für sie kommen zu den üblichen Herausforderungen und Belastungen des Berufsalltags und dem damit verbundenen Stress noch einige Spezifitäten hinzu.

Von LehrerInnen wird vor allem erwartet, dass sie den Kindern in der Schule durch Bildungs- bzw. Lehrpläne vorgegebene Inhalte vermitteln. Diese Vorgaben fokussieren stark auf solche Kompetenzen, die in Aufgaben umgesetzt und mithilfe von Tests erfasst werden können (vgl. Bremerich-Vos, 2011). Für diese Vermittlung sind Lehrkräfte durch ihre Ausbildung vor allem mit fundierten Fachkenntnissen gut ausgestattet. Schulstruktur- und Unterrichtreformen nach der Umsetzung der Erkenntnisse aus den Schulvergleichsstudien (PISA, TIMSS) haben sich vermehrt an Methoden, Kompetenzen und Vergleichsarbeiten orientiert (vgl. Friedrichs & Schubert, 2013). Es zeigt sich hier für LehrerInnen und das schulische System eine starke Betonung des analytisch arbeitenden ICH-Systems (vgl. Kuhl & Solzbacher, in diesem Band; Schache & Künne, in diesem Band).

Andererseits gewinnt die Erkenntnis zunehmend an Bedeutung, dass für das schulische Lernen z.B. ein lernförderliches Klima, die Glaubwürdigkeit der Lehrkräfte und die Fähigkeit der LehrerInnen, die SchülerInnen zum Nachdenken anzuregen und gemeinsam über das eigene Lernen nachzudenken, zentral sind (Hattie, 2013). Hier kommen weichere Faktoren zum Tragen, die eher das ganzheitlich arbeitende SELBST-System betonen und auf Persönlichkeitsentwicklung fokussieren, was eine starke Lehrpersönlichkeit voraussetzt (Kuhl & Solzbacher, 2012). Auch die Kultusministerkonferenz macht die Relevanz der Erziehungsaufgabe im Sinne der bewussten Einflussnahme auf die Persönlichkeitsentwicklung der SchülerInnen neben den Fachaufgaben deutlich, wofür Lehrkräfte mit positiven Wertorientierungen und Haltungen ihre Aufgabe als Vorbild absichtsvoll ausfüllen sollten (KMK, 2000). Um Kindern unter anderem Sicherheit, Eigenverantwortung und Orientierung zu vermitteln, werden neben fachlichen Fähigkeiten vor allem pädagogische Kompetenzen zur Beziehungsgestaltung benötigt, die vor allem geprägt sind durch Ermutigung, Kommunikation und Partizipation (vgl. Friedrichs & Schubert, 2013). Denn alles „schulische Lehren und Lernen ist eingebettet in interaktives und dialogisches Beziehungsgeschehen" (Bauer, 2008, S. 16). Hier spielt im besonderen Maße die gut entwickelte Selbstkompetenz der Lehrkräfte eine Rolle, die eines ausgewogenen und ausgeprägten Zusammenspiels der beiden Persönlichkeitssysteme ICH und SELBST bedarf.

Für LehrerInnen stellt sich in Anbetracht der eingangs erwähnten Herausforderungen im Besonderen die wichtige Frage, ob ihnen ihre methodisch-didaktischen Kompetenzen und ihre Beziehungskompetenzen „auch unter Belastung oder Streß zur Verfügung stehen“ (Kuhl, 2001, S. 758), was davon abhängt, „wieviel Belastung oder Streß eine Person kompensieren kann“ (ebd.). Stress und Belastung haben häufig einen hemmenden Effekt auf den Selbstzugang, mit der Folge, dass auf gewohnte und früh erlernte Verhaltensmuster zurückgegriffen wird (Kuhl, 2010), die häufig nicht dem methodisch-didaktischen Ideal entsprechen. Dieses Zurückfallen in gewohnte Muster ist typisch für Menschen in Stresssituationen (Hüther, 2016) und kann sich in diesem Fall erheblich auf die Unterrichts- und Beziehungsqualität im Schulunterricht auswirken. Damit wird deutlich, dass auch für Lehrkräfte Selbstkompetenz als Basiskompetenz für z.B. Sach-, Methoden- und Sozialkompetenz, also für Handlungskompetenz im Allgemeinen, betrachtet werden sollte (vgl. Solzbacher & Calvert, 2014).

Eine erste Lösung stressige Situationen zu meistern oder Belastungen zu bewältigen, scheint die Selbstkontrolle, die Subfacetten der Selbstkompetenz wie Fehlerfokussierung, Planungsfähigkeit, Initiative und Konzentrationsstärke bereit hält, welche alle das Makrosystem des ICH beanspruchen (vgl. Kuhl & Alsleben, 2012). Hierbei handelt es sich gerade um diejenigen Selbstkompetenzen, die berufsbedingt gefordert und auch bereits in der Ausbildung gestärkt werden. Zu den zentralen Aufgaben von Lehrkräften gehört unter anderem das Selektieren, Bewerten, Einordnen nach Richtig oder Falsch, Auffinden von Fehlern usw. Das heißt, von Lehrkräften wird häufig eine starke Orientierung am ICH-System erwartet. Ein Übermaß an Selbstkontrolle hat nun aber den gleichen hemmenden Effekt auf den Selbstzugang wie Stress oder Belastung. Letztendlich führt dann die Hemmung des Selbstzugangs wiederum dazu, dass es noch aufwendiger ist, gelassen zu bleiben (vgl. Keßel, Engel et al., in diesem Band). Lehrkräfte verfügen also häufig über viele gut trainierte Selbstkompetenzen, welche aber primär auf das das eine Makrosystem des ICH fokussieren.

Wichtig für den Umgang mit unangenehmen Erfahrungen wie Misserfolg oder Kritik sowie widersprüchlichen Aspekten, die der LehrerInnenberuf mit sich bringt, ist insbesondere aber auch die Integrationsfähigkeit (vgl. Keßel, Engel et al., in diesem Band), denn diese ermöglicht der Lehrkraft, die genannten Aspekte integrierend zu verarbeiten (Kuhl & Alsleben, 2012), um mit ihnen gelassener agieren zu können. Beispielsweise ärgert sich eine Lehrkraft über einen Schüler, der mehrfach andere SchülerInnen stört und zu großer Unruhe im Unterricht beiträgt. Sie weiß aber, dass der Schüler grundsätzlich gut Grenzen einzuschätzen weiß. Daher gilt es für LehrerInnen, das andere Makrosystem des SELBST verstärkt auch aktivieren zu können, um schließlich im Berufsalltag kompetent zwischen diesen beiden Systemen situativ frei und flexibel wechseln zu können. Damit kann die Lehrkraft also zwei gegensätzliche Erfahrungen mit dem Schüler integrieren, statt eine von beiden Erfahrungen abzuwerten oder auszublenden. Die Integration in ein umfassendes, parallel verarbeitendes Erfahrungsnetzwerk (d.h. das SELBST) bedeutet hier, dass die Lehrperson auch auf gegensätzliche Erfahrungen mit demselben Schüler gefasst ist, statt von der jeweils ausgeblendeten Seite des Schülers überrascht oder enttäuscht zu werden. Auf diese Weise kann sie in der Folge umfassender selbstkompetent reagieren.

Weiterführende Überlegungen auf Basis der Workshop-Erfahrungen mit Lehrkräften

Speziell in gesonderten LehrerInnenfortbildungen eines assoziierten Projekts wurde die Erfahrung gemacht, dass viele Lehrkräfte, die bereits im Berufsleben stehen, sich vom Alltag in der Schule sehr belastet fühlen. Dazu finden sich entsprechende Ergebnisse in der Potsdamer Lehrerstudie (Schaarschmidt, 2004), die ein differenziertes Bild der psychischen Gesundheit von Lehrkräften dokumentiert. Als wichtigste Indikatoren für den Belastungszustand dienten die persönlichen Muster des arbeitsbezogenen Verhaltens und Erlebens von Lehrkräften. Sehr belastete Lehrkräfte suchen häufig schnelle Lösungen oder konkrete anwendbare Methoden, wie mit Kindern, deren Verhaltensweisen als herausfordernd wahrgenommen werden, förderlich umgegangen werden kann. Dabei werden Lösungen und Ansätze erwartet, die seriell oder auch schematisch durchführbar sind, also aus dem ICH heraus abgearbeitet werden können (Kuhl, 2001). Eine an den Selbstkompetenzen orientierte Fortbildung kann daher für einige belastete Lehrkräfte irritierend sein, wie es auch im Verlauf des im vorliegenden Band beschriebenen Projekts wahrgenommen wurde. Statt schnelle Lösungen anzubieten, wird in der Fortbildung zunächst ein Schritt zurückgegangen und der Blick selbstreflektierend auf die LehrerInnenperson gerichtet (vgl. Greif, 2008). Selbstreflexion bedarf nun des Selbstzugangs (Quirin, 2006) und Selbstzugang wiederum macht verletzlich (vgl. Linville, 1985: negativer Haupteffekt der Selbstkomplexität auf die Symptombildung). Für die Fortbildung lässt sich daher annehmen, dass unter Umständen eigene Werte in Frage gestellt oder dass eigene Fehler und Schwächen bewusst werden. Damit kann sich durch den Impuls zur Selbstreflexion auch kurzfristig Stress und Belastung für die teilnehmenden Lehrkräfte erhöhen, was wiederum negative Emotionen verstärkt, die den

Selbstzugang erschweren. Dennoch erscheint die Selbstreflexion als probater Ansatz, eingefahrene Deutungsmuster und Handlungsstrategien aufzubrechen und den Blick für eine andere Wahrnehmung des Verhaltens und der Persönlichkeit von Kindern, aber auch auf die eigne LehrerInnenpersönlichkeit zu öffnen (vgl. Schache & Künne, in diesem Band). Diese persönliche, nach innen gerichtete Reflexion kann langfristig Neubewertungen von pädagogisch herausfordernden Situationen initiieren und zum veränderten Umgang mit den Kindern und mit der eigenen Person führen.

Unsere Erfahrungen mit Lehrkräften in den Workshops zeigten, dass dieser Zugang für viele LehrerInnen ungewöhnlich und wenig behaglich zu sein scheint, was sich möglicherweise mit dem oben beschriebenen Umstand erklären lässt, dass Lehrkräfte im Berufsalltag in vielerlei Hinsicht sehr selbstkontrollierend agieren müssen, also vor allem geübt sind, ihr ICH-System zu aktivieren. So entstand ein gewisser Widerstand, den es zu Beginn des Seminares zu bearbeiten galt. Darüber hinaus wurde der Bitte nach konkretem Praxisbezug nachgekommen, indem in die Workshop-Arbeit vermehrt praxisnahe Fallbeispiele integriert wurden, die im Optimalfall Alltagserfahrungen der teilnehmenden Lehrkräfte wiedergaben.

Ohne an dieser Stelle die alte Diskussion aufzugreifen, ob es Eignungsprüfungen für angehende LehramtsstudentInnen geben sollte, wie es auch Schaarschmidt (2004) fordert, wird hier der Argumentation gefolgt, dass Persönlichkeitsmerkmale von Lehrkräften für ihre eigene Gesunderhaltung und ebenso für ihren beruflichen Erfolg relevant sind (ebd.). Beruflicher Erfolg von Lehrkräften sollte durch eine hohe Unterrichtsqualität und das erfolgreiche Lernen der SchülerInnen definiert sein. Dafür sind nach Schaarschmidt (ebd.) viele Kompetenzen (wie z.B. Motivation, emotionale Stabilität, Frustrationstoleranz und Problemlösungsvermögen) ausschlaggebend, die im vorliegenden Band unter dem Begriff Selbstkompetenz zusammengefasst werden.

Auch Klippert (2006) stimmt Schaarschmidts Kritik zu, fordert aber darüber hinaus die Veränderung der universitären Ausbildung von zukünftigen Lehrkräften, der er ein Übermaß an sterilem Fachwissen zuschreibt. Während Klippert (2006) seinen Schwerpunkt auf ein Methodentraining legt, wird an dieser Stelle die Bedeutsamkeit der Selbstkompetenzförderung im Rahmen der Ausbildung von Lehrkräften betont und damit die begleitete, selbstreflektierte Auseinandersetzung mit der eigenen Persönlichkeit im Rahmen des Lehramtsstudiums, wie sie auch Schröder (2006) im Fazit seiner Untersuchung zur Lehrerbelastung empfiehlt. Hinter dem erzieherischen Auftrag der schulischen Lehrkräfte steht auch die Aufgabe, die Persönlichkeitsentwicklung der SchülerInnen zu unterstützen (vgl.

KMK, 2000), wofür wiederum die eigene Persönlichkeit und Haltung der Lehrkräfte eine zentrale Rolle spielt:

> „Die Werte und das Werterleben, die ihr [das der Lehrkräfte] didaktisches und erzieherisches Handeln bestimmen, sind deshalb nicht länger nur »Privatangelegenheit«, vielmehr die wesentliche Grundlage ihrer eigenen pädagogischen Wirksamkeit. Deshalb müssen sich Studium und Ausbildung auch der professionellen Ethik des pädagogischen Handelns zuwenden und die Werte des eigenen Handelns einer reflexiven Betrachtung zuführen.“ (Arnold, 2007, S. 138f.)

Dafür ist das eigene Erleben wichtig, wie es in der in diesem Band vorgestellten WERT-Methodik konstituierender Bestandteil ist. Ein rein verbaler Austausch ermöglicht diesen Zugang zur eigenen Reflexivität nicht (vgl. ebd.). Die eigene Haltung zum und im Beruf kann im Laufe der Ausbildung durch unterschiedliche Erfahrungen noch Veränderungen ausgesetzt sein. Dies sollte auch Berücksichtigung in Form von Reflexionsmöglichkeiten in der Aus-Bildung finden, wenn der ursprünglichen Bedeutung von Bildung als Wortstamm von Ausbildung gefolgt wird (vgl. Nida-Rümelin, 2013). Im pädagogischen Berufsleben kann dann die eigene Haltung einer Lehrkraft selbst, aber auch den SchülerInnen Orientierung und Sicherheit geben. Letztlich markiert eine Haltung „den Übergangsbereich zwischen Menschenbild und pädagogisch-therapeutischer Intervention, Förderung oder Begleitung über die Wahl der Inhalte und Methoden, aber auch der individuellen Beziehungsgestaltung“ (Schache & Künne, 2012, S. 87).

Die enge Verknüpfung von Haltung und Selbstkompetenz wird bei Kuhl, Schwer und Solzbacher (2014a; 2014b) herausgearbeitet und führt zu der Forderung nach der Auseinandersetzung mit der eigenen Haltung und berufsrelevanten Persönlichkeitsanteilen im Rahmen der LehrerInnenausbildung. Daher erscheint es sinnvoll, ein Universitätsseminar zu implementieren, in dessen Verlauf die angehenden Lehrkräften bereits frühzeitig mit dem Thema der Selbstkompetenzen, ihrer Relevanz und den situativ flexiblen Umgang mit ihnen in Berührung kommen. Ziel ist es dabei, mit Hilfe der WERT-Methodik das Persönlichkeitssystem des SELBST so zu stärken, dass es bereits viele Aspekte und Erfahrungen integrieren kann, die später im Berufsleben einen angemessenen und selbstkompetenten Umgang in möglichst vielen Situationen des Schulalltags wahrscheinlich machen. Eine größere Bandbreite an erfahrenen Situationen und der begleitete selbstreflektierte Umgang mit ihnen sowie deren Integration in das SELBST eröffnen zukünftig die Bereitstellung einer größeren Vielfalt an selbstkompetenten Verhaltensweisen. Ein Teil dessen sind dann auch die den (angehenden)

LehrerInnen bereits vertrauten Verhaltensmöglichkeiten, die unter dem Begriff der Selbstkontrolle subsumiert werden können.

Im Rahmen des Projektes wurden daher an der Universität die Seminare „(Selbst)kompetent bilden – Kinder nachhaltig stärken“ für Lehramtsstudierende angeboten, welche in das Curriculum integriert waren und für die die Studierenden Leistungsnachweise erhielten. Die für die Universität etwas ungewöhnliche Form der Seminargestaltung mit vielen praktischen Anteilen und intensivem Austausch aus der eigenen leiblichen und versprachlichten Reflexion heraus, wurde von den Studierenden sehr positiv aufgenommen. Dem unabhängigen Evaluationsbericht der Lehrveranstaltung im Wintersemester 2014/15 nach wurde die „Interessantheit und Relevanz“ des Seminars bei einem Prozentrang von 99 mit sehr gut bewertet (Servicestelle Lehrevaluation Universität Osnabrück, 2015). Die „gute Mischung aus Wissensvermittlung und Diskussion“ war dabei einer der Unterpunkte. Im freien Kommentar der Evaluation wurden von den Studierenden besonders drei Punkte hervorgehoben: Die sehr gute Lernatmosphäre; die gute Mischung aus Theorie, Diskussion, Praxis und Transfer; der interdisziplinäre Zugang zum Thema, der sich auch in der DozentInnenzusammensetzung zeigte. Diese Rückmeldung unterstützt auch Reussers (2005) Empfehlung, bereits in die Ausbildung von Lehrkräften problemorientiertes Lernen mit einem interdisziplinären DozentInnenteam zu integrieren.

Anpassungen an spezifische Bedingungen im Lehramtsstudium

Für eine Passung in der LehrerInnenausbildung waren jedoch einige Veränderungen der Fortbildung erforderlich. Das Seminar wurde als Kompaktseminar angeboten, das auf mehrere Seminartage bzw. –halbtage verteilt war. Dabei hat es sich im Seminarverlauf für die Studierenden aus organisatorischen Gründen als sinnvoll erwiesen, die Lehrveranstaltung auf fünf lange Vormittage zu verteilen, so dass jedem Seminartag ein Thema zugeordnet werden konnte. Für die Umstellung musste beim Thema „Gelassenheit“ inhaltlich etwas gerafft werden und dem Seminartag mit dem kürzeren Thema „Kommunikation“ wurde noch die Zusammenführung aller Bedürfnisfelder zugeordnet (vgl. auch Doll & Kruse-Heine, in diesem Band). Am ersten Seminartag wurde neben dem Aufgreifen des ersten Bedürfnisfeldes „Offenheit“ eine Einführung in die PSI-Theorie integriert, die in den Workshops mit berufstätigen Fach- und Lehrkräften kürzer gehalten wurde. Um den Studierenden am zweiten Seminartag einen leichten Wiedereinstieg mit der notwendigen Offenheit für die Thematik und die reflexiven Anteile zu ermöglichen, begann dieser mit einer Weiterführung des Bedürfnisfeldes „Offenheit“. Um zukünftig eine intensivere

Auseinandersetzung mit weiteren Bedürfnisfeldern und den persönlichen Rückmeldungen aus der EOS-Diagnostik (vgl. Kruse-Heine et al., in diesem Band) möglich zu machen, bräuchte es einen weiteren, sechsten Seminarvormittag.

Die Erlebensanteile haben bei den Universitätsseminaren einen wesentlich größeren Anteil erhalten, nicht zuletzt da mit einer gut ausgestatteten Gymnastikhalle auch deutlich bessere Voraussetzungen für diese Anteile gegeben waren. Da die Gruppe der Studierenden im Regelfall altershomogen ist und aus zumeist jungen Erwachsenen besteht und das niedrige Alter nicht zwangsläufig, aber doch häufig, mit einer höheren Spiel- und Bewegungsbereitschaft verbunden ist, kam dies ebenfalls der Erhöhung der Erlebensanteile zugute. Zu bedenken ist jedoch, dass im Spiel auch schneller kompetitive Komponenten in den Vordergrund rücken können. Studierende werden entwicklungspsychologisch der Lebensphase der *Emerging Adulthood* zugerechnet, was als eine Zwischenphase zwischen Jugend- und Erwachsenenalter beschrieben wird (vgl. Freund & Nikitin, 2012). Somit können sich Themen des Jugendalters wie z.B. die starke Beeinflussung durch Peers (vgl. Silbereisen & Weichold, 2012) mit Entwicklungsthemen des frühen Erwachsenenalters mischen. Erikson (1989) ordnet dem frühen Erwachsenenalter das Spannungsfeld Intimität und Solidarität vs. Isolation zu, in das Themen wie Konkurrenz und Kooperation bzw. Rivalität und Kollegialität gehören. Auch wenn diese Themen ebenso bei lebenserfahreneren Menschen auftauchen können, scheinen sie für Studierendengruppen von größerer Relevanz zu sein und sollten deshalb immer im Blick behalten werden. Das bedeutet aber nicht, dass diese Themen in den Erlebenssituationen möglichst unterbunden werden sollten, sie müssen nur rechtzeitig erkannt und angemessen begleitet werden. Sollte eine Spielsituation sich zu einem Wettkampf entwickeln, liegt darin für die anschließende Reflexion durchaus Potential, welches eng mit dem Thema der Selbstkompetenz verknüpft ist (z.B. eigene biografische Anteile, die unbewusst verhaltensrelevanten Einfluss nehmen). Zu vermeiden sind jedoch stärkere negative Erfahrungen (durch z.B. Niederlage oder Frustrationen), da sie die notwendige positive Rahmung des Seminars beschädigen und für negative Emotionen sorgen könnten, die wiederum den Selbstzugang erschweren (siehe oben). In diesem Fall muss das DozentInnenteam rechtzeitig die Situation entschärfen, indem es beruhigende bzw. beschwichtigende Impulse gibt, die beispielsweise auch in der Veränderung des Spielziels liegen können.

Eine weitere Anpassung betraf das Ausmaß des Einbringens von Theorie und Befunden aus der Forschung in den Seminarkontext. So wurden häufig die Theorie-Anteile des Seminares ein wenig ausgebaut und stärker ausdifferenziert, um theoriegeleitetes pädagogisches Handeln zu unterstützen, ohne dabei eine übermäßig theoretische Akzentuierung des Seminars vorzunehmen. Theoriegeleitetes Handeln auf der Basis von Wissen ermöglicht es beruflich tätigen Fachkräften im pädagogischen Arbeitsfeld ihr Handeln mit anderen Menschen durch Strategien und Handlungstechniken vorhersehbar und kalkulierbar zu machen. Im pädagogischen Alltag birgt eine zu starke Konzentration auf theoretisches Wissen die Gefahr eingeübten, aufgesetzt professionell wirkenden Handelns (vgl. Rauschenbach, 1984). In der projektspezifischen WERT-Methodik (vgl. Schache & Künne, in diesem Band) werden weitere Zugänge eingeführt und betont, die professionelles pädagogisches Handeln unterstützen. Die Integration theoretischen Wissens mit eigenen Erlebnissen und Erfahrungen, wie sie in der WERT-Methodik gegeben ist, bewirkt mehr als den Aufbau eines Repertoires an Handlungstechniken. Diese Zusammenführung stärkt bei den pädagogischen Fach- und Lehrkräften die Fähigkeit zur situationsbezogenen Reflexivität und eröffnet damit die Möglichkeit, „(...) uns als Person auf die Vielfalt der Situation einzulassen und ihre Ungewissheit und Unstrukturiertheit als die eigentlich zu bewältigende Aufgabe sozialpädagogischer Arbeit zu akzeptieren“ (Rauschenbach, 1984, S. 32).

Die Bedeutsamkeit von Offenheit, Partizipation und Gesprächsbeteiligung der Studierenden für das Seminar ist wie auch in den anderen Workshops zur Selbstkompetenz zu würdigen. Mehr noch als in den üblichen freiwilligen Workshops für Berufstätige ist es im Rahmen der LehrerInnenausbildung aber durchaus möglich, dass einzelne Studierende ein Seminar nur „absitzen“, um die entsprechenden *credit points* in einem Ausbildungsmodul zu erhalten. Im Falle eines Seminars, welches von intensivem Austausch und persönlicher Reflexion lebt, kann dies zur Beeinträchtigung der vertrauensvollen Atmosphäre im Seminar führen und andere Interessierte hemmen. Vor allem bei einer Überlegung, ein solches Seminar zum Pflichtbestandteil der LehrerInnenausbildung zu machen, ist diese Einschränkung zu berücksichtigen. In den stattgefundenen Universitätsseminaren hat es sich für die Atmosphäre und Offenheit als hilfreich herausgestellt, dass das DozentInnenteam nicht zum vertrauten Lehrpersonal der Studiengänge gehörte, da die Beurteilung der Studierenden durch die DozentInnen in künftigen Seminaren und Prüfungen zu größerer Zurückhaltung und mangelnder Authentizität im Austausch führen könnte. Auch eine zu große Gruppe oder andere äußere oder innere gruppendynamische Einflüsse können diese Beschränkung evozieren, was bereits beim Definieren der Rahmenbedingungen für hochschulische Lehrveranstaltungen zum Thema der Selbstkompetenz immer auch mit bedacht werden muss.

Eine zusätzliche Herausforderung, die sich beim Angebot von Selbstkompetenz-Seminaren im Rahmen der LehrerInnenausbildung ergibt, ist die Frage der Leistungsnachweise bzw. der Benotung von Studien- und Prüfungsleistungen innerhalb des Seminares. Zu einzelnen Unterthemen der Bedürfnisfelder wären Referate möglich, wodurch aber die Selbstreflexion und die persönliche Ansprache der Seminarteilnehmenden aufgrund einer potentiell leidenschaftslosen Erarbeitung zu kurz kommen kann. Darüber hinaus würde die Grundphilosophie der Seminare aufgeweicht werden, der zufolge den Lernenden Prozesse der selbsttätigen und selbstgesteuerten Wissens- und Erfahrungsaneignung ermöglicht werden sollen. Das kann für Studierende im Rahmen eines Referates sehr herausfordernd werden, auch wenn es natürlich im Hinblick auf die zukünftige Unterrichtsgestaltung von Vorteil wäre, dies zu erlernen. Für eine erste Auseinandersetzung mit Selbstreflexion und dem Thema Selbstkompetenz, wie es in den angebotenen Seminaren der Fall war, erschien diese Form des Leistungsnachweises aber ungeeignet.

Da auch Klausuren oder mündliche Prüfungen weniger zur Notwendigkeit der entspannten Lernatmosphäre des Seminars passen, wurde in den Seminaren das Anfertigen einer Reflexionsarbeit als Leistungsnachweis ermöglicht. Bei der Reflexionsarbeit sollte der eigene Umgang mit dem Thema der Selbstkompetenz und der Transfer auf den persönlichen Alltag bzw. in die künftige Arbeit als LehrerIn im Mittelpunkt stehen. Der Wissensanteil rückte damit eher in den Hintergrund, war aber dennoch nicht völlig irrelevant, da die eigene Reflexion auch an die theoretischen Inhalte des Seminars angebunden werden musste. Zur Erleichterung wurden den Studierenden exemplarische Fragestellungen für die Selbstreflexion zu den einzelnen Bedürfnisfeldern zur Verfügung gestellt. Die allgemeine Frage „Wie bin ich dem Thema der Selbstkompetenz begegnet?“ war für alle Arbeiten verpflichtend zu bearbeiten. Die eingereichten Reflexionsarbeiten zeigten sich als sehr heterogen. Einige enthielten mehr eine Beschreibung dessen, welche Gedanken und Empfindungen im Seminar auftraten und inwieweit die Themen den persönlichen Alltag beeinflussten. Andere Arbeiten wählten einen eher theoretischen Zugang zu einzelnen Bedürfnisfeldern, verknüpften damit aber auch viele persönliche Gedanken und Überlegungen aus dem eigenen Empfinden heraus. Schließlich gab es auch kritische Auseinandersetzungen mit dem Thema der Selbstkompetenz und eher individuelle, weiterführende Überlegungen, die von einer intensiven Beschäftigung mit dem Thema zeugten. In fast allen Arbeiten konnte aufgrund der Fragestellung auch eine (zumindest implizite) Rückmeldung gefunden werden, welche Inhalte für Einzelne hilfreich, zentral, störend oder langweilig waren. Auch hier war eine gewisse Heterogenität zu erkennen, die in sehr individuellen und unterschiedlichen Bedürfnissen, Vorerfahrungen und Persönlichkeiten der TeilnehmerInnen begründet ist.

Die Benotung der Arbeiten bedurfte einer größtmöglichen Klarheit und Transparenz, um auch den Studierenden gegenüber deutlich zu machen, dass tatsächlich die persönliche und subjektive Auseinandersetzung mit der Thematik gewünscht war. Um der Sorge vorzubeugen, dass eine bestimmte Meinung oder Art des eigenen Umgangs besonders wünschenswert wäre, sollten die Bewertungskriterien für die Reflexionsarbeiten vorher öffentlich gemacht werden. Im Falle der durchgeführten Universitätsseminare wurden dabei die Kriterien in Formalia (einfach gewichtet), Technik (zweifach gewichtet) und Inhalt (vierfach gewichtet) aufgeschlüsselt. Der Bereich Formalia beinhaltete beispielsweise die Gliederung und Klarheit der Darstellung, korrekte Zitierungen, Literaturverzeichnis etc. Im Bereich der Technik wurden z.B. die Vollständigkeit und Schlüssigkeit der Darstellung aber auch die korrekte Darstellung angewendeter bzw. beschriebener Theorien bewertet. Für den am stärksten gewichteten Bereich des Inhalts wurden besonders die Auseinandersetzung mit der eigenen Selbstkompetenz, die logische Verknüpfung der vier WERT-Bausteine (Wissen, Erleben, Reflexion und Transfer) sowie die Schlussfolgerungen für den persönlichen und professionellen Alltag kritisch betrachtet. Es wurde also nicht bewertet, was inhaltlich Gegenstand der Reflexion war, sondern die Art der Umsetzung und die schriftlich nachvollziehbare Darlegung benotet.

Sowohl im Rahmen des Seminares, aber auch aus den Reflexionsberichten ist zu erkennen, dass der Rückbezug auf und der Transfer in die eigene pädagogische Arbeit nicht in dem Maße realisiert werden konnte, wie mit berufstätigen Fach- und Lehrkräften in der regulären Workshopreihe. Dies scheint darauf zurückzuführen zu sein, dass die Studierenden meistens auf eine relativ eingeschränkte pädagogische Berufsbiographie zurückblicken können und auch selten die Möglichkeit haben, die Aspekte des Seminars direkt in der Praxis anzuwenden und diese Erfahrungen wiederum in weiteren Seminarstunden einzubringen. Dies war lediglich den Studierenden möglich, die nebenberuflich in der Kinderbetreuung oder als NachhilfelehrerInnen tätig waren oder in anderer Form Kinder- bzw. Jugendgruppen leiteten (z.B. im Sportverein). Auch wenn nebenberufliche Tätigkeiten ausgeführt wurden, ist der zeitliche Umfang dieser Tätigkeiten nie mit dem Berufsalltag berufstätiger pädagogischer Fachkräfte vergleichbar. Insbesondere Studierenden aus den Anfangssemestern fehlte noch der Bezug zum LehrerInnenberuf, da kaum Praktikumserfahrungen vorlagen. Dennoch gaben die meisten Studierenden an, dass sie die Inhalte und Erkenntnisse des Seminars für transferierbar in ihre zukünftige Berufspraxis halten und zum Zeitpunkt der

Ausbildung als hilfreich empfanden. Zudem sahen sie Transfermöglichkeiten in den eigenen, privaten Alltag mit der eigenen Familie oder mit FreundInnen und KommilitonInnen oder auch in den Alltag des Studiums und setzten diese auch tatsächlich um.

Ausblick

Perspektivisch erscheint eine erste Auseinandersetzung mit dem Thema der Selbstkompetenzen in der Mitte des Studiums als sinnvoll. So waren Studierende der höheren Semester meistens besonders aufgeschlossen und intensiv im Austausch dabei. Sie empfanden die Methodik der Auseinandersetzung mit den Selbstkompetenzthemen als sehr fruchtbar und wünschten sich mehr Seminare, die an den eigenen Erfahrungen anknüpfen und daher eine hohe persönliche Bedeutsamkeit erreichen würden. Dies bestätigte sich auch in der Einbindung von Ausschnitten der Selbstkompetenz-Fortbildung in speziellen Seminaren zur Fachdidaktik im fortgeschrittenen Studium als weiteren Schritt zur Implementierung des Themas und der Methodik in die LehrerInnenausbildung. Diese Verbindung wurde als sehr hilfreich wahrgenommen und bot den Studierenden immer wieder das Bezugsmodell „Selbstkompetenz als Basiskompetenz" für die anderen Themen im Seminar. Davon könnten auch angehende LehrerInnen in der zweiten Ausbildungsphase profitieren: Wenn bereits im Studium die Selbstkompetenz thematisiert und selbstreflektierend bearbeitet wird, kann das ein hilfreiches Arbeits- und Bezugsmodell für die Auseinandersetzung in begleitenden Seminaren der zweiten Ausbildungsphase sein, wenn es darum geht, konkrete Lehrsituationen und spezifische Problematiken des pädagogischen Umgangs mit Kindern in der Schule zu bearbeiten.

Besondere Berücksichtigung sollte jedoch auch die psychosoziale Belastung in der zweiten Ausbildungsphase finden. Sie ist im Spannungsfeld der vielen Anforderungen und Unsicherheiten in dieser Lebensphase äußerst hoch und führt zu besorgniserregenden Ergebnissen aus Sicht der LehrerInnenbelastungsforschung (vgl. Drüge, Schleider & Rosati, 2014). Die festgestellte Belastungsempfindung bei angehenden LehrerInnen führt zu negativen Emotionen. Der Umgang mit den eigenen Emotionen, also auch deren Regulation, ist zentraler Gegenstand der Auseinandersetzung mit der eigenen Selbstkompetenz, wodurch die Relevanz dieser Thematik für die zweite Ausbildungsphase von LehrerInnen deutlich wird. Wie oben bereits dargelegt erschweren Belastungszustände zusätzlich die Offenheit für neue und ungewöhnliche Themen. Die Situation des Referendariats gibt durch den Bewertungsdruck der eigenen Tätigkeit zudem wenig Raum für Erleben und

Ausprobieren. Dieser Umstand unterstreicht zum einen noch mal die Wichtigkeit, dem Thema der Selbstkompetenz und der erlebnisbasierten Selbstreflexion im Sinne der WERT-Methodik bereits während des Studiums zu begegnen und damit auch eine Verzahnung der ersten und zweiten Ausbildungsphase für LehrerInnen voranzubringen. Zum anderen wird damit auch aufgezeigt, dass eine vertrauensvolle, ermutigende Atmosphäre erst der Auseinandersetzung mit dieser Thematik Raum verschafft. Daher wäre es bedeutsam, Anteile der WERT-Methodik und der Auseinandersetzung mit den eigenen Selbstkompetenzen in einem bewertungsfreien Setting zu implementieren. Die Gesamtsituation der zweiten Ausbildungsphase für Lehrkräfte stellt sich als belastend dar – die wenigen Möglichkeiten von Seminaren ohne jegliche Bewertung oder Benotung erscheinen daher den am besten geeigneten Rahmen für diese Art von Inhalten und Methoden bereitzustellen. Sie sollten unbedingt genutzt werden.

Im Idealfall endet die selbstreflektierende Auseinandersetzung mit dieser Thematik nicht mit dem Ende der Ausbildung. Selbstkompetenzen sind ein Leben lang veränderbar (vgl. Robinson, Rickenbach & Lachman, 2016; Schore, 2016) und immer auch in Relation zum individuellen Belastungs- und Stressniveau zu betrachten (Kuhl & Alsleben, 2012), welches ebenfalls lebenslang Veränderungen ausgesetzt ist. Diese Veränderungen der eigenen Selbstkompetenz benötigen eine gewisse Zeit für ihre Entfaltung (Kuhl, 2001) und sollten daher vielmehr als ausbildungs- und berufsbegleitende Aufgabe verstanden werden. Dafür können und sollten bereits im Studium auch ohne die direkte praktische Anbindung an den Schulalltag wichtige Grundsteine für eine handlungsfähige, starke und selbstkompetente LehrerInnenpersönlichkeit gelegt werden. So wie einige Aspekte bereits für ein erfolgreiches Studium als potentiell nützlich aufgezeigt wurden, gilt auch für effektive LehrerInnenfortbildungen, dass die WERT-Methodik wie auch ein Großteil der in den Workshops umgesetzten Aspekte der PSI-Theorie ein förderliches Gerüst für haltungs- bzw. persönlichkeitsrelevante Themen anbieten können, insbesondere wenn diese bereits im Rahmen beider Ausbildungsphasen vertraut geworden sind und als hilfreich kennengelernt wurden. Die Grundlage für eine handlungsfähige, starke und selbstkompetente LehrerInnenpersönlichkeit sollte demnach bereits zu Beginn des Studiums geschaffen und immer wieder im Rahmen der Ausbildung aufgegriffen werden, wenn die Haltung und LehrerInnenpersönlichkeit noch flexibel ist und weniger Widerstände auftreten.

Literatur

Arnold, R. (2007). *Aberglaube Disziplin. Antworten der Pädagogik auf das „Lob der Disziplin".* Heidelberg: Carl Auer.

Bauer, J. (2008): *Lob der Schule. Sieben Perspektiven für Schüler, Lehrer und Eltern.* München. Heyne.

Bremerich-Vos, A. (2011). Die Bildungsstandards Deutsch. In A. Bremerich-Vos, D. Granzer, U. Behrens & O. Köller (Hrsg.), *Bildungsstandards für die Grundschule: Deutsch konkret* (3. Aufl.) (S. 14-42). Berlin: Cornelsen.

Drüge, M., Schleider, K. & Rosati, A.-S. (2014). Psychosoziale Belastungen im Referendariat – Merkmale, Ausprägungen, Folgen. *DDS – Die Deutsche Schule, 106* (4), 358-372.

Erikson, E.H. (1989). *Identität und Lebenszyklus* (11. Aufl.). Frankfurt am Main: Suhrkamp.

Freund, A.M. & Nikitin, J. (2012). Junges und mittleres Erwachsenenalter. In W. Schneider & U. Lindenberger (Hrsg.), *Entwicklungspsychologie* (7. vollst. überarb. Aufl.) (S. 259-282). Weinheim: Beltz.

Friedrichs B. & Schubert, N. (2013). *Das Klassenlehrer-Buch für die Sekundarstufe.* Weinheim: Beltz.

Greif, S. (2008). *Coaching und ergebnisorientierte Selbstreflexion.* Göttingen: Hogrefe.

Hattie, J. (2013). *Lernen sichtbar machen.* Baltmannsweiler: Schneider Hohengehren

Hüther, G. (2016). *Bedienungsanleitung für ein menschliches Gehirn* (12. Aufl.). Göttingen: Vandenhoeck & Ruprecht.

Klippert, H. (2006). *Lehrerentlastung. Strategien zur wirksamen Arbeitserleichterung in Schule und Unterricht* (2. Aufl.). Weinheim: Beltz.

KMK [Kultusministerkonferenz] (2000). *"Aufgaben von Lehrerinnen und Lehrern heute – Fachleute für das Lernen"* (Beschluss der KMK vom 5.10.2000). http://www.kmk.org/fileadmin/Dateien/veroeffentlichungen_beschluesse/2000/2000_10_05-Bremer-Erkl-Lehrerbildung.pdf (Zugriff 12.09.2016).

Kuhl, J. (2001). *Motivation und Persönlichkeit.* Göttingen: Hogrefe.

Kuhl, J. (2010). *Lehrbuch der Persönlichkeitspsychologie. Motivation, Emotion und Selbststeuerung.* Göttingen: Hogrefe.

Kuhl, J. & Alsleben, P. (2012). *Manual für die Trainingsbegleitende Osnabrücker Persönlichkeitsdiagnostik TOP* (1. limitierte Nachauflage). Münster: Sonderpunkt.

Kuhl, J., Künne, T. & Aufhammer, F. (2011). Wer sich angenommen fühlt, lernt besser: Begabungsförderung und Selbstkompetenzen. In J. Kuhl, S. Müller-Using, C. Solzbacher & W. Warnecke, *Bildung braucht Beziehung. Selbstkompetenz stärken – Begabungen entfalten* (S. 15-27). Freiburg: Herder.

Kuhl, J., Schwer, C. & Solzbacher, C. (2014a). Professionelle pädagogische Haltung: Persönlichkeitspsychologische Grundlagen. In C. Schwer & C. Solzbacher (Hrsg.), *Professionelle pädagogische Haltung. Historische, theoretische und empirische Zugänge zu einem viel zu strapazierten Begriff* (S. 107-120). Bad Heilbrunn: Klinkhardt.

Kuhl, J., Schwer, C. & Solzbacher, C. (2014b). Professionelle pädagogische Haltung: Versuch einer Definition des Begriffes und ausgewählte Konsequenzen für Haltung. In C. Schwer & C. Solzbacher (Hrsg.), *Professionelle pädagogische Haltung. Historische, theoretische und empirische Zugänge zu einem viel zu strapazierten Begriff* (S. 79-106). Bad Heilbrunn: Klinkhardt.

Kuhl, J. & Solzbacher, C. (2012). Selbstkompetenzförderung durch Beziehungsarbeit. In C. Solzbacher, S. Müller-Using & I. Doll (Hrsg.), *Ressourcen stärken! Individuelle Förderung als Herausforderung für die Grundschule* (S. 277-295). Köln: Carl Link.

Künne, T. & Kuhl, J. (2014). Was ist eigentlich Selbstkompetenz? Persönlichkeits-System-Interaktionen als Grundlage von Selbstkompetenz(förderung) – Die PSI-Theorie. In C. Solzbacher & K. Calvert (Hrsg.), *„Ich schaff das schon ...“ Wie Kinder Selbstkompetenz entwickeln können* (S. 35-52). Freiburg: Herder.

Linville, P.W. (1985). Self-complexity and affective extremity: Don't put all of your eggs in one cognitive basket. *Social Cognition, 3* (1), 94-120.

Nida-Rümelin, J. (2013). *Philosophie einer humanen Bildung.* Hamburg: Edition Körber-Stiftung.

Quirin, M. (2006). *Affektregulation und Gesundheit: Die Rolle des Selbstzugangs.* Unveröff. Vortrag an der Universität Osnabrück, Fachbereich Humanwissenschaften.

Rauschenbach, T. (1984). Theoriegeleitetes Handeln in sozialpädagogischen Arbeitsfeldern. *Sozialpädagogik, 26* (1), 24-32.

Reusser, K. (2005). Problemorientiertes Lernen – Tiefenstruktur, Gestaltungsformen, Wirkung. *Beiträge zur Lehrerbildung, 23* (2), 159-182.

Robinson, S.A., Rickenbach, E.H. & Lachman, M.E. (2016). Self-regulatory strategies in daily life: Selection, optimization, and compensation and everyday memory problems. *International Journal of behavioral development, 40* (2), 126-136.

Schaarschmidt, U. (Hrsg.). (2004). *Halbtagsjobber? Psychische Gesundheit im Lehrerberuf – Analyse eines veränderungsbedürftigen Zustandes.* Weinheim: Beltz.

Schache, S. & Künne, T. (2012). Auf der Suche nach einer Haltung ... – Persönlichkeitstheorie und Psychomotorik. *Motorik, 35* (2), 86-92.

Schore, A.N. (2016). *Affect regulation and the origin of the self: The neurobiology of emotional development.* New York, NY: Routledge.

Schröder, M. (2006). *Burnout unvermeidlich?* Potsdam: Universitätsverlag.

Servicestelle Lehrevaluation Universität Osnabrück (2015). *(Selbst-) kompetent bilden – Kinder nachhaltig stärken.* Unveröffentlichter Evaluationsbericht. Universität Osnabrück.

Silbereisen, R.K. & Weichold, K. (2012). Jugend (12 – 19 Jahre). In W. Schneider & U. Lindenberger (Hrsg.), *Entwicklungspsychologie* (7. vollst. überarb. Aufl.) (S. 235-258). Weinheim: Beltz.

Solzbacher, C. & Calvert, K. (2014). Ich schaff' das schon ... Grundlagen von Selbstkompetenzförderung in Theorie und Praxis. In C. Solzbacher & K. Calvert (Hrsg.), „Ich schaff' das schon ..." Wie Kinder Selbstkompetenz entwickeln können. Freiburg: Herder.

Meike Sauerhering und Birgit Behrensen

Erkundungen in einer sozialräumlichen Bildungslandschaft:

Eine quantitative Untersuchung zu Dimensionen der Selbstkompetenz pädagogischer Akteure

Zum inhaltlichen und organisatorischen Hintergrund

Die im folgenden beschriebene Pilotstudie war der Auftakt einer gemeinsamen Projektarbeit von Wissenschaftlerinnen und Wissenschaftlern des niedersächsischen Instituts für frühkindliche Bildung und Entwicklung (nifbe) mit Verantwortlichen und pädagogischen AkteurInnen einer Bildungsregion in Niedersachsen, die durch die Friedel-und-Gisela-Bohnenkamp-Stiftung vermittelt und finanziert wurde. Das zentrale Ziel der beteiligten Bildungslandschaft ist die Verbesserung der Bildungsförderung eines jeden Kindes in der Region. In der Pilotstudie sollten Belastungsmomente im beruflichen Alltag von ErzieherInnen und LehrerInnen erhoben werden, um daraus Ansatzpunkte für die Konzeptionierung einer sich daran anschließenden Fortbildung zu ziehen. Hintergrund dieses Anliegens war die Überzeugung, dass sich Belastungsmomente von PädagogInnen im beruflichen Handeln nachteilig auf das Wohlbefinden, das Lernen und die Entwicklung der Kinder in Kita oder Schule auswirken können.

Für diese Erhebung wurde von den Autorinnen als Mitarbeiterinnen der Forschungsstelle Begabungsförderung des Niedersächsischen Instituts für frühkindliche Bildung und Entwicklung (nifbe) ein Fragebogen mit überwiegend standardisierten Fragen konzipiert. Parallel führten MitarbeiterInnen der nifbe-Forschungsstelle Bewegung und Psychomotorik problemzentrierte Interviews durch. Ergebnisse beider Teilstudien flossen in die Konzeptionierung der Fortbildungsmodule ein, die in dem Hauptprojekt geplant und durchgeführt wurden.

Inhaltlicher Ausgangspunkt sowohl der Pilotstudie als auch des anschließenden Hauptprojektes ist die Annahme, dass Selbstkompetenz grundlegend für den individuellen Bildungszugang und für das Lernen sowohl in formalen als auch in non-formalen Bildungsprozessen ist. Mit dem Konstrukt der Selbstkompetenz wird hier ein Bündel von Fertigkeiten und Fähigkeiten verstanden, die kontinuierlich erweitert werden können und sowohl der Persönlichkeitsentwicklung dienen als auch das Lernen unterstützen. Hierzu gehören beispielsweise Stressmanagement, Frustrationstoleranz, Selbstberuhigung, Selbstmotivation, Selbsteinschätzung oder die Verwertung von Feedback aus der Umwelt (Kuhl & Solzbacher, 2012;

Solzbacher, 2014; Künne & Kuhl, 2014). Das Vorhandensein und Zusammenspiel dieser Fertigkeiten und Fähigkeiten entscheidet u.a. darüber, wie in belastenden Situationen der Zugang zu Wissen und Erfahrung gelingt (Kuhl, 2001).

Entsprechend wurde bei der Konzeptionierung des Projektes davon ausgegangen, dass die Förderung von Selbstkompetenz bei Kindern nur Erfolg haben kann, wenn sie auf dem Fundament der professionellen Selbstkompetenz von PädagogInnen aufbaut. Schließlich ist eine so verstandene Selbstkompetenz auch ein zentrales Moment professioneller Beziehungsgestaltung. Dies gilt sowohl für das Agieren in Gruppen als auch im individuellen Kontakt. Ebenso beeinflussen die jeweiligen Fähigkeiten und Fertigkeiten, ob und wie im Kontext schwieriger politischer, gesellschaftlicher oder pädagogischer Herausforderungen ein konfliktsicheres, belastbares, reflektiertes und auf Fallverstehen ausgerichtetes professionelles pädagogisches Handeln gelingt. Auf der anderen Seite können Belastungen im beruflichen Alltag dazu führen, dass beispielsweise das Beziehungsverhalten abgeschwächt wird oder sich die Handlungsmöglichkeiten für die PädagogInnen als eingeschränkt darstellen.

Um eine Fortbildung zu konzipieren, die zur konkreten Situation im Sozialraum passt, wurde zunächst im Rahmen der Pilotstudie erhoben, was für PädagogInnen vor Ort typische Belastungsmomente sind.

Als einen ersten Schritt entwickelten die Autorinnen einen Fragebogen, in dem verschiedene Dimensionen erfasst werden sollten, die Einfluss auf die Selbstkompetenz von PädagogInnen haben können. Befragt werden sollten professionelle AkteurInnen sowohl aus formalen als auch aus non-formalen Bildungskontexten. Hierzu zählten, neben Fach- und Lehrkräften, Tätige in Kinder- und Jugendarbeit an unterschiedlichen Orten, in der Schulsozialarbeit sowie in familienbegleitenden Angeboten, die im Sozialraum der beteiligten Bildungsregion bereits kooperierten.

Zur Erhebung und Auswertung des Fragebogens

Während Mitarbeiterinnen und Mitarbeiter der Forschungsstelle Bewegung und Psychomotorik persönliche Interviews im Sozialraum durchführten, konzentrierten sich die Autorinnen auf die Entwicklung, Erprobung und Durchführung eines quantitativ angelegten Fragebogens zur Erfassung von Alltagsressourcen und Alltagsstressoren. Erhoben wurden sowohl konkrete Ressourcen als auch Belastungsmomente der PädagogInnen vor Ort.

Die Fragebögen wurden bei einer gemeinsamen Auftaktveranstaltung in der Region mit der Bitte um Weiterleitung verteilt. Weitere Fragebögen wurden auf telefonische Anfragen hin verschickt.

Die Fragebögen wurden nach Rücksendung anonymisiert behandelt und für die elektronische Weiterverarbeitung entsprechend eingepflegt. Das auf diese Weise gewonnene Datenmaterial wurde mit Hilfe deskriptiver Methoden der Statistik- und Analysesoftware SPSS ausgewertet.

Zur Stichprobe

Von insgesamt etwa 400 verteilten Fragebögen kamen 128 Fragebögen ausgefüllt zurück. Die Rücklaufquote liegt somit bei rund 32%. Von Sozialarbeiterinnen und Sozialarbeitern der Jugendpflege wurden 22 Fragebögen ausgefüllt – von ihnen sind drei in schulischen Einrichtungen tätig. Ein gutes Drittel (33 Fragebögen) kam von pädagogischen AkteurInnen zurück, die in der Kita arbeiten sowie 13 Bögen aus Krippen. Die verbleibenden 60 Fragebögen wurden von Lehrkräften der verschiedenen Schulformen ausgefüllt.

Die Mehrzahl der Befragten (98) ist weiblich. 23 Männer füllten den Fragebogen aus, sieben Personen machten keine Angaben zum Geschlecht.

Altersverteilung und Berufserfahrung der Stichprobe zeigen ein heterogenes Bild:

Altersverteilung:	**Berufserfahrung:**
21 bis 30 Jahre: 32	Unter 1 Jahr: 07
31 bis 40 Jahre: 34	1 bis 3 Jahre: 28
41 bis 50 Jahre: 31	4 bis 5 Jahre: 15
51 bis 60 Jahre: 28	6 bis 10 Jahre: 16
Über 60 Jahre: 03	11 bis 20 Jahre: 33
(0 fehlend)	Über 20 Jahre: 28
	(1 fehlend)

Typisch für das pädagogische Arbeitsfeld sind auch im Sample der Pilotstudie Personen mit reduzierten Stellenanteilen vertreten:

Stundenumfang der Beschäftigung:
Vollzeitstelle: 70
75% bis 99% Stelle: 39
50% bis 74% Stelle: 12
25% bis 49% Stelle: 06
(1 fehlend)

Zu den Ergebnissen

Herauszustellen ist, dass das Antwortverhalten der Befragten auf hohes Engagement schließen lässt. Dies zeigt sich an einem großen Rücklauf, einer Vielzahl vollständig ausgefüllter Fragebögen und vielen ausführlichen, frei formulierten Ergänzungen. Insgesamt weisen die Antwortenden eine positive Einschätzung ihrer fachlichen Kompetenzen und Selbstkompetenzen auf.

Als herausragender Befund ist zu betrachten, dass 94% der befragten PädagogInnen[2] sehr gerne beziehungsweise gerne in ihrem Beruf arbeiten:

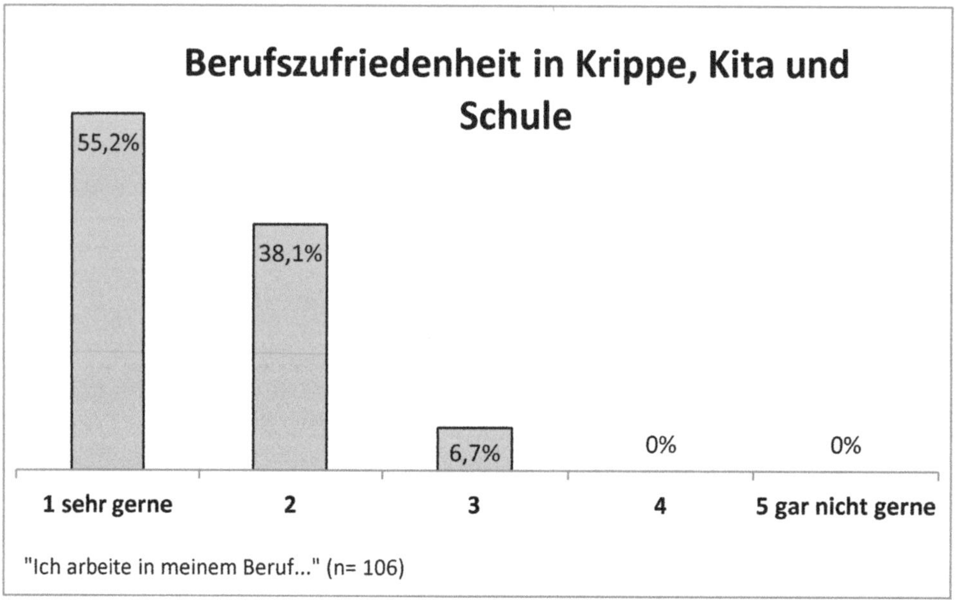

---

[2] Die Angaben für die Jungendhilfe sind wegen der geringen Fallzahl jeweils in absoluten Zahlen angegeben – nicht in Prozent.

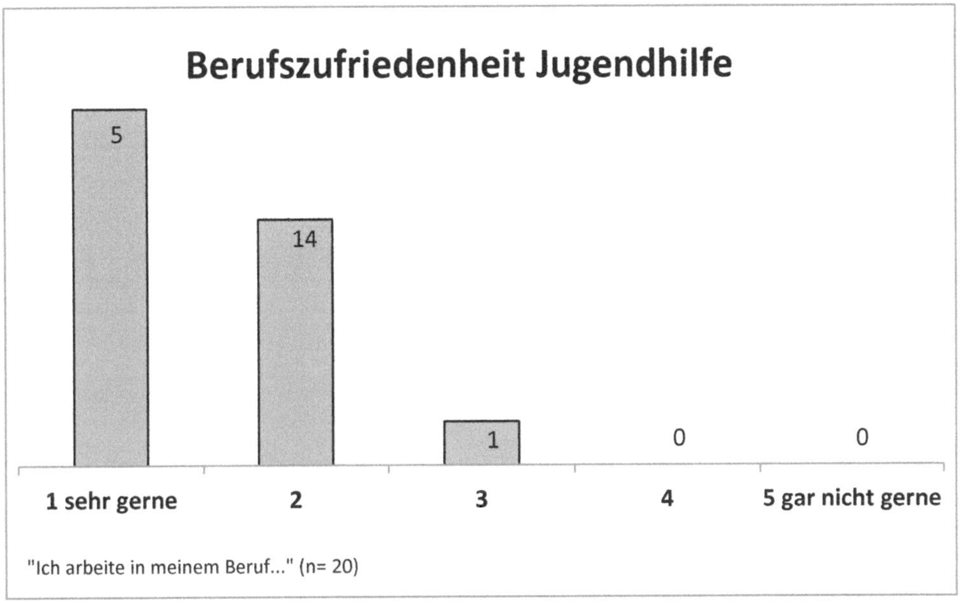

Dennoch fühlen sich die Befragten durch ihren Beruf belastet. Rund ein Drittel der Befragten bekundet in der Selbsteinschätzung eine recht hohe Belastung:

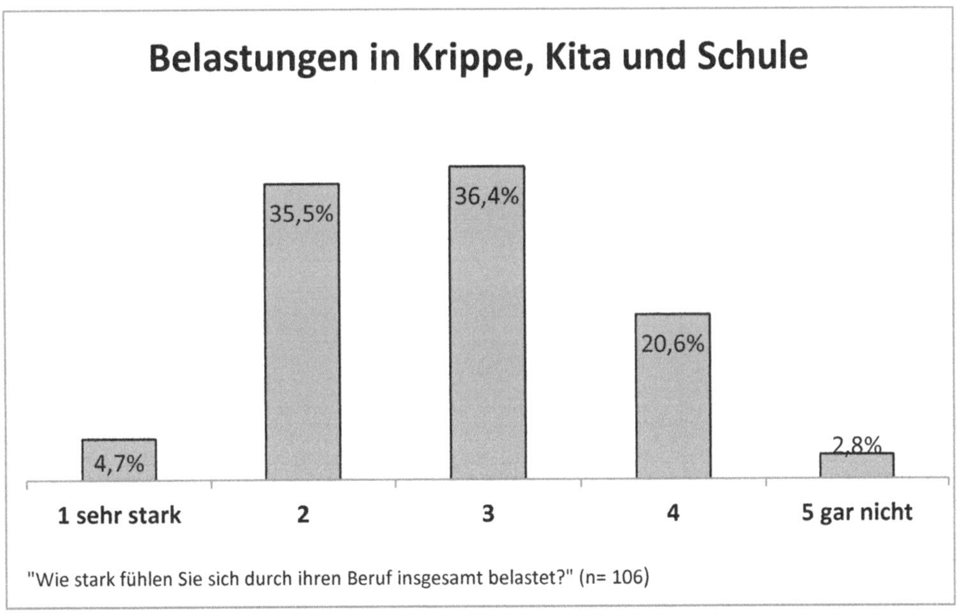

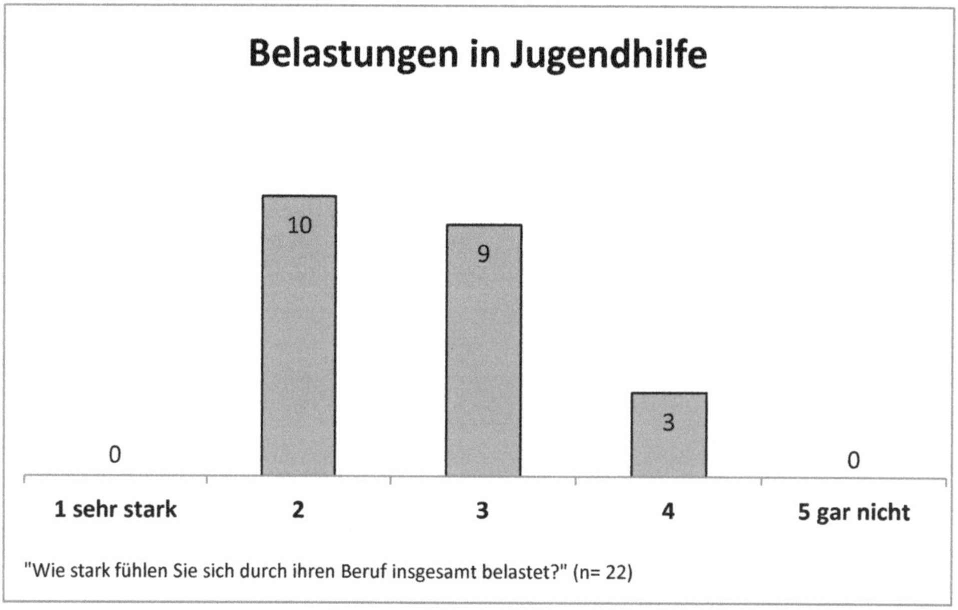

Diese Selbsteinschätzung einer doch recht hohen Belastung findet sich auch an anderer Stelle des Fragebogens wieder. So verausgabt sich rund ein Drittel der Befragten nach eigener Einschätzung mehrmals wöchentlich über das gesunde Maß hinaus:

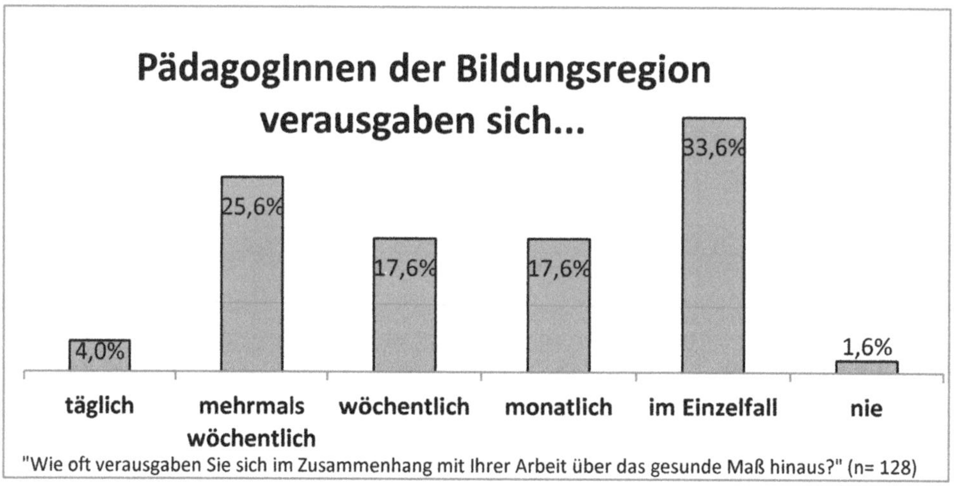

Konkret nennen die Befragten hier Belastungen durch Rahmenbedingungen wie eine als zunehmend erlebte Bürokratie, eine knappe Personalausstattung oder – insbesondere in der Kita – die Lautstärke. Außerdem werden Eltern mitunter als Belastung erlebt. Dabei lassen sich einrichtungstypische Kontexte erkennen:

- Beschäftigte in Krippen beschreiben es als Belastung, wenn elterliche Versorgungserwartungen den Rahmen sprengen.
- Beschäftigte in Kitas beschreiben es als Belastung, wenn elterliche Erziehungsvorstellungen sich sehr von denen in der Einrichtung unterscheiden.
- Beschäftigte in der Schule beschreiben es als Belastung, wenn elterliches Verhalten ihnen gegenüber respektlos erscheint.

Kinder und Jugendliche werden in den Institutionen Schule und Kita vor allem dann als Belastung erlebt, wenn sie sich dort aus der Sicht der Befragten „respektlos" oder „undiszipliniert" verhalten. Gleichwohl ziehen die meisten Befragten aus der unmittelbaren Arbeit mit den Kindern und Jugendlichen ihre Motivation für den Arbeitsalltag und den Beruf im Allgemeinen (s.u.).

Trotz dieser zum Teil hohen Belastung weisen die befragten PädagogInnen der Bildungsregion eine große Berufszufriedenheit auf. Dieser Befund lässt einen möglichen Zusammenhang zwischen dem beruflichen Agieren und der Selbstkompetenz der PädagogInnen vermuten. Hier zeigt sich ein erster Anknüpfungspunkt für die Konzeptionierung von Fortbildungsmodulen, die sich an den Ressourcen der Befragten orientieren soll.

Um mögliche Quellen von Ressourcen zu eruieren, wurde danach gefragt, wo die Befragten Unterstützung erleben. Für den besseren Überblick sind die Ergebnisse in Top-Boxes beziehungsweise Low-Boxes (jeweils die beiden oberen beziehungsweise unteren Werte zusammengefasst) dargestellt[3]:

[3] Aufgrund von Rundungen ist teilweise für die einzelnen Items eine Summe von über 100% angegeben.

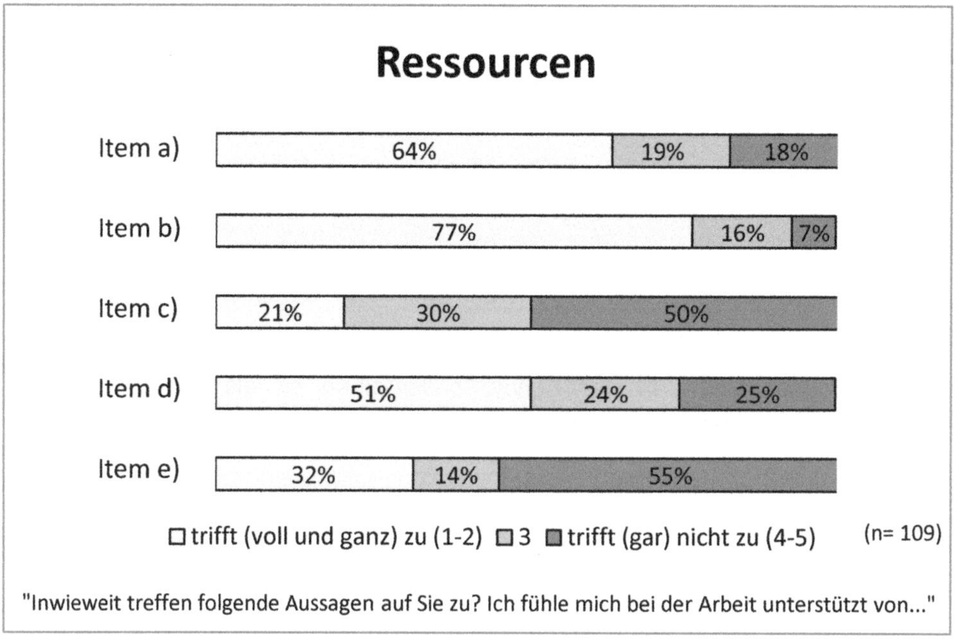

Anmerkungen: Item a) *Kita-Leitung / Schulleitung*; Item b) *KollegInnen*; Item c) *Kommune*; Item d) *Gruppen-Klassensituation*; Item e) *Schulsozialarbeit/-begleitung*

Deutliches Unterstützungspotential liegt bei den Kolleginnen und Kollegen und den Einrichtungsleitungen. 77% sehen sich von ihren Kollegen und Kolleginnen und 64% von ihren Leitungen unterstützt. Da, wo es an dieser Unterstützung mangelt, zeigen sich die Mitarbeiterinnen und Mitarbeiter stark belastet. Ein weiteres interessantes Ergebnis ist, dass sich 51% der Befragten durch die Gruppen- beziehungsweise Klassensituation gestützt sehen. Die Kommune hingegen wird nur von 20% der TeilnehmerInnen als Quelle von Unterstützung empfunden. 50% der Antwortenden sehen keine Unterstützung ihrer Arbeit durch die Kommune. Weitere 30% sehen nur einen geringen Einfluss. Dieses Ergebnis liefert einen wichtigen Hinweis für die zukünftige Sozialraumentwicklung in der Region.

Im Vergleich der Institutionen, in der die Befragten arbeiten, ergibt sich folgendes Bild:

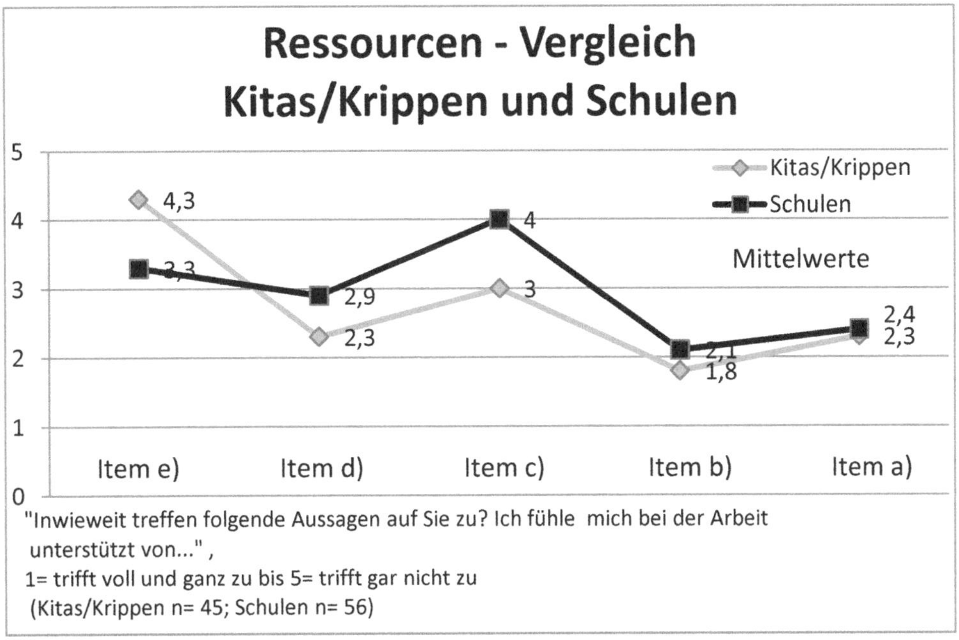

Anmerkungen: Item a) *Kita-Leitung / Schulleitung*; Item b*) KollegInnen*; Item c) *Kommune*; Item d) *Gruppen-Klassensituation*; Item e) *Schulsozialarbeit/-begleitung*

Insgesamt erleben die Befragten aus Arbeitsbereichen der Kita oder Krippe sich besser unterstützt als Befragte aus schulischen Arbeitsbereichen. Die einzige Ausnahme bildet die Schulsozialarbeit, die nicht in der Kita angesiedelt ist.

Wurde eben dargestellt, welche Bedingungen sich positiv beziehungsweise negativ auf die Gestaltung des Berufsalltags der PädagogInnen in der Bildungsregion auswirken, wird nun dargestellt, über welche Ressourcen die Befragten persönlich verfügen. In der Selbsteinschätzung wirken sich folgende persönliche Fähigkeiten positiv im Umgang mit Belastungen aus:

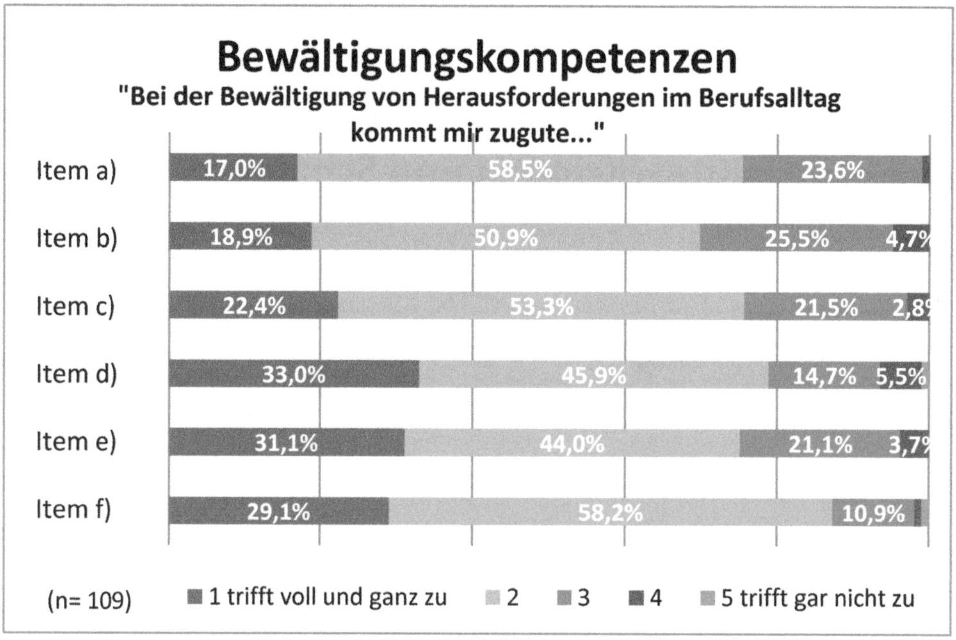

Anmerkungen: Item a) *meine Methodenkompetenz*; Item b) *mein Zeitmanagement*; Item c) *meine professionelle Kreativität*; Item d) *meine Berufserfahrung, Routine*; Item e) *meine Lebenserfahrung*; Item f) *meine Persönlichkeitsstärke*

Das Antwortverhalten weist darauf hin, dass die Befragten nach ihrer Selbsteinschätzung über sehr ausgeprägte personale Kompetenzen verfügen. Neben professionellen Fertigkeiten und Fähigkeiten erweisen sich insbesondere Persönlichkeitsstärke und Erfahrungsreichtum als gut ausgebaute Ressource zur Bewältigung beruflicher Herausforderungen.

Darüber hinaus können die Befragten auch aus ihrer Tätigkeit selbst Motivation ziehen:

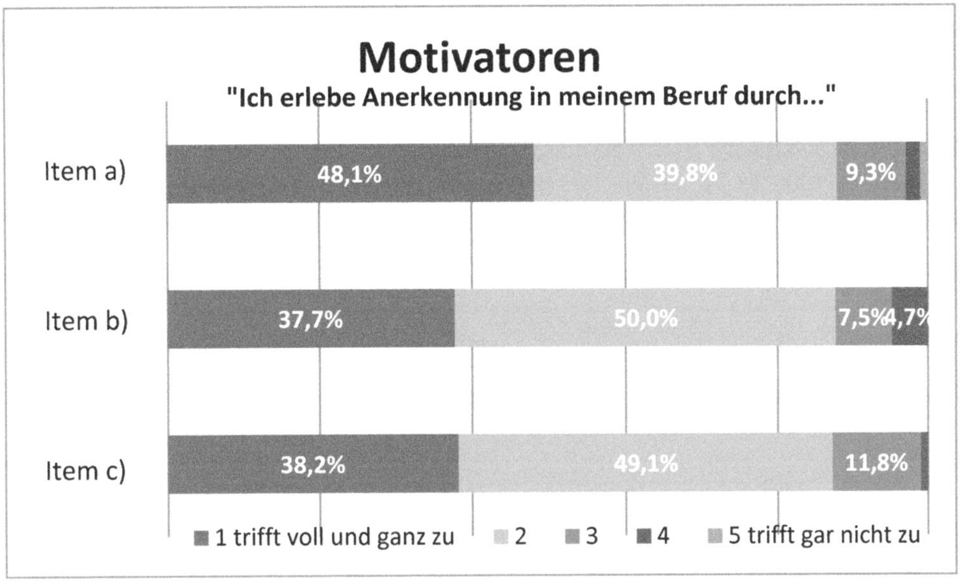

Anmerkungen: Item a) *Lernfreude der Kinder und Jugendlichen*; Item b) *Lernerfolge der Kinder und Jugendlichen*; Item c) *persönliche Entwicklungsfortschritte der Kinder und Jugendlichen*

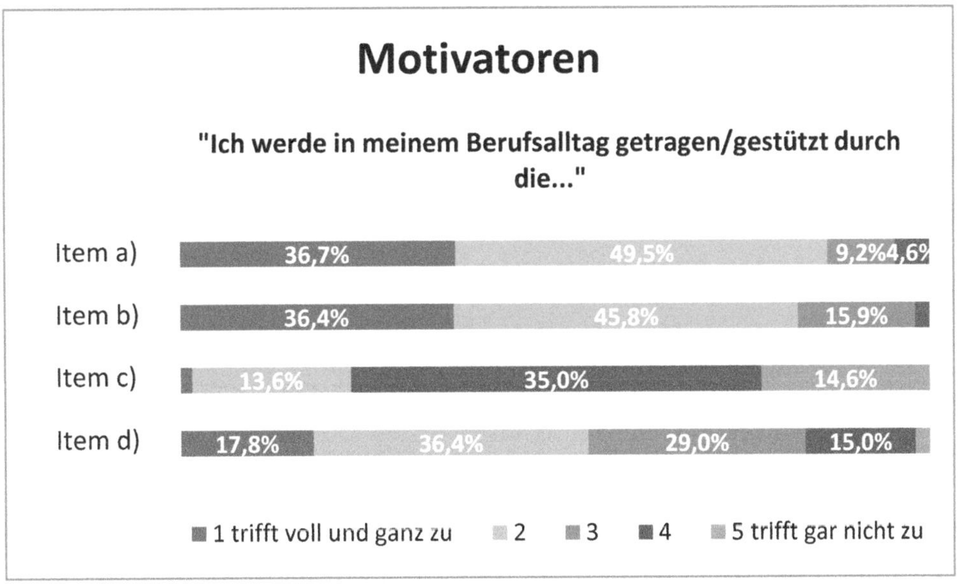

Anmerkungen: Item a) *persönliche Anerkennung seitens der Kinder und Jugendlichen*; Item b) *Identifikation im Beruf*; Item c) *gesellschaftliche Anerkennung und Wertschätzung meines Berufs*; Item d) *persönliche Anerkennung seitens der Erziehungsberechtigten der Kinder und Jugendlichen*

Typisch für pädagogische Tätigkeiten ist die hohe Identifikation mit dem Beruf, die sich in der Regel aus der Überzeugung speist, einer gesellschaftlich bedeutsamen Tätigkeit nachzugehen (vgl. DGB, 2007; Sauerhering, 2016). Gleichwohl zeigt die Wahrnehmung öffentlicher Anerkennung und Wertschätzung ein gegensätzliches Bild: Gesellschaftliche Anerkennung und Wertschätzung sehen die Befragten als eher gering an. Kaum jemand ist davon überzeugt, dass diese zur Bewältigung beruflicher Herausforderung sehr stark beitragen. Viel stärker wirkt dagegen die Anerkennung seitens der Erziehungsberechtigten der Kinder.

Anknüpfend an die oben dargestellten Theorien wurde auf der Suche nach möglichen Quellen für ein gelingendes pädagogisches Handeln auch in Stresssituationen nach zentralen Komponenten der Selbstkompetenz gefragt. Das Antwortverhalten zeigt folgendes Bild:

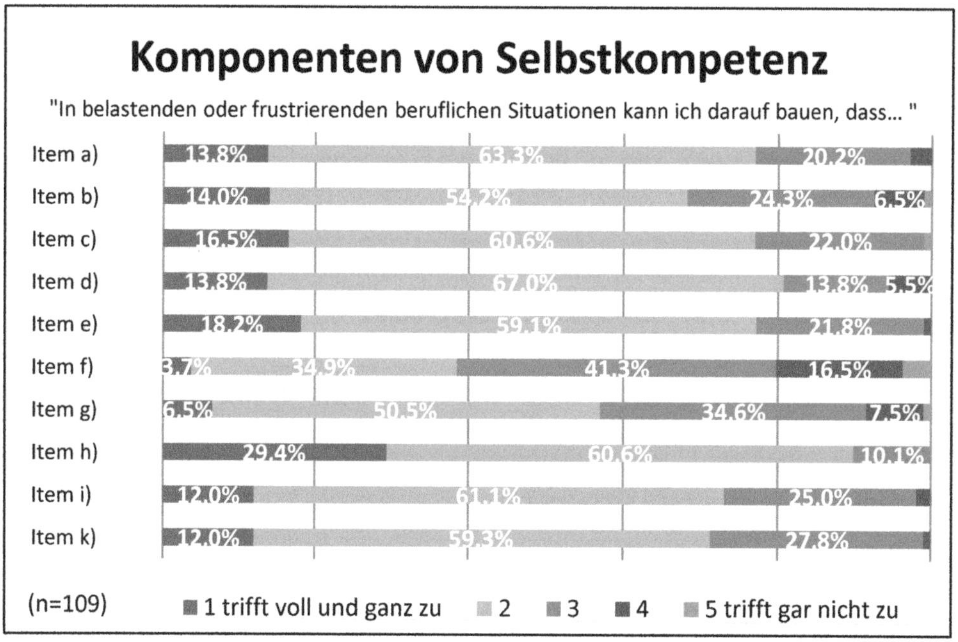

Anmerkungen: Item a) *ich mich selber motivieren kann*; Item b) *ich mich selbst beruhigen kann*; Item c) *ich gut aus meinen Fehlern lernen kann*; Item d) *ich Rückmeldungen von anderen gut nutzen kann*; Item e) *ich gut aus den Konsequenzen meines Handelns lernen kann*; Item f) *ich Konflikte mit anderen gut aushalten kann*; Item g) *ich in schwierigen Situationen einen kühlen Kopf bewahren kann*; Item h) *ich mich auf mich selbst verlassen kann*; Item i) *ich es schaffe konstruktiv zu bleiben*; Item k*) mir etwas einfällt, wie ich zu einer guten Lösung beitragen kann*

Die Mehrzahl der Befragten schätzt ihre Fähigkeit zur Selbstmotivation und zum Umgang mit Fehlern und Rückmeldungen als gut ausgeprägt ein. Die Befragten haben in der Mehrheit das Gefühl, bei Herausforderungen konstruktiv und lösungsorientiert agieren zu können. Besonders ausgeprägt ist die Einschätzung, sich auf sich selbst verlassen zu können. Allein die Fähigkeit, Konflikte gut aushalten zu können, wird etwas vorsichtiger bewertet. Damit wiederum ist ein Hinweis auf die durchaus als belastend erlebte Arbeitssituation vieler Befragter gegeben.

Auch die Selbstwirksamkeitsüberzeugungen der Befragten befinden sich auf einem außerordentlich hohen Niveau:

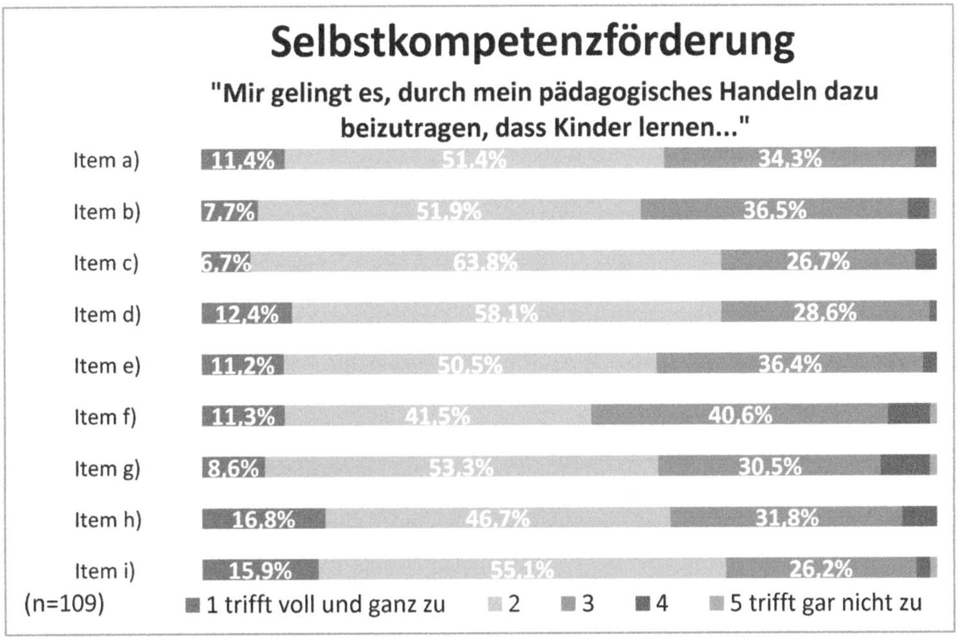

Anmerkungen: Item a) *sich selbst zu motivieren*; Item b) *sich selbst zu beruhigen*; Item c) *aus ihren Fehlern zu lernen*; Item d) *Rückmeldungen anzunehmen*; Item e) *sich selbst besser wahrzunehmen*; Item f) *sich auf sich selbst zu verlassen*; Item g) *Rücksicht auf Bedürfnisse anderer zu nehmen*; Item h) *sich kooperativ zu verhalten*

Durchweg sind die Befragten der Überzeugung, dass ihnen die Förderung der Selbstkompetenz der Kinder gut gelingt. Besondere Stärken sehen die Befragten in ihren Fähigkeiten, die Kinder darin zu unterstützen, Rücksicht auf die Bedürfnisse anderer zunehmen, sich kooperativ zu verhalten, Rückmeldungen anzunehmen und aus Fehlern zu lernen. So scheinen die Kompetenzen der Befragten insbesondere bei der Feedbackvermittlung zu liegen. Etwas weniger gut schätzen sie ihre Erfolge ein, die Selbststeuerungsfähigkeiten der Kinder zu stärken. Obschon die Befragten ihre Fähigkeiten insgesamt sehr hoch einschätzen, wird eine durchaus differenzierte Einschätzung der Wirkung ihres professionellen pädagogischen Handelns sichtbar. Tendenziell etwas höher bewerten die Befragten somit ihre Erfolge in der Selbstkompetenzförderung in Bezug auf diejenigen Fähigkeiten, die eher ihrem direkten Einfluss unterliegen, wie etwa dem Umgang mit Feedback oder auch der Kooperation der Kinder. Dagegen sind sie etwas zurückhaltender in der Bewertung ihres Einflusses auf diejenigen Fähigkeiten, die auf biografisch tieferen Zusammenhängen gründen, wie der Selbstberuhigung oder Selbstwahrnehmung.

Zusammenfassung

Die Pilotstudie zeigte, dass sich die pädagogischen AkteurInnen in der beteiligten Bildungsregion einerseits als durchaus stark beruflich belastet erleben, andererseits aber eine hohe berufliche Zufriedenheit aufweisen. Auf der Basis der Antworten in den Fragebögen lassen sich vor allem zwei Gründe für diesen auf den ersten Blick widersprüchlichen Zusammenhang von Belastung und Berufszufriedenheit erkennen: Ressourcen und Selbstkompetenzen. Ressourcen liegen dabei sowohl im beruflichen Umfeld als auch bei den Befragten selbst. So fühlen sich die Befragten in ihren Arbeitszusammenhängen gut unterstützt, wobei dies für AkteurInnen im Arbeitsfeld Kita oder Krippe noch etwas stärker zutrifft als für AkteurInnen im Arbeitsfeld Schule. Außerdem schätzen die Befragten ihre personalen Kompetenzen recht hoch ein. Hier sind insbesondere Persönlichkeitsstärke und Erfahrungsreichtum als Ressourcen hervorzuheben.

Für die Bewältigung von Herausforderungen können die Befragten weniger auf gesellschaftliche Anerkennung und Wertschätzung bauen als auf die persönliche Anerkennung durch die Eltern der ihnen anvertrauten Kinder und Jugendlichen. Zudem sind es besonders die Kinder und Jugendlichen selbst, die Motivatoren für die Arbeit zu sein scheinen. Deren Lernfreude, Lernerfolge und Entwicklungsfortschritte helfen nach eigener Einschätzung der überwiegenden Zahl der Befragten, mit Herausforderungen im beruflichen Alltag umzugehen. Zu diesen Ergebnissen passt, dass die in den frei formulierten Ergänzungen genannten Belastungsmomente genau hier entstehen können. Wenn Kinder, Jugendliche oder ihre Eltern diese Anerkennung missen lassen, indem sie Unangemessenes fordern oder gar persönliche Achtung nicht erkennen lassen, dann wird der Umgang mit ihnen zur Belastung. Die hier häufiger verwendete Vokabel „respektlos“ kann als Chiffre für den erlebten Mangel an persönlicher Würdigung gelesen werden.

Für den Umgang mit diesen und anderen beruflichen Belastungen scheint den Befragten ihre Selbstkompetenz zu helfen. Besondere Stärken sind hierbei der Umgang mit Fehlern und die Feedbackverwertung. Damit in Einklang steht, dass ebenfalls die Mehrheit der Befragten den Eindruck hat, diese Fähigkeiten gut an Kinder weiter vermitteln zu können.

Wenngleich insgesamt deutlich wird, dass die Befragten davon überzeugt sind, mit Herausforderungen gut umgehen können, bewerten sie doch ihre Fähigkeit, Konflikte gut aushalten zu können, als etwas weniger ausgeprägt.

Entsprechend dieser Ergebnisse konnte im Hauptprojekt an den identifizierten Ressourcen der PädagogInnen der beteiligten Bildungsregion angesetzt werden. Die in der Befragung sichtbar gewordenen hohen Selbstwirksamkeitserwartungen sowie die Überzeugung von der eigenen Professionalität bildeten einen guten Ausgangspunkt.

Erkennbar wurde im Rahmen der Pilotstudie eine kritische Gemengelage: Einerseits bilden der Entwicklungsfortschritt, der Lernerfolg und die Lernfreude der betreuten Kinder und Jugendlichen sowie die Anerkennung seitens deren Eltern ein entscheidendes Moment der Motivation der PädagogInnen und eine Basis für die Identifikation mit dem Beruf. Zugleich werden Störungen genau in diesen Beziehungskontexten als besondere Belastung empfunden. Diese wichtige Quelle der Arbeitsmotivation ist also sehr störanfällig. Frustrationstoleranz, Reflexionsfähigkeit und Selbstmotivierung werden dadurch als entscheidende professionelle Kompetenzen von Fach- und Lehrkräften sichtbar. Da eine Diskrepanz zwischen der eigenen Bewertung der Bedeutung der eigenen Tätigkeit und der gesellschaftlichen Anerkennung wahrgenommen wird, ist dies zukünftig eine Stellschraube für den Erhalt der Berufszufriedenheit von PädagogInnen.

Literatur

DGB (2007). *DGB-Index Gute Arbeit – Der Report 2007. Wie die Beschäftigten die Arbeitswelt in Deutschland beurteilen, was sie sich von Guter Arbeit erwarten.* Berlin: DGB-Index Gute Arbeit GmbH.

Kuhl, J. (2001). *Motivation und Persönlichkeit.* Göttingen: Hogrefe.

Kuhl, J. & Solzbacher, C. (2012). Selbstkompetenzförderung durch Beziehungsarbeit. In C. Solzbacher, S. Müller-Using & I. Doll (Hrsg.), *Praxiswissen Unterricht. Ressourcen stärken! Individuelle Förderung als Herausforderung für die Grundschule* (S. 277-295). Köln: Carl Link.

Künne, T. & Kuhl, J. (2014). Was ist eigentlich Selbstkompetenz? Persönlichkeits-System-Interaktionen als Grundlage von Selbstkompetenz(förderung) – Die PSI-Theorie. In C. Solzbacher & K. Calvert (Hrsg.), *„Ich schaff das schon ..." Wie Kinder Selbstkompetenz entwickeln können* (S. 35-52). Freiburg: Herder.

Sauerhering, M. (2016). Das Professionelle Selbstverständnis von ErzieherInnen und GrundschullehrerInnen vor dem Hintergrund ihrer pädagogischen Orientierungen. https://repositorium.ub.uni-osnabrueck.de/bitstream/urn:nbn:de:gbv:700-2016031814330/1/thesis_sauerhering.pdf (Zugriff 05.09.2016)

Solzbacher, C. (2014). Selbstkompetenz als zentrale Dimension im Bildungsprozess. Wie lernen (besser) gelingen kann. In C. Solzbacher, M. Lotze & M. Sauerhering (Hrsg.), *SELBST-LERNEN-KÖNNEN: Selbstkompetenzförderung in Theorie und Praxis* (S.1-19). Baltmannsweiler: Schneider Hohengehren.

Inga Doll & Michaela Kruse-Heine

Dialogische Entwicklung der Workshopreihe

Basierend auf den Ergebnissen der Pilotstudie (vgl. Sauerhering & Behrensen, in diesem Band) sollte eine Workshopreihe entwickelt werden, die passgenau auf die Bedürfnisse der pädagogischen Fach- und Lehrkräfte einer Bildungsregion zugeschnitten ist. Dazu sollten in einem dialogischen Entwicklungsverfahren mit vor Ort tätigen AkteurInnen die Bedürfnisse und Ressourcen der pädagogischen Fachkräfte vertiefend betrachtet werden, um sie anschließend so aufzubereiten, dass sie zu einem späteren Zeitpunkt in Form einer Workshopreihe bearbeitet werden können.

Die Treffen der dialogischen Entwicklungsgruppe wurden anhand der WERT-Bausteine (Wissen, Erleben, Reflektieren und Transfer) (vgl. Schache & Künne, in diesem Band) gestaltet. Die Darstellung der im Wissenschaftssteam entwickelten Methodik an die Entwicklungsgruppe verdeutlichte den TeilnehmerInnen unter anderem, wie auch in den folgenden Workshops interdisziplinär gearbeitet werden könnte.

Entstehung von Bedürfnisfeldern

Um eine passgenaue Workshopreihe konzipieren zu können, fanden mehrere Arbeitstreffen in einem dialogischen Austausch mit 15 PädagogInnen aus der Region statt. In diesen Treffen wurden die Inhalte der angestrebten Workshops gestaltet und festgelegt. Durch die Teilnahme von pädagogisch Tätigen aus verschiedenen pädagogischen Bereichen (Krippe, Kindergarten, Familienzentrum, Kinder- und Jugendhilfe, Schule) war es bei der Konzeptionierung der Workshopreihe möglich, unterschiedliche Perspektiven auf das Thema Selbstkompetenz aus den verschiedenen Arbeitsfeldern zu bedenken und die einrichtungsspezifischen Expertisen in die Konzipierung aufzunehmen bzw. zu berücksichtigen. Neben der Beschäftigung mit zukünftigen Workshopinhalten wurden zudem organisatorische Einzelheiten der weiteren Planung wie beispielsweise die zeitlichen Strukturen, die Workshopdauer und mögliche Workshopräumlichkeiten besprochen.

In den Entwicklungstreffen mit den pädagogisch Tätigen wurden unter Berücksichtigung der Ergebnisse der Pilotstudie erarbeitet, was die pädagogischen Fach-und Lehrkräfte konkret benötigen, um Belastungen und hohe Anforderungen selbstwirksam und selbstbestimmt bewältigen zu können. Aus diesem Anlass wurden in den dialogischen Treffen zunächst persönliche Ressourcenmodelle der pädagogischen Fachkräfte erhoben. Unter den Fragestellungen wie „Wo fühlen sich Teilnehmerinnen getragen und wo benötigen sie noch Unterstützung?“ oder „Inwieweit passt das eigene Ressourcenmodell in den Kontext der Arbeit mit Anderen? Wo liegen Stärken und Schwächen?“ wurden die Modelle diskutiert. Die daraus resultierenden Ergebnisse wurden in Verbindung zu den Ergebnissen der Pilotstudie gesetzt. Hierdurch konnten Workshopinhalte ausdifferenziert gestaltet werden. Dieses führte zu einer hohen Passung der Bedürfnisse zukünftiger TeilnehmerInnen.

Insgesamt konnten mit den pädagogischen Fach- und Lehrkräften in der dialogischen Entwicklungsgruppe die fünf Themen „Wertschätzung“ „Offenheit“, „Gelassenheit“, „Grenzen ziehen“ und „Kommunikation“ als die zentralsten Bedürfnisse zur Bewältigung von Belastungen und Herausforderungen in beruflichen Alltag herausgestellt werden. Zudem benannten die TeilnehmerInnen als wichtige Unterstützungsleistung das Zurückgreifen auf feste (funktionierende) Netzwerke als eine wichtige Ressource. Ein Netzwerk mit kurzen Wegen sollte dazu beitragen sich kollegial zu beraten, sich in fachlichen Fragen zu unterstützen, Angebote und Hilfen zu vernetzen, um passende Ansprechpartner zu kennen und kurz Wege des Kontaktes und der Kommunikation zu schaffen. Zudem soll das Netzwerk praktische und emotionale Unterstützung in Belastungs- und Krisensituationen ermöglichen. Es wurde betont, dass die Entwicklung eines funktionierenden Netzwerks ein langer Weg sei und mit starken persönlichem Engagement erarbeitet werden muss. Von den TeilnehmerInnen wurde festgehalten, dass die Berücksichtigung der oben beschriebenen Bedürfnisse wesentliche Voraussetzung von funktionierender und effektiver Netzwerkarbeit ist und die Thematik der Netzwerkarbeit in der zu entwickelnden Workshopreihe mit aufgegriffen werden sollte.

Die Kombination der Expertisen der pädagogischen Fach- und Lehrkräfte und der Wissenschaft, diente unter anderem als Grundlage zur Entwicklung von Bedürfnisfeldern. Diese bilden die Basis der teilnehmerorientierten Fortbildungskonzeption. Ein Bedürfnisfeld besteht aus jeweils einem der oben beschriebenen Bedürfnisse (mit seinen Unterthemen) und seinem jeweiligen Antonym. Hierdurch ist es möglich, die gesamte Spann- und Tragweite eines jeden Bedürfnisfeldes zu charakterisieren. Die Profilierung durch das Gegenteil lässt häufig erst die tiefere Bedeutung des entsprechenden Bedürfnisfeldes erkennen. Die Bedürfnisse und deren Erfüllung sind jedoch nicht als eine konkrete Zielvorgabe in der Fortbildung zu verstehen, sondern vielmehr als Impuls oder Richtungsidee. Es ist wünschenswert, ein Regulieren bzw. Pendeln innerhalb eines Bedürfnisfeldes zu erreichen. Insgesamt gestalten sich die fünf Bedürfnisfelder wie folgt:

Abb. 1. Bedürfnisfelder aus der Praxis

Die oben aufgeführten Bedürfnisfelder fußen fast alle auf Selbstkompetenzen und lassen Anschlussstellen zur Selbstkompetenzforschung finden. So ist z.B. für *Gelassenheit* die Selbstberuhigung notwendig; denn die selbstgesteuerte Regulation negativer Affekte (verstanden als kurze distinkte Emotionen) ist nötig, um Gelassenheit wiederherzustellen. Ebenfalls braucht es für Gelassenheit eine gut ausgeprägte Selbstwahrnehmung, die ein Individuum mit den notwendigen Informationen über seinen eigenen Zustand versorgt. Dieses wiederum ist Voraussetzung für die Regulation von Affekten.[4] Bei dem Bedürfnisfeld *Wertschätzung* spielt unter anderem die motivationale Ausgangslage eine besondere Rolle: Auf welcher Ebene nimmt eine Person z.B. Lob und Anerkennung wahr? Auf der Motivebene kann dieses bedeuten, ob sich eine Person Macht und Einfluss wünscht oder ob sie sich in ihren Problemlösefähigkeiten gesehen fühlen möchte oder auch ob sie sich in ihrer sozialen Kompetenz wahrgenommen werden möchte. Dazu gehört darüber hinaus die Reflexion zu der Frage, ob eine Person ihren Wunsch nach Anerkennung

---

[4] Für weitere Zusammenhänge von Selbstkompetenz und Gelassenheit vgl. Schache & Künne (in diesem Band).

überhaupt ausdrückt? Entsprechend sind hier Feedbackverwertung und emotionaler Selbstausdruck wichtige Selbstkompetenzen. Feedbackverwertung findet auf der Basis der Wahrnehmung von Körpersignalen statt. Beispielhaft lässt sich mitunter bei hoch leistungsorientierten und disziplinierten Personen feststellen, dass sie Lob und Anerkennung auf der Verstandesebene zwar wahrnehmen können, dass sie es aber nicht wahrhaftig emotional und damit „körperlich" spüren. Wichtig wäre hier auf der Ebene der intuitiven Selbstwahrnehmung körperlich fühlen zu können, dass mit der positiven Rückmeldung beispielsweise ein „warmes Bauchgefühl" entsteht oder dass eine Entspannung der Muskulatur spürbar ist. Fehlt diese Integration von Wertschätzung über die Feedbackverwertung, kann es zu zwanghafter Leistungsorientierung bis hin zum Ausgebranntsein kommen (Storch & Kuhl, 2012). Rückmeldungen werden am besten durch das SELBST verarbeitet. Das SELBST wird in der Psychologie als ein ausgedehntes Erfahrungsnetzwerk verstanden, in dem Lob und Anerkennung ganzheitlich (einschließlich emotionaler und körperlicher Erlebniskomponenten) gespeichert und verarbeitet werden. So verbleiben Rückmeldungen nicht einfach als verbale Äußerung, sondern werden mit den damit zusammenhängenden Gefühlen, Körpersignalen und Situationseindrücken im SELBST abgespeichert. Erst dann kann eine Rückmeldung überhaupt nachhaltig wirksam werden (ebd.). Der emotionale Selbstausdruck ermöglicht mimisch, gestisch oder körperlich seinen emotionalen Zustand zu zeigen. Reaktionen eines Gegenübers können wiederum den eigenen Zustand zurückspiegeln. Des Weiteren ist der Selbstzugang als basale Selbstkompetenz zu nennen. Er unterstützt dabei komplexe Zusammenhänge parallel zu verarbeiten oder manchmal unerwartete Lösungen zu finden. Gerade für die *Kommunikation* ist er besonders wichtig, da mit ihm nonverbale Signale wahrgenommen werden. Zudem hilft der Selbstzugang dabei, Perspektiven zu wechseln um anderen gegenüber empathiefähig zu sein. Dieses ermöglicht eigene und fremde Zustände erfassen zu können. Ebenfalls ist der Selbstzugang im Bedürfnisfeld *Offenheit* von großer Bedeutung, um entscheiden zu können wie angemessen es für einen persönlich ist, sich in unterschiedlichen Settings auf Situationen einzulassen oder sich ihnen zu öffnen (vgl. hierzu Kuhl, 2001).

Eine weitere Selbstkompetenz, die in dem Bedürfnisfeld *Grenzen ziehen* zum Tragen kommt, ist die Selbstbestimmung. Damit sind die eigenen Fähigkeiten gemeint, zu erkennen, was man selber möchte und auch den Mut sich entsprechend seiner Wünsche zu behaupten.

Mit Hilfe des Blicks durch die Brille der Selbstkompetenz auf die Bedürfnisfelder konnte eine Verbindung von wissenschaftlichen Erkenntnissen und dem praxisnahen Anliegen der Befragten aus der beteiligten Bildungsregion hergestellt werden. Es wurde eine Folie geschaffen auf deren Hintergrund die anstehende Workshopreihe konzipiert werden konnte.

Um die Bedürfnisfelder greifbar zu machen, wurde von dem Wissenschaftsteam aus den einzelnen Feldern ein Haus der Bedürfnisfelder entwickelt, dass als Strukturierungshilfe für die TeilnehmerInnen der Workshopreihe dienen sollte, um sich einzelnen Themen inhaltlich und reflexiv anzunähern. Über das Haus als Medium wurden die wichtigen Themen aus der Pilotstudie aufgegriffen und die Arbeit an den persönlichen Selbstkompetenzen darüber zugänglich gemacht. Das Haus sollte als eine Unterstützung für die TeilnehmerInnen dienen, die eigenen Selbstkompetenzen einzuschätzen und Veränderungspotenziale auszumachen. Der Einsatz des Hauses der Bedürfnisfelder zieht sich wie ein roter Faden durch die Workshopreihe. Zudem können alle TeilnehmerInnen für sich die individuell relevanten Aspekte zu den einzelnen Bedürfnisfeldern in einem persönlichen „Gedankenschatzbuch“, in dem unter anderen ein persönliches Haus mit Platzhaltern für die eigenen Themen oder Aspekte aufzufinden ist, notieren (vgl. dazu auch Kruse-Heine et al., in diesem Band).

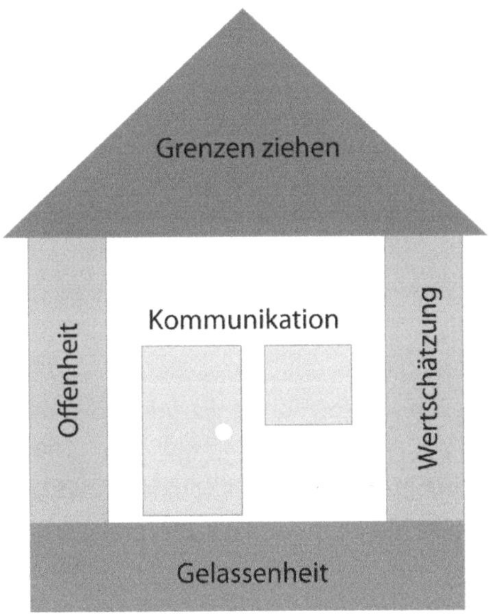

Abb. 2. Haus der Bedürfnisfelder

Das Wissenschaftsteam hat nach fachlicher Auseinandersetzung die Bedürfnisfelder als Elemente im Haus in bestimmter Weise angeordnet. (vgl. hierzu Kruse-Heine et al., in diesem Band) Demnach ist die Gelassenheit das

Fundament, Offenheit und Wertschätzung bilden die Säulen, die Kommunikation ist dargestellt durch die Fenster und Türen, und das Dach entspricht der Grenzziehung. Das Team erhebt dabei allerdings keinen Wahrheitsanspruch und bietet den TeilnehmerInnen grundsätzlich an, die Elemente des Hauses nach eigenen Sinnvorstellungen anzuordnen und entsprechend damit zu arbeiten.

Workshopkonzeption

Basierend auf der Analyse der Ergebnisse zu Beginn der Arbeit der dialogischen Entwicklungsgruppe und der Aufarbeitung wissenschaftlicher Erkenntnisse wurde eine erste Idee für eine Workshopreihe konzipiert. Dabei wurden die Inhalte der Workshops eng an die oben beschriebenen Bedürfnisfelder angelehnt. Die Workshopreihe gliederte sich in drei aufeinander aufbauende Module. Dabei setzte ein Basismodul bei der Stärkung der persönlichen Selbstkompetenzen an. In den beiden nachfolgenden Vertiefungen wurden intensiver die Stärkung von Selbstkompetenzen im Kontakt mit AkteurInnen, wie Kindern, Kollegen und Eltern im Berufsalltag thematisiert.

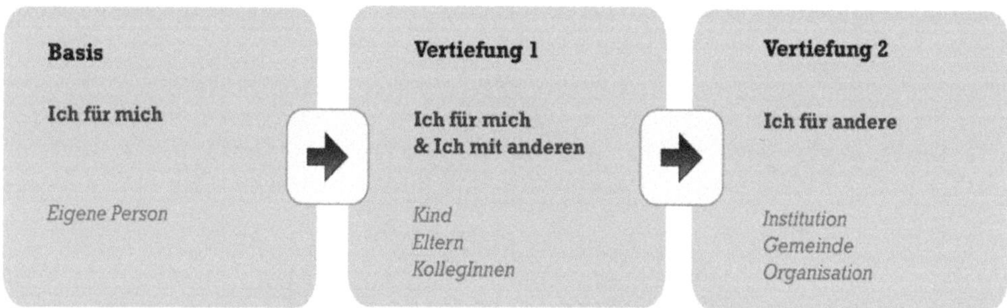

Abb. 3. Erste Konzeption der Workshopreihe

Diese erste Konzeption diente als Gesprächs- und Arbeitsgrundlage eines weiteren Arbeitstreffens der dialogischen Entwicklungsgruppe. Zudem wurde zu diesem Arbeitstreffen ein Flyerentwurf entwickelt und vorgestellt, mit dem zukünftige WorkshopteilnehmerInnen akquiriert werden sollten. In dem Arbeitstreffen machten die pädagogischen Fach-und Lehrkräfte Anmerkungen und Veränderungsvorschläge zur weiteren Planung der Workshopreihe. Insgesamt merkten die pädagogischen Fach- und Lehrkräfte an, dass deutlich werden muss, welche konkreten Gewinne die potenziellen TeilnehmerInnen durch den Besuch an genau dieser Workshopreihe erhielten. Zudem resümierten sie, dass sich PädagogInnen in ihrem Arbeitsalltag mit einer Flut von Fortbildungen konfrontiert sehen und die Workshopreihe daher so gewinnbringend für die eigene Arbeit in der Bildungsregion sein muss, dass sich eine Teilnahme „lohnt". Darüber hinaus spielte für die pädagogischen Fach- und Lehrkräfte das Thema Vernetzung eine wichtige Rolle. Durch Vernetzung sahen sie eine Chance für eine bessere Zusammenarbeit, mit schnellen Wegen, klaren AnsprechpartnerInnen in bestimmten Kompetenzbereichen und somit eine Entlastung in ihrem Berufsalltag. Die TeilnehmerInnen der dialogischen Entwicklungsgruppe erachten dabei den Block „Ich für mich & Ich für andere" als Einstieg in die Workshopreihe als besser geeignet, als den vorgeschlagenen Block „Ich für mich". Denn in dem erstgenannten Block ging es darum, sich im Kontakt mit Kindern, Eltern und KollegInnen zu sehen und zu reflektieren. Würde die Workshopreihe direkt mit der Reflexion der eigenen Person beginnen, könnte dieses aus verschiedenen Gründen als Hürde (zum Beispiel, zu viel Persönliches an nicht-vertraute Personen weiterzugeben) und nicht als Anreiz zur Teilnahme an der Workshopreihe betrachtet werden.

Wichtig war es den TeilnehmerInnen zudem, dass die Workshopreihe nicht als „Fortbildung", sondern als Workshopreihe ausgeschrieben wird. Sie wünschten sich, nicht nur theoretisches Wissen vermittelt zu bekommen, sondern auch ein gemeinsames Erarbeiten von Inhalten und Strategien, die Ihnen im Berufsalltag helfen, ihre Professionalität weiterzuentwickeln und sich damit zu entlasten. Eine weitere Rückmeldung erfolgte zu dem Sprachduktus des Textes im Flyer. So wiesen die pädagogischen Fach- und Lehrkräfte darauf hin, dass der Flyer KollegInnen vor allem dann erreichen kann, wenn der Sprachduktus praxisnah gehalten ist. Dementsprechend brachten sie ergänzende inhaltliche Ideen und entsprechende Formulierungen ein. Ebenso wurden inhaltliche und organisatorische Fragen besprochen und geklärt. Es wurden beispielsweise strategische Überlegungen zur Akquise von potentiellen TeilnehmerInnen angestellt. Entsprechend der Vorschläge der pädagogischen Fach- und Lehrkräfte gestaltete sich die Workshopreihe, die im Zeitrahmen von zweimal anderthalb Tagen stattfinden sollte, folgendermaßen:

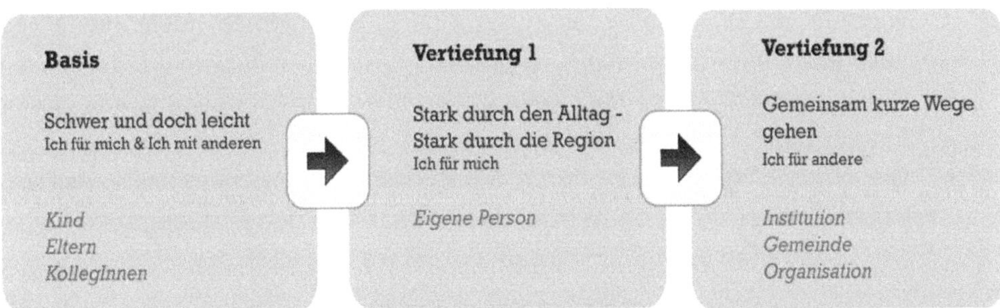

Abb. 4. Finale Konzeption der Workshopreihe

Folgende inhaltliche Anliegen an die einzelnen Module der anstehenden Workshopreihe wurden von den TeilnehmerInnen der dialogischen Entwicklungsgruppe formuliert:

Basismodul: Schwer und doch leicht

- Probleme benennen
- Positives (wieder)entdecken
- Unterschiede und Gemeinsamkeiten der Einrichtungen
- Blick auf das nähere Umfeld: Kinder, Eltern, KollegInnen

Vertiefung 1: Stark durch den Alltag – Stark durch die Region

- Sich selbst Gutes tun
- Eigene Ressourcen stärken / nutzen
- Besser klar kommen mit den Anforderungen
- Blick auf die eigene Person

Vertiefung 2: Gemeinsam kurze Wege gehen

- Gemeinsame Ressourcen entdecken
- Kurze Wege finden – wissen wer macht was
- Gemeinsam die Stärken nutzen
- Blick auf das weitere Umfeld: Institutionen und die Region

Zu den organisatorischen Aspekten wurden folgende Wünsche seitens der pädagogischen Fach- und Lehrkräften geäußert:

- Alle Teilnehmerinnen wollten an der ersten Workshopreihe teilnehmen. Mögliche Termine hierzu wurden gesucht und vereinbart.
- Die Teilnehmerinnen wünschten sich die Workshopreihe, in Räumlichkeiten außerhalb des gewohnten (örtlichen) Arbeitsumfeldes und zum Ende der Woche an einem Donnerstag und Freitag.
- Aus möglichst allen Gemeinden sollten VertreterInnen aus Kindertageseinrichtungen, Schulen und Jugendhilfe in der Workshopreihe vertreten sein. So sollte langfristig eine gute regionale Zusammenarbeit gelingen.
- Wünschenswert war die Teilnahme von zwei Personen aus jeder Einrichtung.
- Die Nachhaltigkeit sollte durch MultiplikatorInnen sichergestellt werden, wobei gleichzeitig betont wurde, dass dieses von den pädagogische Fach- und Lehrkräften selber nicht gewährleistet werden kann.

Finale Workshopstruktur: Rückanbindung an die Wissenschaft

Nach dem zweiten dialogischen Entwicklungstreffen wurden die Anregungen und Vorschläge der pädagogische Fach- und Lehrkräfte von dem Wissenschaftsteam reflektiert und erneut aufbereitet. Im Anschluss daran fand ein Arbeitstreffen mit den leitenden ProfessorInnen statt, in dem der bisher vollzogene Gesamtprozess mit seinem Verlauf bzw. dem Ist-Stand diskutiert und weitere Schritte geplant wurden. Deutlich wurden die unterschiedlichen Herangehensweisen sowohl seitens der Praxisebene als auch der Wissenschaftsebene. In diesem Sinne wurde festgestellt, dass die von den pädagogischen Fach- und Lehrkräften vorgeschlagenen Formulierungen recht allgemein gehalten waren und dass es möglicherweise sein könnte, dass diese für manche Adressaten zu wenig inhaltliche Substanz böten. Gemeinsam wurde daher nach ergänzenden Formulierungen gesucht, die beiden Sichtweisen möglichst gerecht wird. Diese Formulierungen führten zudem dazu, die Workshopideen und –inhalte erneut auf wissenschaftliche Fundierung und das eigentliche Kernthema Selbstkompetenz hin zu überprüfen. Dadurch wurde die konkrete Planung der Workshops weiter ausdifferenziert und präzisiert.

Abschließend wurde die Workshopreihe inhaltlich folgendermaßen aufgebaut:

Basismodul: Schwer und doch leicht: Belastungen benennen und Ressourcen finden

- Alltagsprobleme erörtern
- Positives des Berufs (wieder)entdecken
- Selbstkompetenzen als Dreh- und Angelpunkt
- Unterschiede und Gemeinsamkeiten der Einrichtungen
- Blick auf das nähere Umfeld: Kinder, Eltern, KollegInnen

Vertiefung 1: Stark durch den Alltag – Stark durch die Region: Eigene Selbstkompetenzen stärken

- Sich selbst Gutes tun – Gelassenheit entwickeln
- Eigene Ressourcen stärken und im Alltag nutzen
- Besser klar kommen mit den Anforderungen
- Blick auf die eigene Person

Vertiefung 2: Gemeinsam kurze Wege gehen: Selbstkompetenzen als Vermittler

- Gemeinsame Ressourcen entdecken
- Kurze Wege finden – wissen wer macht was
- Verständnis von Selbstkompetenzen als gemeinsamer Nenner
- Blick auf das weitere Umfeld: Institutionen und die Region

Des Weiteren wurde der Informationstext zu der Workshopreihe aufbereitet und inhaltlich – im Sinne der Projektidee – angereichert. Hierdurch sollte erreicht werden, dass sich möglichst viele AdressatInnen der beteiligten Bildungsregion angesprochen fühlten und bei Bedarf etwas an Hintergrund erfahren konnten. Durch die enge Zusammenarbeit von Wissenschaft und Praxis und dem wechselseitigen Abgleich zu inhaltlichen und strukturellen Belangen konnte eine fundierte, praxisrelevante Workshopreihe konzipiert werden.

Wie von den pädagogischen AkteurInnen gewünscht wurde die erste Workshopreihe mit den Teilnehmerinnen der dialogischen Entwicklungsgruppe durchgeführt. Anhand der Rückmeldungen und Evaluation der Teilnehmerinnen wurde die (inhaltliche) Konzeption bestätigt und es fand ein letzter Feinschliff der Workshopreihe statt. Anschließend wurde die Workshopreihe für pädagogisches Fachpersonal der beteiligten Bildungsregion zugängig gemacht. Aufgrund der steigenden Nachfrage wurde zu einem späteren Zeitpunkt die Workshopreihe auch für pädagogische Fach- und Lehrkräfte aus den angrenzenden Regionen geöffnet.

Fortlaufend wurde die Workshopreihe anhand von Protokollen der Workshops und Rückmeldungen der Teilnehmer unter Einbeziehung ihrer lebensweltlichen sowie (berufs-)biografischen Erfahrungen und offenen Fragen weiterentwickelt. Die besonderen Merkmale der Workshopreihe, wie beispielweise die Arbeit mit den Bedürfnisfeldern, die Prozessorientierung oder die Interdisziplinarität erwiesen sich als wirkungsvoll. Im Kapitel zur Rahmung der Workshopreihe (vgl. Engel & Keßel, in diesem Band) wird hierauf und auf noch weitere wichtige Aspekte der Workshoprahmung eingegangen.

Literatur

Kuhl, J. (2001). *Motivation und Persönlichkeit. Interaktionen psychischer Systeme.* Göttingen: Hogrefe.

Storch, M. & Kuhl, J. (2012). *Die Kraft aus dem Selbst. Sieben PsychoGyms für das Unbewusste.* Bern: Huber.

Verzeichnis der AutorInnen

Behrensen, Birgit, Dr., Vertretung einer Professur für Kindheitspädagogik an der Hochschule Neubrandenburg. Schwerpunkte der Arbeit liegen in Sozialer Ungleichheit als Frage von Diversity und Inklusion sowie individueller Förderung und Selbstkompetenzförderung. Von 2008 bis 2015 wissenschaftliche Mitarbeiterin der nifbe-Forschungsstelle Begabungsförderung (Arbeitsgruppe von Prof. Dr. Claudia Solzbacher). Kontakt: behrensen@hs-nb.de

Doll, Inga, M.A. Bildungsmanagement und Dipl.-Sozialarbeiterin/-pädagogin, Transfermanagerin im nifbe. Von 2012 bis 2015 wissenschaftliche Mitarbeiterin der nifbe-Forschungsstelle Begabungsförderung (Arbeitsgruppe von Prof. Dr. Claudia Solzbacher). Kontakt: inga.doll@nifbe.de

Engel, Anna Maria, Dipl.-Psychologin, wissenschaftliche Mitarbeiterin an der Universität Osnabrück am Institut für Psychologie, Fachgebiet Arbeits- und Organisationspsychologie mit Schwerpunkt interkulturelle Wirtschaftspsychologie (Arbeitsgruppe Prof. Dr. Müller). Von 2013-2015 wissenschaftliche Mitarbeiterin der nifbe-Forschungsstelle Begabungsförderung (Arbeitsgruppe Prof. Dr. Julius Kuhl). Kontakt: annamaria.engel@uos.de

Keßel, Peter, Dipl.-Motologe, wissenschaftlicher Mitarbeiter an der Universität Osnabrück (Arbeitsgruppe Prof. Dr. Renate Zimmer). Schwerpunkte der Arbeit liegen in der Psychomotorik in Aus-/Weiterbildung sowie der psychomotorischen Förderung von Kindern. Von 2014-2015 wissenschaftlicher Mitarbeiter der nifbe-Forschungsstelle Bewegung und Psychomotorik. Kontakt: peter.kessel@uos.de

Kruse-Heine, Michaela, M.A. Erziehungswissenschaften und Kunstpädagogik, Erstausbildung als Erzieherin, Transferwissenschaftlerin im nifbe. Schwerpunkte der Arbeit liegen in den Themen Selbstkompetenz (u.a. körperorientierte Zugänge) und Ressourcenorientierung. Von 2010-2015 wissenschaftliche Mitarbeiterin der nifbe-Forschungsstelle Begabungspädagogik (Arbeitsgruppe von Prof. Dr. Claudia Solzbacher). Kontakt: michaela.kruse-heine@nifbe.de

Kuhl, Julius, Prof. Dr., Professor i.R. für Differenzielle Psychologie und Persönlichkeitsforschung, Universität Osnabrück. Forschungsschwerpunkte liegen im Bereich der Diagnostik und Entwicklung von Selbstkompetenzen (bei Führungskräften, in der Begabungsförderung, bei SchülerInnen, LehrerInnen und in der Psychotherapie [www.psi-theorie.com]). Von 2008-2015 Leiter der interdisziplinären nifbe-Forschungsstelle Begabungsförderung (zusammen mit Prof. Dr. Claudia Solzbacher). Kontakt: jkuhl@uos.de

Künne, Thomas, Dipl.-Psychologe, Schulpsychologischer Dezernent der Niedersächsischen Landesschulbehörde im Landkreis Osnabrück. Von 2008-2015 wissenschaftlicher Mitarbeiter der nifbe-Forschungsstelle Begabungsförderung (Arbeitsgruppe von Prof. Dr. Julius Kuhl).

Martzy, Fiona, Dipl.-Motologin, Transferwissenschaftlerin im nifbe. Schwerpunkte der Arbeit liegen in der psychomotorischen Entwicklungsförderung in Theorie und Praxis, der Motodiagnostik, der Elternarbeit, sowie der Selbstkonzeptforschung und Evaluation (u.a. der Effekte psychomotorischer Förderangebote). Von 2008-2015 wissenschaftliche Mitarbeiterin der nifbe-Forschungsstelle Bewegung und Psychomotorik. Kontakt: fiona.martzy@nifbe.de

Pöpel, Nathalie, Dipl.-Psychologin, wissenschaftliche Mitarbeiterin an der Universität Bremen (Arbeitsgruppe Prof. Dr. Darmann-Finck). Von 2013 bis 2015 wissenschaftliche Mitarbeiterin an der Universität Osnabrück (Arbeitsgruppe Prof. Dr. Julius Kuhl). Kontakt: poepel@uni-bremen.de

Sauerhering, Meike, Dr., M.A. Erziehungswissenschaften und Sportwissenschaften, Erstausbildung als Erzieherin, Transferwissenschaftlerin im nifbe. Von 2008-2015 wissenschaftliche Mitarbeiterin der nifbe-Forschungsstelle Begabungspädagogik (Arbeitsgruppe von Prof. Dr. Claudia Solzbacher). Kontakt: meike.sauerhering@nifbe.de

Schache, Stefan, Prof. Dr., Dipl.-Motologe, Förderschul-/Sportlehrer, Professor für Heilpädagogik/Inklusive Pädagogik an der Evangelischen Hochschule Rheinland-Westfalen-Lippe Bochum. Von 2011-2013 wissenschaftlicher Mitarbeiter an der Universität Osnabrück, Institut für Sport- und Bewegungswissenschaften (Arbeitsgruppe Prof. Dr. Renate Zimmer). Kontakt: schache@evh-bochum.de

Solzbacher, Claudia, Prof. Dr., Professorin für Schulpädagogik an der Universität Osnabrück, Fachbereich Erziehungs- und Kulturwissenschaften. Schwerpunkte der Arbeit liegen in den Bereichen Individuelle Förderung, Schulentwicklung sowie Professionalisierung. Von 2008-2015 Leiterin der interdisziplinären nifbe-Forschungsstelle Begabungsförderung (zusammen mit Prof. Dr. Julius Kuhl) und Gründungsvorstand des nifbe. Kontakt: csolzbac@uos.de

Zimmer, Renate, Prof. Dr., Professorin für Sportwissenschaft an der Universität Osnabrück und seit 2007 Direktorin des nifbe. Schwerpunkte der Arbeit liegen in den Bereichen der frühkindlichen Bildung, der Psychomotorik und Motodiagnostik, sowie dem Thema Sprache und Bewegung. Von 2008-2015 Leiterin der nifbe-Forschungsstelle Bewegung und Psychomotorik. Kontakt: rzimmer@uos.de